Albert Bremerich-Vos / Dietlinde Granzer /
Ulrike Behrens / Olaf Köller (Hrsg.)

Bildungsstandards für die Grundschule: Deutsch konkret

Lehrerbücherei
Grundschule

Herausgeber

Gabriele Cwik und **Dr. Klaus Metzger** sind Herausgeber der Lehrerbücherei Grundschule.

Die Herausgeberinnen und Herausgeber des Bandes

Dr. Albert Bremerich-Vos, geb. 1951, studierte Germanistik, Philosophie, Soziologie und Politikwissenschaft in Aachen. Nach dem 1. und 2. Staatsexamen für das Lehramt am Gymnasium wurde er wissenschaftlicher Assistent bei Ernst Nündel in Aachen. Auf Promotion und Habilitation folgte eine Lehrtätigkeit an einem Berufskolleg bei Aachen. 1991 wurde er Professor für deutsche Sprache und Literatur und ihre Didaktik an der PH Ludwigsburg. 2001 wechselte er an die Universität Hildesheim. Seit 2007 ist er Professor für Germanistik, Linguistik und Sprachdidaktik an der Universität Duisburg-Essen.

Dietlinde Granzer, studierte Lehramt an Grund- und Hauptschulen. Sie wurde in das Nachwuchsförderprogramm des Landes Baden-Württemberg aufgenommen und promovierte an der Pädagogischen Hochschule in Karlsruhe in Pädagogik. Im Jahr 2001 erfolgte die Abordnung an das Kultusministerium Baden-Württemberg. Seit 2005 arbeitet sie als wissenschaftliche Mitarbeiterin am Institut zur Qualitätsentwicklung im Bildungswesen an der Humboldt-Universität.

Dr. Ulrike Behrens, geb. 1967, studierte Diplom-Pädagogik und promovierte an der Universität Hildesheim. An den Universitäten Gießen und Hildesheim lehrte sie in den Fächern Entwicklungspsychologie und Pädagogische Psychologie sowie Allgemeine Pädagogik. Sie arbeitet derzeit im Fach Germanistik an der Universität Duisburg-Essen im Projekt „Evaluation der Bildungsstandards Deutsch".

Olaf Köller, geb. 1963, Prof. Dr. phil. habil., studierte Psychologie an der Christian-Albrecht-Universität Kiel. Nach Abschluss des Studiums arbeitete er zunächst am Institut für die Pädagogik der Naturwissenschaften in Kiel und wechselte dann an das Max-Planck-Institut für Bildungsforschung in Berlin. Nach der Habilitation an der Universität Potsdam war er von 2002 bis 2004 Professor für Pädagogische Psychologie an der Friedrich-Alexander-Universität Erlangen-Nürnberg. Von 2004 bis 2009 war er Direktor des Instituts zur Qualitätsentwicklung im Bildungswesen (IQB). Seit 2009 ist er Direktor am IPN und Professor für empirische Bildungsforschung an der Christian-Albrechts-Universität Kiel.

Albert Bremerich-Vos / Dietlinde Granzer /
Ulrike Behrens / Olaf Köller (Hrsg.)

Bildungsstandards für die Grundschule: Deutsch konkret

Aufgabenbeispiele, Unterrichtsanregungen, Fortbildungsideen

Institut zur Qualitätsentwicklung im Bildungswesen

Die in diesem Werk angegebenen Internetadressen haben wir überprüft (Redaktionsschluss: Dezember 2009). Dennoch können wir nicht ausschließen, dass unter einer solchen Adresse inzwischen ein ganz anderer Inhalt angeboten wird.

Projektleitung: Stefan Giertzsch, Werder; Gabriele Teubner-Nicolai, Berlin
Redaktion: Doreen Wilke, Berlin
Umschlagzeichnung: Klaus Puth, Mühlheim
Umschlagkonzept/-gestaltung: LemmeDESIGN, Berlin
Layout, Satz und Sachzeichnungen: Rainer J. Fischer, Berlin

www.cornelsen.de

6. Auflage, 2. Druck 2020

© 2009 Cornelsen Verlag Scriptor GmbH & Co. KG, Berlin
© 2017 Cornelsen Verlag GmbH, Berlin

Das Werk und seine Teile sind urheberrechtlich geschützt. Jede Nutzung in anderen als den gesetzlich zugelassenen Fällen bedarf der vorherigen schriftlichen Einwilligung des Verlages.
Hinweis zu §§ 60 a, 60 b UrhG: Weder das Werk noch seine Teile dürfen ohne eine solche Einwilligung an Schulen oder in Unterrichts- und Lehrmedien (§ 60 b Abs. 3 UrhG) vervielfältigt, insbesondere kopiert oder eingescannt, verbreitet oder in ein Netzwerk eingestellt oder sonst öffentlich zugänglich gemacht oder wiedergegeben werden.
Dies gilt auch für Intranets von Schulen.

Druck: H. Heenemann, Berlin

ISBN 978-3-589-05138-0

PEFC zertifiziert
Dieses Produkt stammt aus nachhaltig bewirtschafteten Wäldern und kontrollierten Quellen.
www.pefc.de

Inhalt

1	Vorwort der Herausgeber	9
2	Grußwort der Präsidentin der Kultusministerkonferenz ...	12
3	Die Bildungsstandards Deutsch	14
3.1	Was Bildungsstandards sind und wozu sie dienen sollen	14
3.1.1	Standards, Kernlehrpläne und die Arbeit vor Ort	14
3.1.2	Die Bildungsstandards im Fach Deutsch für den Primarbereich in der Übersicht und einige Fragen	16
3.2	Test- und Lernaufgaben	22
3.3	Kompetenzorientiert unterrichten und Merkmale guten Unterrichts	27
3.3.1	Einige Merkmale guten Unterrichts und ein Angebot-Nutzen-Modell	27
3.4	Bezugsnormen der Leistungsbeurteilung und Kompetenzmodelle für die Bereiche des Deutschunterrichts ..	29
3.4.1	Bezugsnormen	29
3.4.2	Zu den Bereichen des Deutschunterrichts	31
3.4.2.1	Sprechen und Zuhören	32
3.4.2.2	Schreiben (und Rechtschreiben)	34
3.4.2.3	Lesen	37
3.4.2.4	Nachdenken über Sprache und Sprachgebrauch	40
4	Sprechen und Zuhören............................	43
4.1	Der Kompetenzbereich *Sprechen und Zuhören*	43
4.2	Kompetenzaufbau im Unterricht	47
4.2.1	Entwicklung von Schülerkompetenzen im Bereich *Sprechen und Zuhören*	48
4.2.2	Merkmale des kompetenzfördernden Unterrichts im Bereich *Sprechen und Zuhören*	49
4.2.3	Kompetenzmodelle im Bereich *Sprechen und Zuhören*	54

4.2.4	Kompetenzentwickelnde Unterrichtsaufgaben zum Bereich *Sprechen und Zuhören*	60
4.2.5	Zusammenfassung und Ausblick	73

5 Schreiben – Texte verfassen ... 75

5.1	Der Kompetenzbereich *Schreiben – Texte verfassen* in den Bildungsstandards	75
5.2	Die Bedeutung des Schreibens für die Schüler der Primarstufe	79
5.3	Kompetenzaufbau im Schreibunterricht	81
5.3.1	Entwicklungsphänomene als Basis und Ausgangspunkt kompetenzfördernden Schreibunterrichts	81
5.3.2	Das Grundmuster kompetenzfördernden Schreibunterrichts	85
5.3.3	Merkmale des kompetenzfördernden Schreibunterrichts	87
5.4	Kompetenzmodell für den Bereich *Schreiben – Texte verfassen*	94
5.5	Aufgaben im Bereich *Schreiben*	98
5.5.1	Schreibaufgaben	101
5.5.2	Integrierte Aufgaben	101

6 Lesen – mit Texten und Medien umgehen ... 104

6.1	Der Kompetenzbereich *Lesen – mit Texten und Medien umgehen*	104
6.2	Kompetenzaufbau im Unterricht	105
6.2.1	Entwicklung von Schülerkompetenzen im Bereich *Lesen – mit Texten und Medien umgehen*	105
6.2.2	Merkmale eines kompetenzfördernden Unterrichts im Bereich *Lesen – mit Texten und Medien umgehen*	109
6.3	Ein Kompetenzmodell im Bereich *Lesen – mit Texten und Medien umgehen*	115
6 4	Kompetenzentwickelnde Unterrichtsaufgaben	122
6.4.1	Aufgaben zu einer Unterrichtsreihe zum Thema „Zirkus"	122
6.4.2	Integrative Aufgaben zum Bereich *Lesen – mit Texten und Medien umgehen*	126

7 Sprache und Sprachgebrauch untersuchen ... 139

7.1	Zu diesem Kompetenzbereich	139
7.1.1	Grundlegendes in den „Standards"	139
7.1.2	Die Bedeutung des Kompetenzbereiches *Sprache und Sprachgebrauch untersuchen* für die Schüler der Primarstufe	141

7.2	Kompetenzaufbau im Unterricht	142
7.2.1	Kompetenzerwartungen beim Schuleintritt der Kinder	142
7.2.2	Zur Entwicklung von Schülerkompetenzen im Bereich *Sprache und Sprachgebrauch untersuchen*	143
7.2.3	Merkmale eines kompetenzfördernden Unterrichts im Bereich *Sprache und Sprachgebrauch untersuchen*	153
7.3	Aspekte eines Kompetenzmodells im Bereich *Sprache und Sprachgebrauch untersuchen*	154
7.4	Integrative Aufgaben – Vernetzung der Kompetenzbereiche	160
7.4.1	Kompetenzentwickelnde Unterrichtsaufgaben zum Bereich *Sprache und Sprachgebrauch untersuchen*	160
7.4.2	Integrative Aufgaben	170
7.4.2.1	Rezeptive Wortschatzarbeit	171
7.4.2.2	Produktive Wortschatzarbeit	173
7.4.2.3	Rezeptive Grammatikarbeit	175
7.4.2.4	Produktive Grammatikarbeit	180

8 Rechtschreiben ... 185

8.1	Zur Bedeutung des Rechtschreibens für die Schülerinnen und Schüler der Primarstufe	185
8.2	Grundsätzliches zum Rechtschreiben	186
8.3	Ein Kompetenzmodell zur Rechtschreibung	192
8.4	Unterricht zur Kompetenzentwicklung	193
8.4.1	Merkmale von kompetenzförderndem Unterricht im Rechtschreiben	193
8.4.2	Kompetenzfördernde Aufgaben	194

9 Bildungsstandards Deutsch: Lernen mit Medien ... 202

9.1	Vorbemerkung	202
9.2	Die Rolle der Medien und des Computers in den Bildungsstandards im Fach Deutsch	203
9.3	Multimedial gestütztes Lernen	204
9.4	Möglichkeiten der Unterstützung bei der Kompetenzförderung	207

10 Bildungsmonitoring im Fach Deutsch in der Grundschule auf der Basis der Bildungsstandards ... 217

10.1	Die Rolle von Testaufgaben im Kontext der Qualitätssicherung im Bildungswesen	217

10.2 Bildungsstandards als Grundlage der Qualitätssicherung
in einer Gesamtstrategie der 16 Länder 220
10.3 Konsequenzen der Qualitätssicherung für die Einzelschulen
und die Möglichkeiten für Qualitätsentwicklung 222

11 Zur Entstehung der Aufgaben zu diesem Buch 224

12 Entwicklung und Pilotierung der Testaufgaben 226

13 Übersicht über die Aufgaben 228

Stichwortverzeichnis 238

1 Vorwort der Herausgeber

In Deutschland fehlte bis in die 1990er Jahre die systematische Überprüfung von Erträgen schulischer Bildungsprozesse, wie sie in vielen Ländern üblich war und ist. Ein Hauptinteresse der Bildungsplanung lag bis dahin in der Entwicklung und Erprobung von Modellen zur Optimierung der Arbeit in Einzelschulen und dem Entwurf didaktischer Modelle und deren Einführung in die Unterrichtspraxis *(Input-Orientierung)*. Die Vergewisserung über das im Unterricht Erreichte trat demgegenüber in den Hintergrund.

Dies änderte sich abrupt nach der Veröffentlichung der Ergebnisse der Dritten Internationalen Mathematik- und Naturwissenschaftsstudie (TIMSS) im Jahre 1997. Die Bereitstellung von Informationen über Ertragslagen deutscher Schulen in den Bereichen Mathematik und Naturwissenschaften stürzte das Bildungssystem aufgrund der mediokren Leistungen unserer Schülerinnen und Schüler in die Krise. Infolge von TIMSS kam es zur sogenannten empirischen Wende in der Erziehungswissenschaft, und große Schulleistungsstudien auf regionaler, nationaler und internationaler Ebene wurden initiiert. Auf politischer Ebene wurde 1997 mit den Konstanzer Beschlüssen der Kultusministerkonferenz (KMK) die Grundlage für eine langfristige Beteiligung Deutschlands an internationalen Schulleistungsstudien gelegt. Kritische Reflexionen über die Messbarkeit von Bildungserträgen traten in den Hintergrund zugunsten der Überzeugung, dass fachliche Kompetenzen mithilfe von Schulleistungstests mess- und überprüfbar seien, eine Überzeugung, die durch das Agieren von Lehrkräften im schulischen Alltag, in dem Lernerfolgskontrollen selbstverständlich sind, gestützt wurde. Im Vordergrund stand jetzt die Frage, welche konkreten Leistungsniveaus Schülerinnen und Schüler erreichen *(Output- oder Outcome-Orientierung)* und welche Rückschlüsse diese auf notwendige Reformmaßnahmen im Bildungssystem zulassen.

Den vorläufigen Höhepunkt dieser Entwicklung stellte PISA 2000 dar. Das erneut enttäuschende Abschneiden deutscher Jugendlicher löste zusätzliche Maßnahmen der Qualitätssicherung aus. In allen 16 Bundesländern wurden Programme für flächendeckende Vergleichsarbeiten für die Grundschule sowie für die Sekundarstufe I in verschiedenen Fächern aufgelegt. Maßnahmen der externen Evaluation, wie die Schulinspektion, wurden geplant und auf den Weg gebracht, und auf Seiten der KMK wurden große Anstrengungen unternommen, um für die schulischen Kernfächer bundesweit verbindliche

Bildungsstandards zu erarbeiten, die klare, überprüfbare Lernziele im Sinne von Leistungsstandards definieren. Mit ihrem Beschluss vom 4. Dezember 2003 hatte die KMK ein erstes Ziel dieser Bemühungen erreicht und bundesweit geltende Bildungsstandards für den Mittleren Abschluss in den Fächern Deutsch, Mathematik und Erste Fremdsprache (Englisch/Französisch) verabschiedet. Rund neun Monate später folgten die Standards für die Naturwissenschaften und für den Hauptschulabschluss sowie die Standards für Deutsch und Mathematik in der Grundschule.

Die Bildungsstandards haben zum Ziel, in Deutschland ein transparentes System der Qualitätssicherung zu etablieren. Sie sollen helfen, Unterrichtsprozesse zu optimieren, um zu höheren Bildungserträgen zu gelangen. Bildungsstandards mit ihrem Bezug zu Schülerkompetenzen sind so formuliert, dass sie mithilfe entsprechender Aufgaben bzw. Tests überprüft werden können.

Aus der Möglichkeit, Bildungsstandards in Aufgaben zu transformieren, ergeben sich allerdings nicht nur Implikationen für die Leistungsmessung auf der Basis kompetenzorientierter Testitems. Vielmehr ist damit auch die Grundlage geschaffen, *Unterrichtsmaterial*, das sich an den Vorgaben der Standards orientiert, zu entwickeln. Dieses Material kann vielfältige Aufgaben im Sinne der Bildungsstandards erfüllen, sei es der Aufbau von Kompetenzen, deren Einübung oder auch deren Überprüfung in Form von Klassenarbeiten bzw. Schulaufgaben. Bildungsstandards konstituieren somit nicht nur die Grundlage für die Qualitätssicherung im Bildungssystem, sondern geben wichtige Anregungen für die Unterrichtsentwicklung, hier im Sinne eines Unterrichts, der mehr Nachhaltigkeit beim Wissenserwerb verspricht. Dazu will das vorliegende Buch einen wesentlichen Beitrag leisten. Es möchte auf der Basis der bundesweit geltenden Bildungsstandards konkrete Aufgabenbeispiele zeigen und Anregungen, vielleicht auch Visionen, für einen kompetenzorientierten Deutschunterricht geben. Es erhebt keinesfalls den Anspruch, die aktuellen Schulbücher für das Fach Deutsch in der Grundschule zu ersetzen.

Die bislang eher abstrakt gehaltenen Bildungsstandards werden durch dieses Buch und die darin enthaltenen Aufgaben konkreter, und Lehrkräfte können Eindrücke gewinnen, wie man auf der Basis der Standards möglicherweise unterrichten kann. Technisch gesprochen bekommen sie Anregungen für die *Implementierung* der Bildungsstandards. Wir wünschen uns in diesem Sinne, dass unser Buch dazu beitragen wird, die Lücke zwischen den vorgegebenen Zielen – den Standards – und ihrer Überprüfung mithilfe standardbasierter Tests ein Stück weit zu schließen, indem Lehrkräfte Anregungen erhalten, durch welche Unterrichtsmaßnahmen Schülerinnen und Schüler Kompetenzen erwerben und damit auch die vorgegebenen Standards in späteren Tests besser erreichen können. Dies bedeutet nicht etwa, dass Schüler mithilfe dieses Buches für die Testung der Standards vorbereitet werden sollen. Vielmehr soll es *eine*, natürlich nicht die einzige, Grundlage dafür sein, diejenigen sprachbezogenen Kompetenzen aufzubauen, die Kindern ihre schulische Karriere und später die erfolgreiche Bewältigung gesellschaftlicher und beruflicher Anforderungen erleichtert. Sind diese Kompetenzen erfolgreich aufgebaut worden, so sind selbstverständlich auch gute Leistungen in den standardbasierten Tests zu erwarten. Gute Testleistungen werden dann einen gelungenen Unterricht, nicht aber ein *Teaching to the Test* abbilden.

Zur CD-ROM

Auf der beiliegenden CD-ROM finden Sie das Aufgabenmaterial, z. T. versehen mit Lösungen, Kommentaren und exemplarischen Schülerlösungen. Die Aufgabenstellungen liegen in zwei Dateiformaten vor, zum einen als PDF-Datei, zum anderen als Word-Datei. Letztere bietet die Möglichkeit, ggf. Aufgabenstellungen zu variieren, Teilaufgaben wegzulassen bzw. neu anzuordnen.

Alle Materialien sind im A4-Format angelegt und können ausgedruckt werden. Eine Datenbank verhilft dazu, die Aufgaben gezielt nach allgemeinen und sachbezogenen Kompetenzen sowie nach Klassenstufen und Anforderungsbereichen zu filtern.

Ein Unternehmen wie die Fertigstellung dieses Buches kommt nicht ohne die intensive Unterstützung aller Beteiligten aus. Unser Dank gilt den Lehrkräften und wissenschaftlichen Beratern, die unter großem Zeitdruck die Aufgaben entwickelt haben. Die so entstandenen Aufgaben sind Indikatoren einer neuen Aufgabenkultur im Deutschunterricht der Primarstufe. Einige der involvierten Lehrkräfte haben die Aufgaben im Unterricht erprobt. Hierfür gebührt ihnen unser besonderer Dank. Die Kolleginnen und Kollegen der Fachdidaktik haben auf der Basis dieser Vorarbeiten trotz vieler anderer professioneller Belastungen ihre Kapitel zum kompetenzorientierten Unterricht verfasst. Danken möchten wir auch den Mitarbeitern des Cornelsen Verlags Scriptor, die hilfsbereit und bei terminlichem Druck verständnisvoll waren.

Das IQB ist eine wissenschaftliche Einrichtung der 16 Länder; es wird vollständig durch die Länder finanziert. Ohne die großzügigen Zuwendungen aller Länder – trotz schwieriger Finanzlagen – wäre dieses Projekt nicht durchführbar gewesen. Den Zuwendungsgebern möchten wir hierfür danken.

Abschließend bleibt der Wunsch, dass mit diesem Buch konkrete Anregungen für eine Weiterentwicklung des Deutschunterrichts in der Grundschule gegeben werden können, dass als Folge einer solchen Konkretisierung der Bildungsstandards auch ihre Akzeptanz in den Kollegien spürbar zunehmen und in naher Zukunft der Unterricht in der Breite in selbstverständlicher Weise „standardorientiert" sein wird.

Die Herausgeber, Berlin und Essen, im Oktober 2008

2 Grußwort der Präsidentin der Kultusministerkonferenz

Bundesweit einheitliche, verbindliche Bildungsstandards gehören heute selbstverständlich zur Schule. Sie sichern die Qualität des Unterrichts, sie entwickeln den Unterricht weiter, sie gewährleisten vergleichbare Leistungen in den einzelnen Ländern. Die Kultusministerkonferenz hat dies – im Oktober 1997 – mit dem Konstanzer Beschluss initiiert. Damals hat sie sich darauf verständigt, dass die deutschen Schulen an wissenschaftlich fundierten, internationalen Vergleichstests teilnehmen sollen, um zuverlässige Rückmeldungen über Stärken und Schwächen der Schülerinnen und Schüler in zentralen Kompetenzbereichen zu erhalten.

Inzwischen haben die Ergebnisse von TIMSS, PISA und IGLU deutlich gemacht: Die bislang überwiegende Inputsteuerung hat nicht zur gewünschten Qualität im Bildungssystem geführt. Dementsprechend steuern die Länder nun auf den international bewährten „Dreiklang" um:
- mehr Eigenständigkeit der Schulen,
- verbindliche Standards,
- regelmäßige Evaluation.

Die KMK koordiniert diesen Prozess.

Schulen sind für Unterrichtsentwicklung verantwortlich, für interne und externe Evaluation, sie überprüfen die eigene Arbeit und stellen sich zugleich einer standardisierten Rückmeldung. Qualität lässt sich nur dann solide messen, wenn klare Maßstäbe vorliegen. Standards sind die Voraussetzung dafür, erworbene Kompetenzen vergleichen und die Unterrichtsqualität weiterentwickeln zu können. Deshalb hat die Kultusministerkonferenz nach PISA einen besonderen Schwerpunkt ihrer Arbeit auf die Entwicklung und Einführung von nationalen Rahmenvorgaben gelegt. Bundesweit geltende Bildungsstandards gibt es derzeit für Deutsch, Mathematik, Erste Fremdsprache (Englisch/Französisch) für den Mittleren Schulabschluss (Jahrgangsstufe 10), für Deutsch, Mathematik, Erste Fremdsprache (Englisch/Französisch) für den Hauptschulabschluss (Jahrgangsstufe 9), für Deutsch und Mathematik für den Primarbereich (Jahrgangsstufe 4) sowie für Biologie, Chemie, Physik für den Mittleren Schulabschluss (Jahrgangsstufe 10).

Mit Beginn des Schuljahres 2004/2005 sind die Bildungsstandards für den Mittleren Schulabschluss in den Fächern Deutsch, Mathematik und Erste Fremdsprache übernommen worden. Die Bildungsstandards für den Primar-

Grußwort

bereich, für den Hauptschulabschluss und für die naturwissenschaftlichen Fächer sind zu Beginn des Schuljahres 2005/2006 verbindlich eingeführt worden. Damit kann die Qualitätsentwicklung in den Schulen aller Länder der Bundesrepublik Deutschland zum ersten Mal an einem gemeinsam vereinbarten Maßstab, an abschlussbezogenen Regelstandards ausgerichtet werden.

Mit der Verabschiedung von Bildungsstandards ist es jedoch nicht getan. Die Kultusministerkonferenz hat stets betont, dass diese nur erste Schritte in einem umfassenden, kontinuierlichen Weiterentwicklungsprozess sind. Rahmenvorgaben sind nämlich lediglich dann sinnvoll und effektiv, wenn sie regelmäßig evaluiert werden. Deshalb soll die Einhaltung der Standards künftig sowohl landesweit als auch länderübergreifend überprüft werden. Die Schülerinnen und Schüler erhalten Unterstützung durch kompetenzorientierte Unterrichtsmaterialien, die sich an den Bildungsstandards orientieren. Erste Vorarbeiten hierzu wurden unter der Ägide des deutschen PISA-Konsortiums durchgeführt. Ende 2004 hat die Kultusministerkonferenz das bundesweit tätige, von den Ländern gemeinsam getragene Institut zur Qualitätsentwicklung im Bildungswesen (IQB) an der Humboldt-Universität zu Berlin gegründet. Dort werden nun in Kooperation mit Fachdidaktikern und Lehrkräften empirisch abgesicherte Aufgaben für die Überprüfung der Bildungsstandards (sog. Testaufgaben) sowie Aufgaben zur Implementierung (sog. Aufgaben für den Unterricht) entwickelt. Letztere sollen die Standards konkretisieren.

Die vorliegende Publikation dokumentiert die Ergebnisse für den kompetenzorientierten Deutschunterricht im Primarbereich. Sie beschreibt die Grundlagen der Bildungsstandards. Darüber hinaus erläutern Deutschdidaktikerinnen und Deutschdidaktiker ihre Vorstellungen von kompetenz- bzw. standardorientiertem Unterricht und illustrieren diese mit anschaulichen Aufgabenbeispielen. Sie füllen die Bildungsstandards mit „Leben". Dieses Kompendium unterstützt also Lehrkräfte und Akteure in der Lehrerausbildung sowie in der Lehrerfort- und -weiterbildung dabei, den Deutschunterricht an der „Philosophie" der Bildungsstandards zu orientieren.

Ich danke allen, die an dieser grundlegenden Veröffentlichung mitgewirkt haben. Sie trägt wesentlich zur Akzeptanz und zur Ausschöpfung des Potenzials der Bildungsstandards bei, die Schülerinnen und Schüler in ihren Lernprozessen und in ihrer Kompetenzentwicklung nachhaltig unterstützen. Deshalb wünsche ich dieser Publikation eine große Resonanz und eine Schrittmacherfunktion für weitere fachspezifische Aufgabensammlungen auf der Basis der Bildungsstandards.

Annegret Kramp-Karrenbauer
Präsidentin der Ständigen Konferenz der Kultusminister
der Länder in der Bundesrepublik Deutschland, Oktober 2008

3 Die Bildungsstandards Deutsch

Albert Bremerich-Vos

3.1 Was Bildungsstandards sind und wozu sie dienen sollen

3.1.1 Standards, Kernlehrpläne und die Arbeit vor Ort

Die als enttäuschend angesehenen Ergebnisse der international vergleichenden Schulleistungsstudien TIMSS II und PISA 2000 haben die Kultusministerkonferenz (KMK) bewogen, die Sicherung und Entwicklung der Qualität von Unterricht und Schule zu einem zentralen Thema zu machen. Eine Frucht der Arbeit in diesem Feld sind die „Bildungsstandards im Fach Deutsch für den Primarbereich", die von der KMK 2004 verabschiedet wurden. Sie lässt keinen Zweifel am zentralen Stellenwert dieser Standards: Sie sollen ein gemeinsamer verbindlicher Referenzrahmen für das sogenannte Bildungsmonitoring in den einzelnen Bundesländern, für den Ländervergleich und auch für die Evaluation der einzelnen Schule sein. Die Standards sind, so der Anspruch, Formulierungen dessen, was Schülerinnen und Schüler bis zu einer bestimmten Jahrgangsstufe können sollen. Diese **Kompetenzen** sollen auf das Wesentliche beschränkt, präzise und zugleich verständlich so dargestellt sein, dass man sie in Aufgaben umsetzen und mithilfe von Tests erfassen kann.

Kompetenzen sind erlernbare **kognitive** Fähigkeiten und Fertigkeiten, in bestimmten Bereichen immer wieder Anforderungen gewachsen zu sein und Probleme zu lösen. Dazu gehört auch die Motivation, diese Fähigkeiten und Fertigkeiten in verschiedenen Situationen in sozialer Verantwortung zu nutzen, und ebenso die Fähigkeit, diese **Motivation** über einen längeren Zeitraum hinweg aufrechtzuerhalten. Wenn ein Standard z. B. lautet, dass die Kinder grundlegende sprachliche Strukturen und Begriffe wie Aussage-, Frage- und Ausrufesatz kennen und verwenden sollen, dann kann man einen **Performanz-** und einen **Inhaltsaspekt** unterscheiden. Fragen nach der Performanz zielen auf das, was man in einem bestimmten Bereich an Können zeigen soll (hier: man soll „kennen" und „verwenden") und auf welchem Niveau man mit Anforderungen in einem Bereich zurechtkommt.

Bei den inhaltlichen Standards geht es um den **Kanon**, also darum, anhand welcher Gegenstände in einem Bereich das Können überhaupt demonstriert werden soll (hier: anhand einiger Satzarten).

In der internationalen Diskussion spielt darüber hinaus eine dritte Art von Standards eine Rolle. Wer nach **Standards für Lerngelegenheiten** fragt, bezieht sich auf die Chancen der Schülerinnen und Schüler, im jeweiligen Bildungssystem überhaupt etwas zu lernen. Wie gut sind z. B. die Lehrkräfte ausgebildet? Wie viele Wochenstunden sind für das Fach Deutsch vorgesehen? Es liegt auf der Hand, dass Fragen wie diese für einen **fairen** Vergleich von Leistungen von erheblicher Bedeutung sind. Wenn z. B. in einem Bundesland im Rahmen der Stundentafel für Deutsch nur vier, in einem anderen aber fünf Stunden vorgesehen sind, ist ein Leistungsvergleich womöglich schon aus diesem Grund unfair.

In den länderübergreifenden Standards wird auf Inhalte oft nur sehr allgemein Bezug genommen. Konkreter sollen sie in den **Kernlehrplänen** der einzelnen Bundesländer festgelegt sein, wobei es sich jeweils nur um für besonders wichtig gehaltene Inhalte handeln soll, nicht um detaillierte Kataloge.

Den einzelnen Schulen will man nämlich die Freiheit geben, je nach Lage vor Ort selbst zu entscheiden, wie viel Zeit für die Bearbeitung der „Kerne" zu veranschlagen ist und was darüber hinaus gelehrt und gelernt werden soll.

Dabei ist u. a. strittig, wie das Verhältnis von „exemplarischen" Themen im Kernlehrplan und den in der Einzelschule auszuhandelnden Themen beschaffen sein soll. Soll man sich z. B. damit begnügen, nur **allgemein** auf Kinderliteratur zu verweisen, oder soll man einen **Kanon** von Texten und/oder Autorinnen bzw. Autoren vorgeben? Je nachdem, wie man sich hier entscheidet, eröffnet man, optimistisch formuliert, den einzelnen Schulen mehr oder weniger Spielraum für Entscheidungen bzw., skeptisch gesagt, man zwingt sie dazu, autonom Entscheidungen zu treffen.

Führende Verfechter der Idee einer an Standards orientierten Steuerung des Bildungssystems lassen keinen Zweifel daran, dass zentrale Standards und die pädagogische Autonomie der Einzelschule sozusagen zwei Seiten einer Medaille sind, wenn es ernsthaft um die **Entwicklung der Qualität des Unterrichts** gehen soll: „Standards – im Sinne von ‚Bildungsstandards', die erwartete Lernergebnisse spezifizieren – können nützlich sein für die Entwicklung eines Bildungssystems. Solche outputbezogenen Standards geben den Schulen Zielmarken vor, indem sie erwartete Schülerkompetenzen möglichst klar benennen und überprüfbar machen, lassen aber den Weg der Reform und die Gestaltung der Unterrichtspraxis offen. Erst diese Kombination von standardbezogener Zielsetzung und Überprüfung einerseits, pädagogischer Autonomie andererseits ermöglicht Qualitätsentwicklung." (KLIEME 2005, S. 7)

Von den Standards verspricht man sich also nicht nur eine größere Transparenz im Hinblick auf Leistungserwartungen und -ergebnisse, sondern man begreift sie auch als ein Instrument der Qualitätsentwicklung und -sicherung.

Ob das weitere Ziel, die größere Autonomie der Einzelschule, tatsächlich erreicht werden kann, ob z. B. die Stundentafeln für Deutsch von Schule zu Schule innerhalb einer gewissen Bandbreite variieren können, lässt sich derzeit noch nicht absehen. In einigen Bundesländern ist den Fachkonferenzen in den einzelnen Schulen seit Längerem aufgegeben, schuleigene Arbeitspläne zu entwickeln. Für diese kooperative Arbeit dürften die Lehrkräfte an Grundschulen besser gerüstet sein als Lehrpersonen an anderen Schulformen.

3.1.2 Die Bildungsstandards im Fach Deutsch für den Primarbereich in der Übersicht und einige Fragen

Der Hauptauftrag der Grundschule besteht darin, Bedingungen zu schaffen, die für die „Entfaltung" grundlegender Bildung günstig sind. Dabei spielt die Sprache als Gegenstand des Nachdenkens und als Mittel, die Welt und sich selbst zu verstehen und sich mit anderen zu verständigen, eine zentrale Rolle. Mit „Sprache" ist nicht nur Deutsch gemeint, sondern die Vielfalt der Sprachen, die von den Kindern in den Unterricht mitgebracht werden. Grundlegende Bildung kann nicht auf sprachliche Leistungen reduziert werden. Andere, z. B. soziale Fähigkeiten sind ebenfalls zentral. Das ist in den „Bildungsstandards im Fach Deutsch für den Primarbereich" ausdrücklich vermerkt. Gleichwohl sind die Standards auf Leistungen bezogen. Damit soll festgelegt sein, welche Leistungen von einem Kind am Ende der Jahrgangsstufe 4 in der Regel erwartet werden. Die Standards „sollen eine klare Perspektive für die anzustrebenden Ziele geben, auf die hin sich auch eine individuelle Förderung konzentrieren muss" (KMK 2005, S. 7). Es werden folgende Kompetenzbereiche und zentrale Standards ausgewiesen (KMK 2005, S. 7):

Sprechen und Zuhören	Schreiben	Lesen – mit Texten und Medien umgehen
■ Gespräche führen ■ zu anderen sprechen ■ verstehend zuhören ■ szenisch spielen ■ über Lernen sprechen	■ über Schreibfertigkeiten verfügen ■ richtig schreiben ■ Texte planen ■ Texte schreiben ■ Texte überarbeiten	■ über Lesefähigkeiten verfügen ■ über Leseerfahrungen verfügen ■ Texte erschließen ■ Texte präsentieren

Methoden und Arbeitstechniken
Methoden und Arbeitstechniken werden jeweils im Zusammenhang mit den Inhalten jedes einzelnen Kompetenzbereichs erworben.

Sprache und Sprachgebrauch untersuchen
■ grundlegende sprachliche Strukturen und Begriffe kennen ■ sprachliche Verständigung untersuchen ■ an Wörtern, Sätzen, Texten arbeiten ■ Gemeinsamkeiten und Unterschiede von Sprachen entdecken

Aus der Darstellung geht hervor, dass *Sprache und Sprachgebrauch untersuchen* eine Sonderrolle zukommen soll; die Tätigkeiten, um die es hier geht, seien nämlich „integraler Bestandteil des Deutschunterrichts" (KMK 2005, S. 15).
Im Einzelnen sind folgende Standards formuliert (KMK 2005, S. 9–14):

1. Sprechen und Zuhören
Gespräche führen ■ sich an Gesprächen beteiligen ■ gemeinsam entwickelte Gesprächsregeln beachten: z. B. andere zu Ende sprechen lassen, auf Gesprächsbeiträge anderer eingehen, beim Thema bleiben ■ Anliegen und Konflikte gemeinsam mit anderen diskutieren und klären
Zu anderen sprechen ■ an der gesprochenen Standardsprache orientiert und artikuliert sprechen ■ Wirkungen der Redeweise kennen und beachten ■ funktionsangemessen sprechen: erzählen, informieren, argumentieren, appellieren ■ Sprechbeiträge und Gespräche situationsangemessen planen
Verstehend zuhören ■ Inhalte zuhörend verstehen ■ gezielt nachfragen ■ Verstehen und Nicht-Verstehen zum Ausdruck bringen
Szenisch spielen ■ Perspektiven einnehmen ■ sich in eine Rolle hineinversetzen und sie gestalten ■ Situationen in verschiedenen Spielformen szenisch entfalten
Über Lernen sprechen ■ Beobachtungen wiedergeben ■ Sachverhalte beschreiben ■ Begründungen und Erklärungen geben ■ Lernergebnisse präsentieren und dabei Fachbegriffe benutzen ■ über Lernerfahrungen sprechen und andere in ihren Lernprozessen unterstützen

2. Schreiben

Über Schreibfertigkeiten verfügen
- eine gut lesbare Handschrift flüssig schreiben
- Texte zweckmäßig und übersichtlich gestalten
- den PC – wenn vorhanden – zum Schreiben verwenden und für Textgestaltung nutzen

Richtig schreiben
- geübte, rechtschreibwichtige Wörter normgerecht schreiben
- Rechtschreibstrategien verwenden: Mitsprechen, Ableiten, Einprägen
- Zeichensetzung beachten: Punkt, Fragezeichen, Ausrufezeichen, Zeichen bei wörtlicher Rede
- über Fehlersensibilität und Rechtschreibgespür verfügen
- Rechtschreibhilfen verwenden: Wörterbuch nutzen, Rechtschreibhilfen des Computers kritisch nutzen
- Arbeitstechniken nutzen: methodisch sinnvoll abschreiben, Übungsformen selbstständig nutzen, Texte auf orthografische Richtigkeit überprüfen und korrigieren

Texte verfassen
Texte planen
- Schreibabsicht, Schreibsituation, Adressaten und Verwendungszusammenhang klären
- sprachliche und gestalterische Mittel und Ideen sammeln: Wörter und Wortfelder, Formulierungen und Textmodelle

Texte schreiben
- verständlich, strukturiert, adressaten- und funktionsgerecht schreiben: Erlebtes und Erfundenes; Gedanken und Gefühle; Bitten, Wünsche, Aufforderungen und Vereinbarungen; Erfahrungen und Sachverhalte
- Lernergebnisse geordnet festhalten und auch für eine Veröffentlichung verwenden
- nach Anregungen (Texte, Bilder, Musik) eigene Texte schreiben

Texte überarbeiten
- Texte an der Schreibaufgabe überprüfen
- Texte auf Verständlichkeit und Wirkung überprüfen
- Texte in Bezug auf die äußere und sprachliche Gestaltung und auf die sprachliche Richtigkeit hin optimieren
- Texte für die Veröffentlichung aufbereiten und dabei auch die Schrift gestalten

3. Lesen – mit Texten und Medien umgehen

Über Lesefähigkeiten verfügen
- altersgemäße Texte sinnverstehend lesen
- lebendige Vorstellungen beim Lesen und Hören literarischer Texte entwickeln.

Über Leseerfahrungen verfügen
- verschiedene Sorten von Sach- und Gebrauchstexten kennen
- Erzähltexte, lyrische und szenische Texte kennen und unterscheiden
- Kinderliteratur kennen: Werke, Autorinnen und Autoren, Figuren, Handlungen
- Texte begründet auswählen
- sich in einer Bücherei orientieren
- Angebote in Zeitungen und Zeitschriften, in Hörfunk und Fernsehen, auf Ton- und Bildträgern sowie im Netz kennen, nutzen und begründet auswählen
- Informationen in Druck- und – wenn vorhanden – elektronischen Medien suchen
- die eigene Leseerfahrung beschreiben und einschätzen

Texte erschließen
- Verfahren zur ersten Orientierung über einen Text nutzen
- gezielt einzelne Informationen suchen
- Texte genau lesen
- bei Verständnisschwierigkeiten Verstehenshilfen anwenden: nachfragen, Wörter nachschlagen, Text zerlegen
- Texte mit eigenen Worten wiedergeben
- zentrale Aussagen eines Textes erfassen und wiedergeben
- Aussagen mit Textstellen belegen
- eigene Gedanken zu Texten entwickeln, zu Texten Stellung nehmen und mit anderen über Texte sprechen
- bei der Beschäftigung mit literarischen Texten Sensibilität und Verständnis für Gedanken und Gefühle und zwischenmenschliche Beziehungen zeigen
- Unterschiede und Gemeinsamkeiten von Texten finden
- handelnd mit Texten umgehen: z. B. illustrieren, inszenieren, umgestalten, collagieren

Texte präsentieren
- selbstgewählte Texte zum Vorlesen vorbereiten und sinngestaltend vorlesen
- Geschichten, Gedichte und Dialoge vortragen, auch auswendig
- ein Kinderbuch selbst auswählen und vorstellen
- verschiedene Medien für Präsentationen nutzen
- bei Lesungen und Aufführungen mitwirken

4. Sprache und Sprachgebrauch untersuchen

Sprachliche Verständigung untersuchen
- Beziehung zwischen Absicht – sprachlichen Merkmalen – Wirkungen untersuchen
- Unterschiede von gesprochener und geschriebener Sprache kennen
- Rollen von Sprecher/Schreiber – Hörer/Leser untersuchen und nutzen
- über Verstehens- und Verständigungsprobleme sprechen

An Wörtern, Sätzen, Texten arbeiten
- Wörter strukturieren und Möglichkeiten der Wortbildung kennen
- Wörter sammeln und ordnen
- sprachliche Operationen nutzen: umstellen, ersetzen, ergänzen, weglassen
- die Textproduktion und das Textverständnis durch die Anwendung von sprachlichen Operationen unterstützen
- mit Sprache experimentell und spielerisch umgehen

Gemeinsamkeiten und Unterschiede von Sprachen entdecken
- Deutsch – Fremdsprache, Dialekt – Standardsprache; Deutsch – Muttersprachen der Kinder mit Migrationshintergrund; Deutsch – Nachbarsprachen
- gebräuchliche Fremdwörter untersuchen

Grundlegende sprachliche Strukturen und Begriffe kennen und verwenden
- Es geht hier in erster Linie um die mit Begriffen und Strukturen gemeinten Kategorien. Die Bezeichnungen dafür können unterschiedlich sein.

Wort
- Buchstabe, Laut, Selbstlaut, Mitlaut, Umlaut, Silbe, Alphabet
- Wortfamilie, Wortstamm, Wortbaustein
- Wortfeld
- Wortart
- Nomen: Einzahl, Mehrzahl, Fall, Geschlecht
- Verb: Grundform, gebeugte Form, Zeitformen: Gegenwart, Vergangenheitsformen
- Artikel: bestimmter Artikel, unbestimmter Artikel
- Adjektiv: Grundform, Vergleichsstufen
- Pronomen
- andere Wörter (alle hier nicht kategorisierten Wörter gehören zu dieser Restkategorie)

Satz
- Satzzeichen: Punkt, Komma, Fragezeichen, Ausrufezeichen, Doppelpunkt, Redezeichen
  Satzart: Aussage-, Frage-, Ausrufesatz
  wörtliche Rede
- Subjekt
- Prädikat/Satzkern
- Ergänzungen: Satzglied; einteilige, mehrteilige Ergänzung
- Vergangenheit, Gegenwart, Zukunft (als Zeitstufen)

Vergleicht man z. B. die Standards im Bereich *Schreiben* mit denen im Bereich *Sprache und Sprachgebrauch untersuchen*, dann ergibt sich, dass letztere konkreter und präziser sind, damit für Laien allerdings auch weniger leicht verständlich sein dürften.

Immer wieder ist gefordert worden, die Standards sollten nicht nur „angemessen", sondern auch „präzise", „verständlich", „hinreichend detailliert" bzw. „konkret", „klar", „eindeutig" formuliert sein, sodass sie in Aufgabenstellungen „umgesetzt" werden können. Es liegt auf der Hand, dass die Ansprüche, die hier im Spiel sind, miteinander in Konflikt geraten können. Wer für ein Fachpublikum wie Deutschlehrerinnen und Deutschlehrer ökonomisch und präzise formulieren will, tut gut daran, Elemente einer Fachsprache zu nutzen, und die sind für Laien wie Eltern und Politiker nicht auf Anhieb zugänglich. Will man darüber hinaus **sowohl** fachsprachlich präzise **als auch** wie gefordert „konkret" sein, handelt man sich ein weiteres Problem ein: Die Zahl der Standards wird so groß, dass man als „Anwender" vor Ort leicht die Übersicht verliert. Allerdings: Sind die Standards vergleichsweise „konkret" formuliert, gibt es zwar immer noch viele Aufgaben, in die sie „umgesetzt" werden können. Man kann sich aber schnell einigen, welche Aufgaben noch passen und welche nicht mehr.

Wählt man die Alternative, mit wenigen und allgemein formulierten Standards auskommen zu wollen, muss man in Kauf nehmen, dass sie eher vage ausfallen und dass überhaupt unklar bleibt, was gekonnt werden soll. Man kann dann oft daran zweifeln, ob man mithilfe bestimmter Aufgaben tatsächlich das erfasst, was als (Teil-)Kompetenz jeweils intendiert ist.

Wer also Standards formulieren muss, hat in diesem Sinne zum Teil gegenläufigen Ansprüchen zu genügen, und ab und an muss er bzw. sie sich die Frage gefallen lassen, ob das Ergebnis überzeugend ist.

Wie will man z. B. den Standard „die eigene Leseerfahrung beschreiben und einschätzen" in Testaufgaben transformieren? Ist er nicht zu vage formuliert? Erfüllt man ihn – überspitzt gefragt – nicht bereits, wenn man sagt: „Ich lese kaum und halte auch nicht viel davon"? Und wie steht es mit dem Standard „Unterschiede und Gemeinsamkeiten von Texten finden"? Auch er erscheint als zu vage. Man kann ja den Eindruck haben, dass Hinweise auf unterschiedliche Länge und Anzahl von Abschnitten bereits hinreichend sind. Weitere Beispiele ließen sich nennen. Wie „allgemein" oder „speziell", „vage" oder „präzise" auch immer die Formulierungen der Standards ausfallen mögen: Sie müssen vor Ort, in der einzelnen Schule, „angewendet" werden, und dieses „Anwenden" ist kein mechanischer, sondern ein kreativer Prozess. Insofern werden die Lehrpersonen auch zu sehr verschiedenen Ergebnissen kommen, wenn es gilt, die Standards mithilfe von Aufgaben zu illustrieren. Das sollte m. E. begrüßt und nicht bedauert werden.

3.2 Test- und Lernaufgaben

Standards, so eine zentrale Forderung, sollen in **Testaufgaben** umgesetzt werden können. Im Alltag wird das Wort „Test" zwar vielfältig gebraucht („Ich teste jetzt mal seinen Humor.", „Der Geschmackstest ist negativ ausgefallen."); wenn es aber fachsprachlich verwendet wird, dann immer im Kontext des Postulats, es seien (mindestens) die Gütekriterien der Objektivität, Reliabilität und Validität zu bedenken.

Ein Test ist dann **objektiv**, wenn seine Ergebnisse unabhängig von der Person des Testenden sind. Wenn Lehrer X den Schülerinnen und Schülern bei der Bearbeitung der Testaufgaben hilft, Lehrerin Y aber nicht, dann gibt es im Hinblick auf die **Durchführung** dieses Tests keine Objektivität. Von der Durchführungsobjektivität lässt sich die Objektivität der **Auswertung** unterscheiden: Kommen z. B. unterschiedliche Beurteiler von Schülertexten zu denselben Ergebnissen?

Reliabel, zuverlässig, ist ein Test dann, wenn er das, was er erfassen soll, auch möglichst genau und stabil erfasst. Teste ich die Rechtschreibfähigkeiten meiner Schülerinnen und Schüler anhand von drei Wörtern, ist die Erwartung berechtigt, dass es hier weniger genau zugehen wird als bei einem Test mit 45 Wörtern. Aber auch diese 45 sind nur ein kleiner Teil des „Universums der Wörter", aus dem zu wählen ist. Würde der Test in einer Woche wieder geschrieben, würden einige Schülerinnen und Schüler wahrscheinlich besser abschneiden als beim ersten Mal, andere womöglich deutlich schlechter. Insofern ist bei der Interpretation der Testergebnisse dann, wenn es um die einzelnen Schülerinnen und Schüler geht, Vorsicht geboten. Diese Ergebnisse sind nicht mehr, aber auch nicht weniger als eine von vielen Quellen der Urteilsbildung. Daneben spielen z. B. Gespräche, teilnehmende Beobachtung und die Auswertung vieler Texte eine Rolle.

Als **valide** bzw. gültig gilt ein Test dann, wenn mit seiner Hilfe tatsächlich das gemessen wird, was gemessen werden soll. Habe ich z. B. einen Lesetest vor mir, kann ich fragen, ob man die einzelnen Aufgaben nicht vielleicht ausschließlich auf der Basis von Vorwissen lösen kann, d. h. auch dann, wenn man den Text gar nicht verstanden hat. Und weiter: In der Schule kommen oft mit Leseaufgaben verknüpfte Schreibaufgaben vor. Jemand scheitert dann womöglich an einer Schreibaufgabe nicht deshalb, weil er schreibschwach ist, sondern weil er die Leseaufgabe nicht richtig verstanden hat.

Im Deutschunterricht lassen sich Kombinationen von Teilaufgaben aus verschiedenen Bereichen (Sprechen/Zuhören, Lesen, Schreiben, Sprachreflexion) in der Regel nicht vermeiden; sie sind sogar erwünscht. Dennoch sollte man als Lehrperson für die Frage sensibel sein, welcher Kompetenzbereich primär erfasst werden soll. Zielt man z. B. vor allem auf Aspekte der Schreibkompetenz, sollte man die Aufgabe so formulieren, dass sie auch für jemanden verständlich ist, der nur über basale Lesekompetenz verfügt.

Gegen das Kriterium der Validität wird auch verstoßen, wenn eine Aufgabe oder ein Test im Ganzen nicht fair ist, wenn also Subgruppen systematisch bevorzugt bzw. benachteiligt werden. Das wäre z. B. dann der Fall, wenn im Rahmen eines Wortschatztests primär das Verständnis „männlicher" Wörter getestet würde.

Objektivität ist das grundlegende Gütekriterium. Verhalten sich verschiedene Testleiter unterschiedlich, ist die Testdurchführung also nicht objektiv, dann sind auch weder Reliabilität noch Validität gegeben. Allerdings: Gerade bei großen Tests, die alle Schülerinnen und Schüler eines Landes oder mehrerer Bundesländer oder auch große Stichproben aller Bundesländer absolvieren sollen, kann die Bemühung, Objektivität zu sichern, zu Lasten der Validität gehen. Man spricht hier vom „Objektivitäts-Validitäts-Dilemma" der Leistungsmessung. Im Zentrum stehen die Aspekte von Leistungen, die ökonomisch und objektiv auswertbar sind, und so werden andere Leistungsbereiche vernachlässigt. Ein – natürlich fiktives – Beispiel: Die Kinder haben einen Brief zu schreiben, und ihr Text wird nun vor allem daraufhin ausgewertet, ob er ein Datum, eine Anrede und eine Grußformel enthält. Darüber hinaus achtet man auf Orthografie- und Grammatikfehler, weil hier leicht zwischen Richtig und Falsch unterschieden werden kann. Es liegt auf der Hand, dass auf diese Weise wesentliche Komponenten der Schreibkompetenz (die Fähigkeit zu strukturieren, inhaltlich und sprachlich angemessen zu formulieren usw.) gar nicht erfasst werden. Der Test mag zwar objektiv auswertbar sein, dies geht hier aber zu Lasten seiner Validität.

Die geläufigsten **Formate** von **Testaufgaben** sind die folgenden:
Bei **Richtig-Falsch-Aufgaben** hat man zwei Alternativen, von denen die eine richtig und die andere falsch ist. Weil die Ratewahrscheinlichkeit fünfzig Prozent beträgt, gibt es in der Regel eine kleine Batterie solcher Aufgaben.
Mehrfachwahl-Aufgaben enthalten häufig vier Antwortalternativen, von denen nur eine zutreffend ist. Je plausibler die falschen Alternativen sind, umso schwieriger die Aufgabe.
Zuordnungs-Aufgaben sind in zwei Spalten angeordnet. Elemente der ersten Spalte sind mit Elementen der zweiten Spalte zu verbinden. Die erste Spalte könnte z. B. Namen von Figuren enthalten, die in einem Erzähltext vorkommen, in der zweiten könnten ihre Berufe aufgelistet sein.
Im Rahmen von **Umordnungs-Aufgaben** sollen bestimmte Elemente nach einem Kriterium in eine Reihenfolge gebracht werden; z. B. sind Wörter alphabetisch zu ordnen.
Bei einer **Kurzantwort-Aufgabe** haben die Schülerinnen und Schüler ein

Wort oder wenige Wörter zu schreiben, z. B. den Oberbegriff zu einer Reihe wie *Hemd, Jacke, Pullover, T-Shirt, Schuhe*.

Eine **Lücke** ist zu **füllen**, wenn es z. B. darum geht, ein von der Lehrperson vorgelesenes Wort korrekt in eine Satz- oder Textlücke hineinzuschreiben.

Stehen **Korrektur-Aufgaben** an, hat man womöglich in einem vorgegebenen Text falsch geschriebene Wörter zu identifizieren und richtig zu schreiben.

Schließlich kann man aufgefordert sein, einen **Langtext** (bzw. einen Essay) zu schreiben.

Diese Aufgabenformate spielen nicht nur in „großen" Tests eine Rolle; sie können auch im Unterricht genutzt werden, vor allem dann, wenn hier **Leistungen überprüft** werden sollen. In solchen Situationen hat jede Schülerin und jeder Schüler in der Regel in demselben Zeitraum ohne Unterstützung Aufgaben einzeln zu bearbeiten und er bzw. sie tut gut daran, Fehler zu vermeiden. Wenn Lehrkräfte z. B. im Rahmen von Klassenarbeiten Aufgaben dieses Formats einsetzen, mögen sie zwar „Teaching to the test" betreiben, insofern sie ihre Schülerinnen und Schüler so z. B. auch mit Aufgabentypen in länderübergreifenden Vergleichsarbeiten vertraut machen. Das sollte man aber nicht als Vorwurf verstehen.

Anders im Kontext von **Lernaufgaben**: Hier soll nicht bereits Gelerntes überprüft werden, sondern Neues ist zu lernen und zu üben. Hier ist – für die eine Schülerin mehr, für den anderen Schüler weniger – die Unterstützung der Lehrkraft und der Mitschülerinnen und Mitschüler gefragt. Langsamere Lerner bekommen mehr Zeit als schnellere. Viele Lernaufgaben können und sollen im Team bearbeitet werden, denn es geht hier auch um soziale Kompetenzen, die in Leistungssituationen normalerweise keine Rolle spielen. Wer lernt und übt, muss auch nicht darauf achten, Fehler zu vermeiden. Gerade aus ihnen kann er ja – mit der Hilfe anderer – neue Einsichten gewinnen.

Im Hinblick auf die Konstruktion von Aufgaben werden in den Standards **drei Anforderungsbereiche** unterschieden: die **Wiedergabe** bekannter Informationen, die **Anwendung** von erworbenem Wissen auf vertraute Sachverhalte und die eigenständige **Reflexion und Beurteilung** im Kontext neuer Anforderungen bzw. Problemstellungen. „Sie machen deutlich, welche kognitiven Operationen von Schülerinnen und Schülern jeweils gefordert werden. Anforderungsbereiche resultieren nicht aus empirisch validierten Testverfahren, sondern aus der beruflichen Erfahrung von Lehrkräften und einschlägigen Aufgabenformaten. Die Zuordnung zu den Anforderungsbereichen ist nicht immer eindeutig zu treffen. Komplexe Aufgaben verlangen meist Operationen aus allen drei Anforderungsbereichen." (KMK 2005, S. 17) Man erkennt hier wenigstens zum Teil die bekannte Differenzierung in Aufgaben zur Reproduktion, zur Reorganisation und zum Transfer wieder.

Es ist sinnvoll, zusätzlich zwischen Faktenwissen, begrifflichem Wissen, prozeduralem und metakognitivem Wissen zu unterscheiden. Wer z. B. weiß, wann OTFRIED PREUSSLER geboren wurde, verfügt über Faktenwissen, wer einige Merkmale von Adjektiven nennen kann, zeigt, dass er begriffliches Wissen hat. Im Mündlichen Verbformen richtig zu gebrauchen, zeugt von prozeduralem Wissen (Wissen, wie), und wer die Lesegeschwindigkeit verringert, weil er bemerkt hat, dass die letzten Passagen schwerer zu verstehen waren, hat metakognitives Wissen aktiviert. Er hat eine Konsequenz aus der Überwachung des eigenen Leseprozesses gezogen.

Im Unterricht werden Aufgaben nicht isoliert dargeboten. Sie sind vielmehr Elemente von Aufgabenreihen, bei deren Konstruktion u. a. auf das Verhältnis von Erarbeitung und Übung zu achten ist. Soll das Wissen nicht „träge", also an den Kontext seines Erwerbs gebunden bleiben, dann sind vielfältige, eher „nahe" und auch eher „weite" Anwendungsaufgaben besonders wichtig. Es soll vor allem zu **kumulativem Lernen** kommen können. Neues soll in bestehendes Wissen integriert werden und im Zusammenhang, nicht isoliert verfügbar sein. Ein Beispiel: Wenn Begriffe wie „Nomen", „Artikel" „Verb" und „Adjektiv" womöglich bereits eingeführt sind und jetzt die neue Wortart „Pronomen" an der Reihe ist, dann kann man den neuen Begriff in ein Schema einfügen, sodass im Vergleich mit den bereits bekannten Begriffen Gemeinsamkeiten und Unterschiede deutlich werden können. Das resultierende Schema könnte etwa so aussehen:

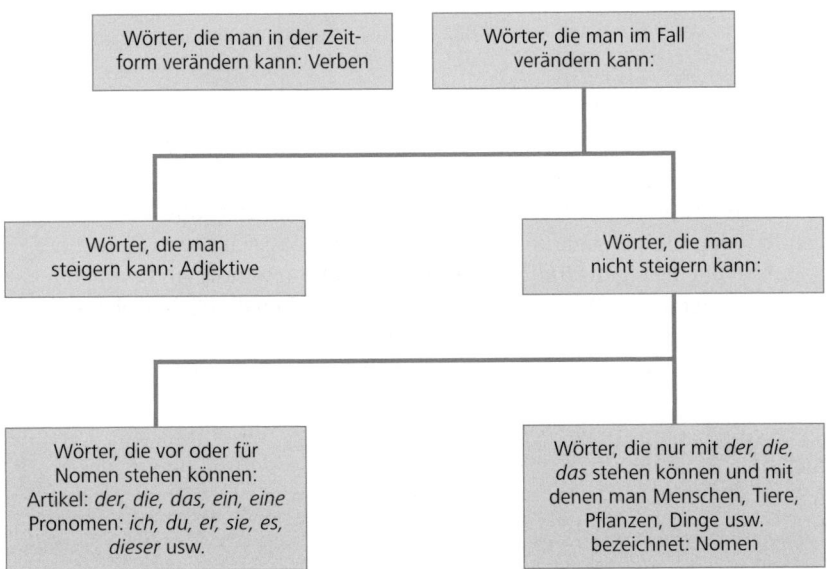

(Es versteht sich, dass ein so einfaches Schema nicht auf alle Fälle anwendbar und zum Teil auch fachlich problematisch ist. So sind nicht alle Adjektive steigerbar und Pronomen wie *ich* und *du* stehen nicht für Nomen, sondern für Sprecher und Angesprochene.)

Zu bedenken ist auch, wie es gelingen kann, die Aufgaben in motivationaler und affektiver Hinsicht ansprechend zu gestalten. Erfolgsrezepte gibt es hier zwar nicht, man kann sich z. B. aber darum bemühen, den lebensweltlichen Bezug der Aufgaben herauszustellen. Dabei muss es gar nicht um den Nachweis gehen, dass Lernergebnisse für die Bewältigung des Alltags nützlich sein können. Auch das Versprechen, in eine Phantasiewelt eintauchen und dort erfolgreich handeln zu können, mag Motivation genug sein. In der folgenden Abbildung sind die bisher angesprochenen Fragen schematisch dargestellt.

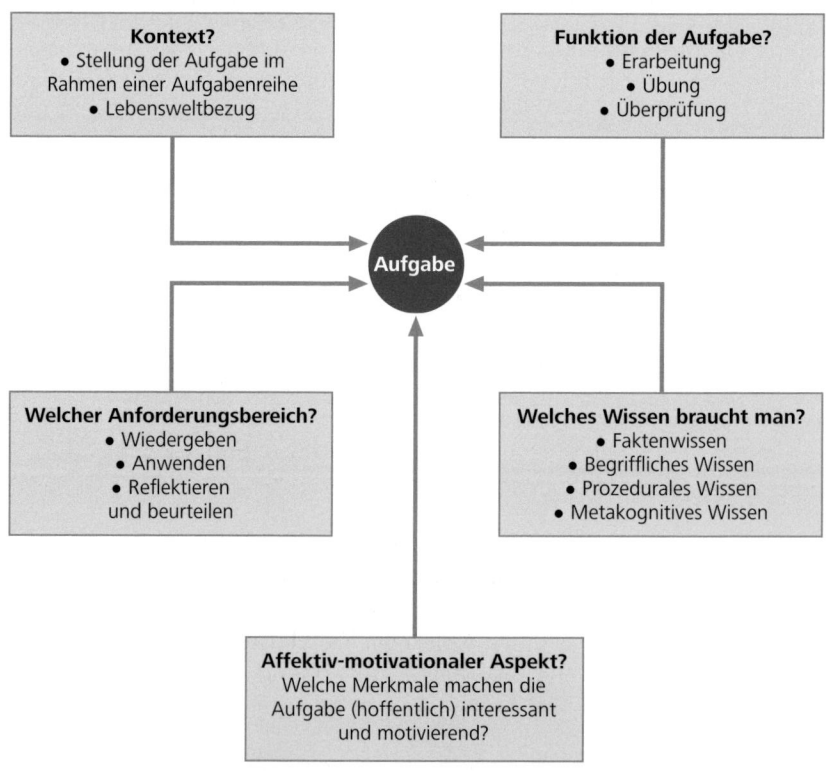

3.3 Kompetenzorientiert unterrichten und Merkmale guten Unterrichts

3.3.1 Einige Merkmale guten Unterrichts und ein Angebot-Nutzen-Modell

In Form der Standards ist fixiert, welche Kompetenzen die Kinder erworben haben sollen. Etwas überspitzt kann man sagen, dass in Lehrplänen häufig vor allem dargelegt wurde, womit sich die Schülerinnen und Schüler beschäftigen sollten. Jetzt geht es in erster Linie darum, was sie am Ende einer Lernphase können sollen. Wer kompetent ist, bewältigt in einem bestimmten Bereich in verschiedenen Situationen immer wieder bestimmte Anforderungen. Er hat gelernt, sein Wissen vielfach anzuwenden, insofern bleibt es nicht „träge". In kompetentes Handeln geht Wissen ein, das man äußern kann (Wissen, dass …), aber auch Wissen als Fertigkeit (Wissen, wie …). Hinzu kommen eine bestimmte Einstellung und die Fähigkeit, sich beim Handeln gleichsam selbst über die Schulter zu schauen. Kompetenz zeigt sich zwar im Handeln bzw. im Verhalten. Am Verhalten lässt sie sich aber nicht immer unmittelbar ablesen. Wenn ich jemanden schwimmen sehe, dann kann ich mit guten Gründen annehmen, dass er schwimmen **kann**. Wenn aber jemand z. B. ein Substantiv großgeschrieben hat, lässt sich daraus nicht schließen, dass er die Groß- und Kleinschreibung beherrscht. Erst auf der Basis von vielen Richtig- (und wenigen Falsch-) Schreibungen wird man zu dem Urteil kommen, dass er in diesem orthografischen Bereich hinreichend sicher, dass er kompetent ist. Insofern lassen sich Grade von Kompetenzen oft nur auf der Basis einer ganzen Reihe von Einzelbeobachtungen bei unterschiedlichen Aufgaben und in variierenden Situationen abschätzen.

Wer standard- und damit kompetenzorientiert unterrichten will, tut gut daran, den Schülerinnen und Schülern und auch den Eltern gegenüber offenzulegen, welche Kompetenzen im Einzelnen erworben werden sollen. Selbstverständlich verstehen die Kinder hier zunächst von Fall zu Fall noch nicht, was von ihnen verlangt wird. Im Rahmen des Lernprozesses können sie aber zunehmend sicher einschätzen, in welchem Maß sie bereits über die jeweilige Kompetenz verfügen. Das ist der Aspekt der **Zielklarheit**.

Zu gutem Unterricht gehört darüber hinaus, dass die Kinder **kognitiv aktiviert** werden, dass man z. B. Strategien lehrt und anspruchsvolles, d. h. Kontexte variierendes Üben vorsieht.

Wer dabei für jedes Kind (idealerweise) ein mittleres Anspruchsniveau vorsehen will, bei dem man die Aufgaben mit einiger, aber nicht zu viel Anstrengung meistern kann, muss ein unterstützendes Klima herstellen können. Dazu gehören auch ein Verständnis fördernder Umgang mit Fehlern und ein

Unterrichtstempo, das allen Kindern Nachdenken erlaubt. Das sind Aspekte dessen, was man als „**Schülerorientierung**" bezeichnet.

Darüber hinaus gehört zu gutem Unterricht, dass die Lehrer-Schüler-Beziehungen in motivationaler und affektiver Hinsicht positiv getönt sind. Das ist durchaus damit zu vereinbaren, dass es klare Regeln gibt, dass die Lehrperson Störungen energisch vorbeugt und dass möglichst viel Zeit für den eigentlichen, themenzentrierten Unterricht verwendet wird.

Was guten Unterricht ausmacht, lässt sich nur unter Bezug auf Kriterien bestimmen. Wer z. B. vor allem auf möglichst großen durchschnittlichen Leistungszuwachs, auf eine Verringerung von Leistungsunterschieden und darauf setzt, dass sich die Kinder im Fach Deutsch immer mehr zutrauen, wird zum Teil auf andere Merkmale Wert legen als jemand, dem vor allem an der Entwicklung sozialer Kompetenzen und Werthaltungen gelegen ist.

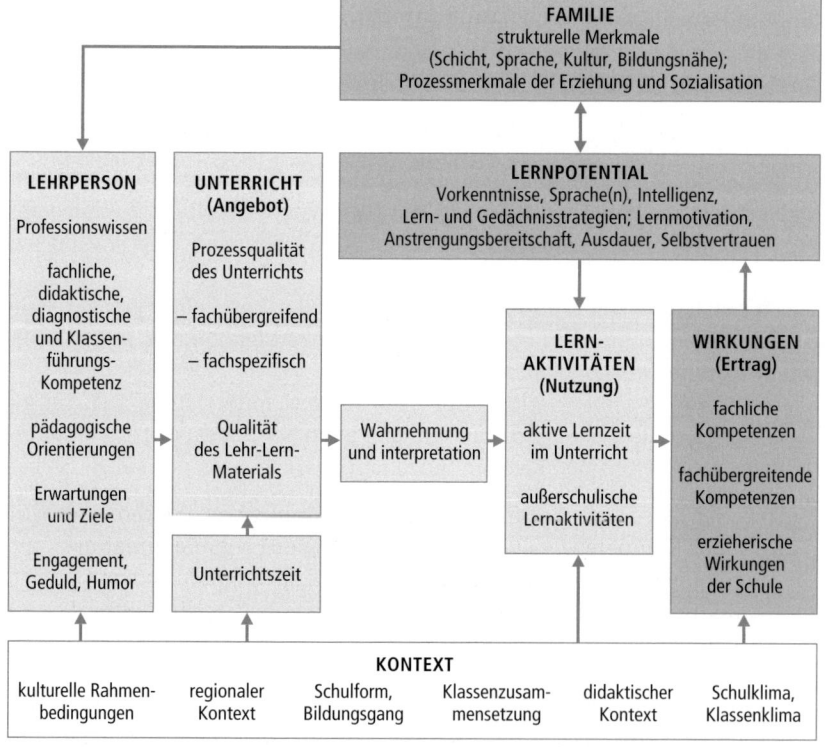

Welche Kriterien auch immer als zentral erscheinen: Mittlerweile stimmen die meisten darin überein, dass es zwar – einen Konsens über Kriterien vorausgesetzt – erfolgreichen Unterricht gibt, aber keinen didaktisch-methodischen

Königsweg. Die Profile guter Lehre sind sehr variabel; es ist insbesondere nicht gerechtfertigt, einen deutlich lehrergesteuerten Unterricht zu verurteilen. Darüber hinaus sollte bedacht werden, dass die Lehre und damit auch die Aufgaben nur ein **Angebot** sind. Die Beziehungen zwischen Merkmalen des Unterrichts und den Leistungen der Schülerinnen und Schüler lassen sich nicht als direkt und linear begreifen. Leistungen sind vielfach bedingt und die Qualität des Unterrichts ist nur **ein** Wirkfaktor. Ob und in welcher Weise die Kinder das Lehrangebot nutzen, wie sie es für sich und andere „konstruieren", kann die Lehrkraft nur bedingt beeinflussen.

Das wird anhand des Angebot-Nutzen-Modells von Unterricht auf der Seite 28 unten deutlich (HELMKE 2009, S.42).

3.4 Bezugsnormen der Leistungsbeurteilung und Kompetenzmodelle für die Bereiche des Deutschunterrichts

3.4.1 Bezugsnormen

Die Standards sind, so die KMK, als **Regelstandards** zu verstehen, nicht als Mindest- oder Idealstandards. Es handelt sich also, so der Anspruch, um ein mittleres Anforderungsniveau, dem „durchschnittliche" Schülerinnen und Schüler gewachsen sein sollen. Es wurde auf der Basis von Urteilen erfahrener Lehrkräfte bestimmt. Kompetenzmodelle, die wissenschaftlichen Ansprüchen genügen, stünden derzeit nämlich noch kaum zur Verfügung.

Es ist eine zentrale Aufgabe der Fachdidaktik, Modelle der Struktur, der Stufung und der Entwicklung von Kompetenzen in den einzelnen Bereichen zu entwickeln und für die Leistungsdiagnostik und die Förderung der einzelnen Schülerinnen und Schüler fruchtbar zu machen. Dabei kann die Frage, welche Struktur eine Kompetenz hat, d. h., aus welchen Teilfähigkeiten sie besteht, im Prinzip allein mit wissenschaftlichen Mitteln beantwortet werden. Anders verhält es sich, wenn es um die Bestimmung von „Stufen" bzw. „Niveaus" einer Kompetenz geht. Die Rede von „Stufen" legt die Annahme nahe, die Kompetenzentwicklung verlaufe manchmal sprunghaft, sodass plötzlich ein qualitativ neues Niveau erreicht sei. Bei Tests bilden die Werte aber ein Kontinuum und es werden **nachträglich**, im Rahmen der **Setzung** von Standards, Abschnitte auf diesem Kontinuum voneinander getrennt, die sich günstigenfalls fachdidaktisch plausibel interpretieren lassen. Hier ist jedoch immer auch eine gewisse Willkür im Spiel. „Die konsensuell gewonnenen und empirisch fundierten Stufen auf dem Kontinuum können aber der Ausgangspunkt für eine [...] Definition von Mindest-, Regel- oder Idealstandards sein, die politisch und pädagogisch verträglich ist. Ohne belastbare Daten, die zeigen, wo auf dem Leistungskontinuum Schülerinnen und Schüler tatsächlich liegen, bleiben Diskussionen über Mindest-, Regel- und Idealstandards substanzlos." (KÖLLER 2008, S.172)

Wer sich bei der Bewertung von Schülerleistungen auf Standards welcher Art auch immer bezieht, setzt damit auf eine sachliche („kriteriale") **Bezugsnorm**, die man von einer sozialen und einer individuellen Bezugsnorm unterscheiden kann.

Würde man die Leistungen einzelner Schülerinnen und Schüler nur mit denen anderer Angehöriger ihrer Bezugsgruppe, vor allem der Klasse, vergleichen, dann würde man eine **soziale Bezugsnorm** wählen. Eher „gut" ist dann das, was über dem Gruppendurchschnitt liegt, eher „schlecht" das, was darunter angesiedelt ist. Dabei kann man als Schüler Glück oder Pech haben. Für dieselbe Leistung bekommt man nämlich eine eher schlechte Note in einer „guten" Klasse und eine eher gute in einer „schlechten" Klasse. Hinzu kommt, dass man vielleicht gar nicht merkt, was man dazugelernt hat, wenn alle anderen auch dazugelernt haben und sich deshalb der Rangplatz in der Gruppe nicht verändert hat. Wenn nur die Unterschiede zwischen den Schülern zählen, dann bekommt man eben z. B. gleichbleibend schlechte Leistungen attestiert, auch wenn man sich über die Zeit merklich verbessert hat.

Anders verhält es sich, wenn man sich als Lehrperson an einer **individuellen Bezugsnorm** orientiert. Hier wird das von einer Schülerin jetzt erzielte Resultat mit Ergebnissen verglichen, welche sie früher erreicht hat. Dieser Vergleich ist auf allen Leistungsniveaus möglich und sinnvoll. Vor allem für schwächere Schüler ist aber die Erfahrung wertvoll, dass sie sich verbessern können, wenn sie sich anstrengen. So können sie sich selbst als wirksam erleben, also eine Erfahrung machen, die in pädagogischer Hinsicht nicht hoch genug zu veranschlagen ist. Insofern ist die Orientierung an einer individuellen Bezugsnorm vor allem in motivationaler Hinsicht geboten. Es liegt aber auch auf der Hand, dass sie allein nicht hinreichend sein kann. Denn für eine realistische Selbsteinschätzung braucht man u. a. den Vergleich mit anderen.

Bewerte ich die Leistung einer Schülerin auf der Basis einer **sachlichen Bezugsnorm**, brauche ich keinen Vergleich mit den Leistungen einer Gruppe, und es interessiert auch nicht, wie sich die aktuelle Leistung von früheren Leistungen dieser Schülerin unterscheidet. Es geht allein darum, welches inhaltlich definierte (Kompetenz-) Niveau erreicht worden ist. Könnten sich alle Lehrpersonen auf dieselben inhaltlichen Standards einigen und würden sie diese Standards auf dieselbe Weise verstehen, dann ließe sich zum einen die mit der Orientierung an der sozialen Bezugsnorm verbundene Ungerechtigkeit vermeiden. Zum anderen würden die Leistungen auf eine für Außenstehende plausible und hilfreiche Art beschrieben.

Warum eine sachliche Bezugsnorm einer sozialen oft vorzuziehen ist, mag eine Analogie verdeutlichen: Wenn ich operiert werden soll, möchte ich wissen, ob die junge Ärztin eine Operation wie die jetzt anstehende meistern kann. Es geht also um ein sachliches Kriterium. Mit der Information, dass sie im Examen besser abgeschnitten hat als 90 Prozent der anderen Prüflinge, kann ich mich nicht zufriedengeben. Vielleicht kam ja gar kein Prüfling – einschließlich meiner Ärztin – mit einer solchen Operation zurecht. Dies wiederum wäre eine auf ein sachliches Kriterium bezogene, in diesem Fall eher beunruhigende Nachricht. Es trifft aber auch zu, dass eine allein an der sachlichen Bezugsnorm orientierte Bewertung einer Leistung irreführend sein kann. Dass ich mich im Zahlenraum bis 1000 souverän bewegen kann, mag für mich als Grundschüler bemerkenswert sein; am Ende der Sekundarstufe I kann man das aber von einem „Durchschnittsschüler" mindestens erwarten. Kurz: Ohne einen Vergleich mit anderen, d. h. ohne Bezug auf die soziale Bezugsnorm, ist kaum zu beurteilen, wie schwer bzw. leicht es ist, das jeweilige inhaltlich bestimmte Kriterium zu erreichen. Und es rächt sich auch, wenn nur auf die sachliche Bezugsnorm gesetzt und die individuelle Bezugsnorm ausgeblendet wird. Dazu wieder eine Analogie: Wer zum wiederholten Mal durch die Führerscheinprüfung gefallen ist, weiß zwar, dass es wieder nicht gereicht hat. Er wüsste aber auch gern, ob er jetzt nicht doch ein bisschen besser fährt als bei der letzten Prüfung.

An welchen Normen der Leistungsbeurteilung bzw. an welcher Art der Kombination von Normen man sich als Lehrkraft im Unterricht auch orientiert: Man trifft täglich Entscheidungen darüber, wann man Leistungen noch als hinreichend und wann man sie als nicht mehr akzeptabel ansehen will, wann jemand also noch als „Könner" und wann er als „Nicht-Könner" eingestuft wird. Diese Grenzziehung ist ohne einen Anteil Willkür nicht möglich.

3.4.2 Zu den Bereichen des Deutschunterrichts

Lässt man die einzelnen Bereiche des Deutschunterrichts Revue passieren, dann zeigt sich, dass die Arbeit an Kompetenzmodellen unterschiedlich weit gediehen ist. Im **Bereich „Sprechen und Zuhören"** gibt es, soweit die „Muttersprache" betroffen ist, bislang allenfalls rudimentäre Modelle von Teilfähigkeiten und Fähigkeitsniveaus. Vor allem im Teilbereich „Zuhören" kann auch kaum von einer tradierten Aufgabenkultur gesprochen werden.

Im **Bereich „Schreiben"** ist am besten untersucht, was Erzählfähigkeit ausmacht und wie sie auf verschiedenen Niveaus bestimmt werden kann. Es gibt aber auch Ansätze zur Beschreibung von Teilaspekten und Niveaus der Fähigkeit, z. B. beschreibende und argumentative Texte zu verfassen. Die **Domäne „Rechtschreiben"** dürfte am intensivsten analysiert sein. Es gibt eine Reihe, im Kern aber vergleichbare Stufentheorien des Erwerbs der Orthografie.

In den letzten Jahren ist die Erforschung der einzelnen Dimensionen und der Niveaus der **Lesekompetenz** erheblich intensiviert worden. Marksteine sind hier vor allem die PISA-Studien und, bezogen auf die Grundschule, die bisherigen Versionen der international vergleichenden Untersuchung IGLU. Was den **Bereich „Sprache und Sprachgebrauch untersuchen"** angeht, so liegt ein Kompetenzmodell, das sich auf das schulisch geforderte Pensum bezieht, bislang allenfalls in Ansätzen vor. Hier besteht eine besondere Herausforderung darin, den Standards entsprechend didaktisch überzeugende Aufgaben mit integrativem Charakter zu konstruieren.

Im Folgenden werden zu einigen Standards in den verschiedenen Bereichen des Deutschunterrichts einige Beispielaufgaben präsentiert; es gibt auch jeweils knappe Hinweise zu möglichen Kontexten und Differenzierungsmöglichkeiten. Für ausführlichere Darlegungen sei auf die folgenden Kapitel verwiesen.

3.4.2.1 Sprechen und Zuhören

Ein Standard lautet „funktionsangemessen sprechen: erzählen, informieren, argumentieren, appellieren", ein anderer „gezielt nachfragen". Vor allem auf das mündliche Erzählen wird in der Grundschule großer Wert gelegt. BOUEKE u. a. (1995) haben Kindern Bildergeschichten von HANS JÜRGEN PRESS („Der kleine Herr Jakob") vorgelegt und sie gebeten, diese Geschichten einem abwesenden Freund oder einer Freundin zu erzählen, und zwar möglichst spannend. Insgesamt 96 Kinder im Alter von 5 bis 9 Jahren waren beteiligt. Vier Typen von Darstellungen ließen sich unterscheiden:

- Die Ereignisse werden isoliert dargestellt. Es finden sich häufig Hinweiswörter wie *hier* und *da*, woraus geschlossen werden kann, dass sich die betreffenden Kinder noch nicht auf den Standpunkt eines Hörers stellen können, der die Bilder nicht sehen kann.
- Bei einer linearen Darstellung werden die Ereignisse zwar vor allem mit *und* und *weil* verknüpft, sie werden aber auch als gleichwertig behandelt, nicht voneinander abgehoben.
- Strukturiert ist eine Darstellung, wenn klar wird, dass auf Anfangsereignisse (mindestens) ein neuer Zustand, eine Episode folgt.
- Als „narrativ strukturiert" wird schließlich eine Darstellung bezeichnet, bei der nicht nur die Komplikation sprachlich markiert ist, sondern in deren Rahmen es auch gelingt, den Zuhörer emotional am Geschehen teilhaben zu lassen.

Je älter die Kinder sind, desto wahrscheinlicher ist es, dass sie narrativ strukturierte Darstellungen produzieren. Etwa ein Drittel der Viertklässler erzählt aber auch „nur" strukturiert, und es gibt auch einige wenige, die über lineares

Darstellen nicht hinauskommen. Stellt man im Unterricht einer dritten oder vierten Klasse eine Aufgabe dieses Typs, dann kann man die auf Tonband aufgenommenen Produktionen der Kinder einmal mehr, einmal weniger zwanglos in diesem Stufenmodell lokalisieren. Wer z. B. strukturiert, aber nicht narrativ strukturiert erzählt, kann gezielt gefördert werden: Er wird in der Folge damit vertraut gemacht, wie man affektiv markiert (z. B. so: *Da geschah das Unfassbare ...; „Oh, mein Gott", dachte er ...; Sie ärgerte sich schwarz ...* usw.).

Die Erzählaufgabe wird in der Regel für **alle** Kinder schwieriger, wenn man nicht von einer **Bildergeschichte** ausgeht, sondern von einem **einzelnen Bild**, das gleichsam als Momentaufnahme zu verstehen ist, zu der man eine Ereignisfolge erfinden muss. Alle Kinder oder zumindest einige können Stichwörter oder auch Sätze aufschreiben, sodass sie für ihre mündliche Präsentation eine Stütze haben. Einige können darüber hinaus ausdrücklich instruiert werden, erzähltypische Elemente zu „vergessen". Sie liefern z. B. keine oder nur eine partielle **Orientierung**, „vergessen" also, die Aktanten explizit einzuführen, oder weisen einleitend nicht auf Ort und Zeit des Geschehens hin. Andere Kinder wiederum sollen erkennen, was „fehlt", und dann eben auch gezielt nachfragen. So kann gemeinsam erörtert werden, welche Elemente für das Erzählen „wichtig" und welche eher „unwichtig" sind.

Aufgaben dieser Art sind gar nicht neu.

Anders dürfte es sich z. B. verhalten, wenn Aufgaben zum Standard „Sprechbeiträge und Gespräche situationsangemessen planen" konstruiert werden sollen. Angenommen, es ginge darum, im Rahmen einer Diskussion Handlungen einer Figur aus einem kinderliterarischen Text zu beurteilen. In einem solchen Kontext könnte man zunächst allen Kindern die Aufgabe stellen, einen kleinen Beitrag zu planen, für den man auch ein bestimmtes Format vorgeben mag: *Ich finde das, was er/sie getan hat, gut/schlecht, weil...* Ist vom Setting her gesichert, dass jedes Kind an die Reihe kommt, ist die Aufgabe eher einfach. Es kommt dann allerdings wahrscheinlich zu vielen Wiederholungen bzw. Paraphrasen.

Soll das verhindert werden, müssen die Kinder nicht nur Beiträge planen, sondern auch kurzfristig entscheiden, ob sie an bestimmten Stellen des Gesprächs überhaupt (noch) realisiert werden sollen. Damit wird die Aufgabe schwieriger.

Was schließlich die Planung von Gesprächen im Allgemeinen angeht, so lässt sich die Plausibilität dieses Substandards bezweifeln, wenn hier gemeint sein sollte, dass man als **einzelner** Schüler bzw. **einzelne** Schülerin ein Gespräch planen kann. Gespräche sind ja gemeinsame Hervorbringungen und ihre Dynamik lässt sich von einem einzelnen Teilnehmer nur dann steuern, wenn er die Macht dazu hat. Davon kann hier aber keine Rede sein. Insofern ist es m. E. sinnvoll, diesen Standard anders zu verstehen: Der bzw. die Einzelne soll zur gemeinsamen Planung eines Gesprächs beitragen können. So lässt sich z. B. vereinbaren, in welchen Schritten man ein **Streitschlichtungsgespräch** durchführen will.

Dieses Beispiel zeigt zum einen, dass Standards nicht aus sich heraus verständlich sind, sondern dass sie interpretiert werden müssen. Dabei gibt es einmal mehr, einmal weniger Spielraum.

Zum anderen kann das Beispiel dazu ermuntern, Dimensionen dessen zu präzisieren, was Gesprächskompetenz ausmacht: Wer an einem Brainstorming teilnimmt, mag als kompetent gelten, wenn er besonders viele Einfälle produziert. Ist er aber Streitschlichter, macht einen Teil seiner Kompetenz aus, dass er die Positionen der Parteien nicht „kreativ", sondern möglichst präzise paraphrasiert. Zur Gesprächskompetenz gehört demnach das Wissen um den jeweiligen Gesprächstyp bzw. -zweck.

Hinzu kommen Formulierungsfähigkeit im Allgemeinen und das Wissen, welches sprachliche Register im gegebenen Fall angemessen ist, im Besonderen. Fraglich ist z. B., inwiefern man als Lehrkraft schon bei Grundschulkindern auf die Teilkompetenz setzen will und kann, sich auch dann, wenn man emotional massiv involviert ist, auf die Beiträge der anderen verstehend einzulassen und das eigene Verständnis gegebenenfalls zu korrigieren.

3.4.2.2 Schreiben (und Rechtschreiben)

In den Standards wird besonderer Wert auf eine Ansicht vom Schreiben gelegt, für die sich die Bezeichnung „prozessorientiert" eingebürgert hat. Man betont den Dreischritt „Texte planen", „Texte schreiben", „Texte überarbeiten". Dabei ist die Schrittmetaphorik eigentlich irreführend. Denn wie jede routinierte Schreiberin weiß, mag einem beim Schreiben einfallen, dass man beim Planen etwas vergessen hat, was man vielleicht auch erst beim Überarbeiten feststellt. Und nach dem ersten Überarbeiten verspürt man vielleicht das Bedürfnis, das bisher Geschriebene noch einmal zu revidieren (vgl. Kapitel 5 den Beitrag von BAURMANN und POHL).

Worüber soll geschrieben werden? Es wird ein bunter Strauß genannt: „Erlebtes und Erfundenes; Gedanken und Gefühle; Bitten, Wünsche, Aufforderungen und Vereinbarungen; Erfahrungen und Sachverhalte [...]" (KMK 2005, S. 11). Man mag darüber streiten, ob diese Reihe sinnvoll ist. Wie verhalten sich z. B. „Erlebtes" und „Erfahrungen" zueinander, und artikuliere ich, wenn ich z. B. auf Erlebtes Bezug nehme, nicht auch „Gedanken"? Wie dem auch sei. Schreibdidaktisch zentral ist m. E., dass hier nicht explizit auf bestimmte Textsorten bzw. Textfunktionen wie das Erzählen und Beschreiben, vielleicht auch noch das Instruieren abgehoben und damit anderes ausgeschlossen wird. Insofern kann man sich z. B. auch auf das schriftliche Argumentieren einlassen. Im Folgenden geht es um skizzenhafte Überlegungen zu Aufgaben, die mit dem Überarbeiten argumentativer Texte zu tun haben.

Aufgaben zum argumentativen Schreiben sollten auf lebensweltlich Relevantes und Strittiges bezogen sein: Wohin soll die nächste Klassenfahrt gehen? Welche von zwei kurzen Geschichten, die ich zu Hause gelesen habe, kann ich den anderen begründet als Klassenlektüre empfehlen? Soll man bei der Bildung von Kleingruppen darauf achten, dass nicht (immer oder meistens) Jungen zu Jungen und Mädchen zu Mädchen kommen? Als Lehrperson kann man ein einfaches dreigliedriges Strukturschema vorgeben, das sich nach Bedarf ausbauen lässt. Es könnte etwa so aussehen:

„1. Das ist die Frage.
2. Das ist meine Antwort/meine Position.
3. Das ist eine Begründung/das sind Begründungen für meine Antwort/meine Position."

Eine Erweiterung:
„4. Das ist die Gegenposition.
5. Das ist eine Begründung/das sind Begründungen für die Gegenposition.
6. Hier nenne ich mindestens einen Grund, warum ich die Gegenposition nicht so gut finde."

Selbstverständlich könnte man die Antwort, d. h. – logisch betrachtet – die Schlussfolgerung, auch erst am Ende platzieren.

1992 hat GUDRUN SPITTA vorgeschlagen, das Überarbeiten von Textentwürfen in Form von Schreibkonferenzen zu organisieren. Dabei sind die Anforderungen sowohl an die Autoren- als auch an die Helferkinder groß, nicht nur in kognitiver, sondern auch in motivationaler und emotionaler Hinsicht. Es spricht einiges dafür, dass sie in der Unterrichtspraxis hier und da unterschätzt wurden. Wichtig ist, dass die Kinder hier nicht nur für die (korrigierende) Lehrperson, sondern auch für die anderen Kinder oder andere Adressaten schreiben und dass ihnen das von Anfang an bewusst ist. Das erleichtert ihnen das kommunikative Schreiben. Gehen die Helferkinder arbeitsteilig vor, kann z. B. eines die Aufgabe übernehmen, die Verständlichkeit des Textentwurfs für die Adressaten zu beurteilen und Vorschläge zu machen, wie sie gegebenenfalls verbessert werden könnte. Zusätzlich könnte es in der Rolle eines Strukturexperten prüfen, ob und wie sich das Schreiberkind an das Schema gehalten hat. Es kann auch darauf achten, wie die Struktur sprachlich realisiert ist: Kommen kausale Verknüpfungsmittel vor? Wenn ja, welche? Sind es immer dieselben und wie könnte man, wenn das der Fall ist, vielleicht anders formulieren? Hier geht es um Aspekte eines integrativen Sprachunterrichts, der ja in den Standards postuliert wird. Wenn man hier Wörter oder Wortgruppen wie *weil, deshalb, aus diesem Grund, obwohl, trotzdem* usw. bespricht, dann brauchen Begriffe wie „Konjunktion" und „Adverb" gar nicht zu fallen. Ein zweites Helferkind könnte dazu verpflichtet sein, den Textentwurf speziell auf die sprachliche Richtigkeit hin zu überprüfen, wobei darauf zu achten ist, dass nicht immer nur besonders leistungsstarke Rechtschreiberinnen zum Zuge kommen.

Hier hat u. a. die Arbeit mit dem Wörterbuch einen Platz. Viele Kinder haben noch in der vierten Klasse Schwierigkeiten, z. B. Einträge zu identifizieren, die sich erst ab dem dritten Graphem von anderen unterscheiden. Sie können sich oft auch noch nicht mithilfe der sogenannten Kopfwörter orientieren und ihnen kommen keine Zweifel im Hinblick auf die Schreibung von Anfangsbuchstaben (*p* oder *b, f* oder *v* usw.), sodass sie manchmal nicht fündig werden. Eine Variante der Arbeit könnte darin bestehen, dass das Helferkind eine Reihe korrigierter Wörter auf Karten schreibt. So entsteht – nach einer Kontrolle durch die Lehrperson – nach und nach eine Musterkartei der Rechtschreibwörter, auf deren Basis alle Kinder individuelle Karteikästen anlegen. Damit kann immer wieder geübt werden.

Wiederholendes Lesen und Schreiben allein genügen aber nicht. Es geht vielmehr darum, zunächst unter Anleitung in den Wörtern „schwierige Stellen" auszumachen und immer wieder Strategien namhaft zu machen, die hier von Fall zu Fall hilfreich sein können, d. h. zur richtigen Schreibung führen. („Ich schreibe *endlich* manchmal immer noch mit **t**, dabei kommt es doch von *Ende*.") Manchmal genügt auch schon silbenweises Sprechen, manchmal bleibt nur übrig, sich eine Schreibung zu merken *(Vieh, Hexe)*. Damit sind drei Gruppen von Wörtern genannt, für die sich die Bezeichnungen „Nachdenk-", „Mitsprech-" und „Merk-Wörter" eingebürgert haben. Darum geht es, wenn in den „Standards" unter „richtig schreiben" u. a. vermerkt ist: „Rechtschreibstrategien verwenden: Mitsprechen, Ableiten, Einprägen".

In den Karteikästen kann man, wie schon häufig vorgeschlagen, verschiedene Abteilungen einrichten. Eine Abteilung ist reserviert für Wörter, die man immer wieder richtig geschrieben hat, eine andere für Wörter, die man seit Kurzem richtig schreibt, und in einer dritten Abteilung sind die Wörter bzw. Wortformen versammelt, deren Schreibung aktuell noch Schwierigkeiten bereitet. Wichtig ist, dass auch die „sicheren" Wörter immer wieder gelesen und geschrieben werden, denn auch hier ist ja mit Vergessen zu rechnen.

Angesichts der Anforderungen an ihre Teilnehmerinnen und Teilnehmer sollte man von Schreibkonferenzen nicht zu viel erwarten. Immerhin: Hier werden Textentwürfe zum Objekt gemeinsamen Nachdenkens, und auf längere Sicht mögen viele Kinder die Perspektiven ihrer Helfer allmählich verinnerlichen und mehr und mehr selbstreguliert schreiben können. Sie können ihre Produkte, die Texte, dann ansatzweise mithilfe von Kriterien bewerten. Beispiele von Kriterienrastern in der Form einer Rückmeldung der Lehrperson an den Schüler, die aber auch als Instrument der Selbstüberprüfung genutzt werden können, finden sich bei BÖTTCHER/BECKER-MROTZEK (2003).

3.4.2.3 Lesen

Wer einen Text versteht, empfängt nicht das, was darin an Informationen „enthalten" ist, sondern er ist aktiv, (re)konstruiert die Textbedeutung. Vergleicht man verschiedene Modelle der **Lesekompetenz**, ihrer Aspekte und ihrer Niveaus, dann springen viele Gemeinsamkeiten ins Auge: Immer geht es u. a. um das Lokalisieren von Informationen, seien sie markant oder weniger markant platziert. Immer sind auch mehr oder weniger verstreute Informationen miteinander zu verknüpfen. Dabei spielen Schlüsse eine Rolle, solche, die eher „textbasiert", und solche, die eher „vorwissensbasiert" sind. Die Schlüsse können sich auf einzelne Sätze, Absätze oder auch den Text als ganzen beziehen (vgl. den Beitrag von ROSEBROCK und KÖSTER in diesem Band).

Es ist eine zentrale Aufgabe der Deutschlehrkräfte, die Kinder beim Lernen des Textverstehens zu unterstützen, und insofern hat der Standard „Texte erschließen" mit Recht ein besonderes Gewicht. Ihm sind die meisten Substandards zugeordnet.

Im Folgenden soll angedeutet werden, wie eine **Aufgabenreihe** beschaffen sein könnte, die auf den Erwerb und das Üben von **Lesestrategien** zielt. Diese Strategien kann man in Gruppen einteilen:

Um **Wiederholungsstrategien** handelt es sich z. B., wenn man einen Text oder Textteile auswendig lernt. Aktivitäten wie das Unterstreichen von Wesentlichem, das Zusammenfassen von im Text verstreuten Informationen, die schematische Darstellung in Form von Diagrammen usw. sind Beispiele für **reduktive Strategien** und **Organisationsstrategien**. Hier werden Informationen verdichtet und neu gruppiert.

Wer **Elaborationsstrategien** anwendet, verknüpft neues, im Leseprozess gewonnenes Wissen mit seinem Vorwissen, stellt Analogien her, zieht Beispiele heran, stellt kritische Fragen usw.

Bei **metakognitiven Strategien** geht es um das ziel- und aufgabenbezogene Planen der Leseaktivität, die Überprüfung des Verstehens im Leseprozess sowie um die Regulation dieses Prozesses (z. B. durch Verlangsamen des Lesetempos im Gefolge des Gewahrwerdens von Verständnisschwierigkeiten) und die Bewertung des Lernergebnisses. Aufgaben, die auf die Anwendung solcher metakognitiven Strategien zielen, sind besonders nützlich. Es gibt nämlich Hinweise darauf, dass gerade schwache Leserinnen und Leser nicht bemerken, dass sie etwas nicht verstehen.

Schließlich gibt es **Stützstrategien**: Man nutzt sie z. B., wenn man Störquellen ausschaltet und vorsieht, dass man sich nach dem anstrengenden Lesen eine Belohnung gönnt.

Anhand verschiedener Sachtexte kann man in einer Reihe von Unterrichtsstunden Lern- und Übungsaufgaben so präsentieren, dass verschiedene Lesestrategien sukzessive angeeignet und immer wieder angewendet werden, also kumulatives Lernen angeregt wird.

Geht es z. B. in einer ersten Stunde um Texte mit Titeln wie „Die Belagerung einer mittelalterlichen Burg", „Das Dromedar", „Dinosaurier", „Bei den Inuit auf Grönland" usw., so sollen sich die Kinder zunächst, d. h. gleich nach dem Lesen der Überschrift, fragen, was sie über diese Thematik bereits wissen. Es soll also eine elaborative Strategie angewandt werden. Werden sie fündig, sollen sie Stichwörter notieren, wenn nicht, sollen sie auch das im Gedächtnis behalten.

Die nächsten beiden Schritte: Die Kinder sollen sich während der Lektüre zunächst fragen, ob sie konzentriert lesen. Wenn ja, kann es weitergehen. Wenn nein, sollen sie sich wieder konzentrieren und die betreffenden Teile des Textes noch einmal lesen. Dann sollen sie fragen, ob sie das, was sie lesen, verstehen. Ist die Antwort positiv, können sie weiterlesen. Fällt sie negativ aus, stehen die Fragen an, warum die Textstelle nicht verstanden wird und wie sich das ändern lässt. Vielleicht liegt es nur an einem einzelnen Wort. Also kann man versuchen, seine Bedeutung aus dem Zusammenhang zu erschließen. Man könnte auch in einem Wörterbuch nachschauen oder jemanden fragen. Vielleicht versteht man aber auch einen schwierigen Satz nicht. Kann man ihn verkürzen? Wenn das nicht hilft, weiß womöglich eine Mitschülerin oder ein Mitschüler Rat. Diese beiden Schritte beziehen sich demnach auf das Überwachen des Leseprozesses. Es sind metakognitive Strategien, die hier anzuwenden sind. Die Schülerinnen und Schüler sollen lernen, sich beim Lesen gleichsam selbst zu beobachten, zu bemerken, wenn sie nicht mehr bei der Sache sind, einzelne Textstellen nicht einfach zu ignorieren usw. Dabei kommt es u. a. darauf an, das unkonzentrierte Lesen nicht als solches zu brandmarken. Je nach Leseinteresse mag es ja sinnvoll sein, diese oder jene Passage zu überlesen und einen Text nur auf besondere „Schlüsselwörter" hin abzuklopfen. Besteht die Aufgabe aber darin, den Text möglichst detailliert zu verstehen, hat man sich entsprechend anzustrengen.

Nach dem Lesen soll die Frage nach den wichtigsten Kernwörtern und Kernsätzen des Textes beantwortet werden. Sie werden markiert. Verlangt ist also eine „reduktive" Strategie: Unwichtiges soll weggelassen, Wichtiges markiert werden. Ob diese Aufgabe schwer oder leicht zu lösen ist, hängt sowohl vom Leseinteresse als auch von der Textvorlage ab: Interessieren bei dem Text über die Burgbelagerung nur die Waffen der Angreifer, ist anderes relevant als in dem Fall, in dem die Architektur der Burg im Fokus ist. Manchmal sind die Kernsätze an prominenter Stelle bereits formuliert, manchmal bestehen sie aus einer erst zu erschließenden Kombination von verstreuten (Teil-)Sätzen.

Ebenfalls nach dem Lesen ist die Anwendung einer weiteren reduktiven Strategie angesagt. Der Text soll mit eigenen Worten zusammengefasst werden. Zusammenfassungen sind vor allem dann sinnvoll, wenn sie für jemanden formuliert werden, der den Ausgangstext nicht kennt.

Schließlich sollen sich die Kinder fragen, welche Informationen sie aufgrund der Lektüre neu gewonnen haben und was ihnen zu dem Gelesenen aufgrund eigener Erfahrungen oder aufgrund dessen, was sie von anderen gehört haben, womöglich zusätzlich noch einfällt. Die Anwendung dieser elaborativen Strategien erleichtert die Verbindung der neuen Informationen mit dem Vorwissen.

Die Fragen und Maßnahmen in einer Übersicht:

Nach dem Lesen der Überschrift, vor dem Lesen des Textes:
1. Was weiß ich schon über das Thema?

Während des Lesens:
2. Lese ich konzentriert? Ja, also kann ich weiterlesen. Nein, also muss ich mich wieder konzentrieren und den letzten Teil des Textes noch einmal lesen.
3. Verstehe ich das, was ich lese? Ja, also kann ich weiterlesen. Nein, also muss ich die nächste Frage stellen: Warum verstehe ich die Textstelle nicht und wie kann ich das ändern? Ich kenne ein bestimmtes Wort nicht, also muss ich versuchen, es aus dem Zusammenhang zu erklären, in einem Wörterbuch nachschauen oder meinen Partner oder die Lehrerin nach der Bedeutung fragen. Ich verstehe einen schwierigen Satz nicht, also lese ich ihn noch einmal und versuche, den gleichen Satz so auszudrücken, dass ich ihn verstehe. Wenn das nicht hilft, frage ich wieder.

Nach dem Lesen:
4. Welches sind die wichtigsten Kernwörter und Kernsätze des Textes? Ich unterstreiche sie.
5. Wie kann ich den Text zusammenfassen? Die Zusammenfassung soll deutlich kürzer sein.
6. Was weiß ich jetzt, was ich vorher nicht wusste?
7. Was fällt mir jetzt zu dem Gelesenen noch ein (Beispiele, eigene Erfahrungen, was ich von anderen gehört habe)?

Die Kinder sollten diese Fragenreihe anhand verschiedener Texte immer wieder abarbeiten und so auch einzuschätzen lernen, wann einzelne Fragen sinnvoll sind und wann nicht. Die Lehrperson kann zunächst Modell sein und vorführen, wie sie exemplarisch mit diesem Katalog umgeht. Dann arbeiten die Schülerinnen und Schüler in Tandems weiter, einander fragend und helfend, sich und den jeweils anderen prüfend, mal eher als Lehrende, mal eher als Lernende und auf ihren Wunsch hin dann und wann von der Lehrperson als Expertin unterstützt.

3.4.2.4 Nachdenken über Sprache und Sprachgebrauch

In den „Standards" werden vier Teilbereiche unterschieden: „sprachliche Verständigung untersuchen", „an Wörtern, Sätzen, Texten arbeiten", „Gemeinsamkeiten und Unterschiede von Sprachen entdecken", „grundlegende sprachliche Strukturen und Begriffe kennen und verwenden" (KMK 2005, S.13). Bislang, so das Urteil vieler Praktiker, hat der letzte Teilbereich im Zentrum der Grundschularbeit gestanden.

Vor einem Vergleich von Sprachen haben sich Lehrkräfte häufig gescheut. Zwar hat man englische Sprachkenntnisse, womöglich auch französische und/oder andere, die hierzulande Prestige haben. Gerade von den Sprachen aber, die viele Grundschulkinder sprechen, weiß man in der Regel wenig. Insofern, so ein zentrales Argument, könne man doch Auskünfte dieser Kinder über ihre Herkunftssprachen oft gar nicht überprüfen. Dieses Argument ist zwar naheliegend, aber doch nicht überzeugend. Denn ein Vergleich, wie unzutreffend er im Einzelnen auch ausfallen mag, fördert doch die metasprachliche Bewusstheit und die Einsicht in die Konventionalität sprachlicher Zeichen. Vor allem aber stärkt er das Selbstbewusstsein der Schülerinnen und Schüler, die „ihre" Sprachen wertgeschätzt sehen und sich als Experten „ihrer" Sprachen ernst genommen fühlen.

Was den Teilbereich „Arbeit an Wörtern, Sätzen, Texten" angeht, so tut man gut daran, vor allem die rezeptive und produktive Arbeit mit Texten zu befördern. Die Operationen bzw. Proben des Verschiebens, Ersetzens, Tilgens, Ergänzens werden häufig auf Satzebene praktiziert. Ziel ist vor allem die Ermittlung der Anzahl und der Arten der Satzglieder. Satzgliedbegriffe sind funktionale Größen und insofern komplex, und man weiß, dass auch die meisten Viertklässler einschlägige Aufgaben noch nicht lösen können. Vielleicht hat man im Unterricht als Lehrkraft mehr Erfolg, wenn man primär auf die Einheit Text setzt. Beim Überarbeiten eigener und fremder Texte kann man z. B. darauf achten, ob die Reihenfolge der Satzglieder monoton ist. Welche Variationsmöglichkeiten hat man dann? Ändert sich mehr als nur die Reihenfolge? Legt der schriftliche Text jetzt vielleicht nahe, dass beim Lesen anders betont wird? Ist der Inhalt jetzt noch derselbe oder hat er sich geändert?

Auch für die Rezeption von Texten kann der Gebrauch der Operationen von Fall zu Fall nützlich sein. Komplexe Sätze lassen sich durch Tilgung von Satzgliedern und Satzgliedteilen auf ein Informationsminimum reduzieren, das man jetzt verstehen und von dem aus man Schritt für Schritt weitere Satzglieder ergänzen kann. Unklare Bezüge können nach der Anwendung von Ersatzproben eindeutig sein.

Hier wie auch sonst im kompetenzorientierten Unterricht gilt: Es genügt nicht, die Operationen einzuführen, ihre Anwendung ein wenig üben zu lassen und sie dann im Vertrauen darauf, dass sie nun gelernt sind, nicht mehr zu

thematisieren. Vielmehr sollte man immer wieder darauf zurückkommen, bis man den Eindruck haben kann, dass sie für viele Schüler zum „Know-how", zum prozeduralen Wissen im Umgang mit Texten geworden sind.
In den „Standards" wird besonderer Wert auf die Untersuchung der sprachlichen Verständigung gelegt. Es geht hier um Aspekte sprachlichen Handelns in bestimmten (Typen von) Kommunikationssituationen, z. B. darum, ob und wie Höflichkeit von Fall zu Fall sprachlich ausgedrückt wird bzw. werden sollte. Ausgehen kann man von Situationen mit zwei Beteiligten. Jemand fordert einen anderen zu etwas auf bzw. bittet ihn um etwas.

Eine erste Teilaufgabe könnte für Schülerin 1 lauten:
Du möchtest in deinem Heft etwas ausradieren, hast aber deinen Radiergummi verloren oder verlegt. Deine Tischnachbarin hat einen und du möchtest ihn ausleihen. Wie sagst du ihr das?

Für Schülerin 2:
Du sagst, wie du dich angesprochen fühlst und ob du den Radiergummi daraufhin ausleihen willst oder nicht.

Für beide:
Probiert anschließend andere Möglichkeiten aus, auch besonders höfliche und besonders unhöfliche. Achtet auch auf den Tonfall.

Im Anschluss kann man verschiedene Versionen in schriftlicher Form sammeln und miteinander vergleichen. Dass dabei wesentliche Merkmale wie Akzent, Intonation usw. verlorengehen, wird dann in Kauf genommen. Die resultierende Palette der Äußerungen reicht von *Radiergummi (her)!* bis *Könntest du mir bitte mal den Radiergummi ausleihen?*. Die Schülerinnen und Schüler können sich darüber austauschen, anhand welcher sprachlichen Merkmale sie Äußerungen im Hinblick auf Höflichkeit einstufen, bei welchen Gelegenheiten einmal mehr, einmal weniger höfliches sprachliches Handeln angezeigt ist, wie sie solches Handeln beurteilen und ob ihnen besonders höfliche Formen überhaupt zu Gebote stehen.
Weitere Aufgaben können sich auf andere Konstellationen der an der Kommunikation Beteiligten beziehen: Wie ändere ich z. B. (womöglich) mein sprachliches Verhalten, wenn ich den Radiergummi nicht von meinem Banknachbarn haben will, sondern von der Lehrerin? (Weitere Beispiele für Aufgaben zur sprachlichen Höflichkeit finden sich u. a. bei MENZEL 2003.)
Es liegt auf der Hand, dass die Praxis des höflichen Umgangs miteinander und auch das Nachdenken darüber in der Grundschule und darüber hinaus eine bedeutende Rolle spielen sollten. Schließlich geht es hier um ein zentrales Merkmal grundlegender Bildung, zu deren „Entfaltung" gerade der Deutschunterricht wesentlich beitragen kann.

Literatur

AUGST, G. u. a. (2007): Text-Sorten-Kompetenz – Eine echte Longitudinalstudie zur Entwicklung der Textkompetenz im Grundschulalter. Frankfurt/M.

BÖTTCHER, I./BECKER-MROTZEK, M. (2003): Texte bearbeiten, bewerten und benoten. Berlin.

BOS, W. u. a. (Hrsg.) (2007): IGLU 2006: Lesekompetenzen von Grundschulkindern in Deutschland im internationalen Vergleich. Münster u. a.

BOUEKE, D. u. a. (1995): Wie Kinder erzählen – Untersuchungen zur Erzähltheorie und zur Entwicklung narrativer Fähigkeiten. München.

HELMKE, A. (2009): Unterrichtsqualität und Lehrerprofessionalität. © Friedrich Verlag GmbH, Seelze.

KLIEME, E. (2005): Bildungsqualität und Standards. In: Becker, G. u. a. (Hrsg.): Standards – Unterrichten zwischen Kompetenzen, zentralen Prüfungen und Vergleichsarbeiten [= Friedrich Jahresheft XXIII], Seelze, S. 6–8.

KÖLLER, O. (2008): Bildungsstandards – Verfahren und Kriterien bei der Entwicklung von Messinstrumenten. In: Zeitschrift für Pädagogik 2, 2008, S. 163–173.

Sekretariat der Ständigen Konferenz der Kultusminister der Länder in der Bundesrepublik Deutschland (Hrsg.) (2005): Bildungsstandards im Fach Deutsch für den Primarbereich – Beschluss vom 15.10.2004. München.

SPITTA, G. (1992): Schreibkonferenzen – ein Weg vom spontanen Schreiben zum bewussten Verfassen von Texten in Klasse 3 und 4. Berlin.

4 Sprechen und Zuhören

Ulrike Behrens/Brigit Eriksson

Die Kultusministerkonferenz weist in ihren Bildungsstandards für das Fach Deutsch „Sprechen und Zuhören" als eigenen Kompetenzbereich aus. Damit wird der Mündlichkeit im muttersprachlichen Unterricht eine Bedeutung beigemessen, die sie bis dahin nur in den Fremdsprachen hatte.

Ziel dieses Beitrages ist es, Lehrerinnen und Lehrern Möglichkeiten aufzuzeigen, wie sie ihren Unterricht verstärkt an den KMK-Bildungsstandards und den dort formulierten Kompetenzanforderungen ausrichten können. Bevor dazu – als Kernstücke dieses Artikels und auf der beiliegenden Material-CD – konkrete Unterrichts- und Aufgabenbeispiele dargestellt werden (Kapitel 4.2.4), geht es nach einer Einführung in die entsprechenden Bildungsstandards zunächst um die Bedeutung, die der Kompetenzbereich *Sprechen und Zuhören* im Unterricht der Primarstufe hat.

Anschließend stellen wir auf der Grundlage der bislang noch raren empirischen Ergebnisse in einem knappen Überblick dar, welcher Entwicklungsstand der kommunikativen Kompetenzen in der Grundschule auf Schülerseite erwartet werden kann (Kapitel 4.2.1), und skizzieren allgemeine Merkmale eines kompetenzfördernden Unterrichts (Kapitel 4.2.2). Im Kapitel 4.2.3 erläutern wir den Begriff des Kompetenzmodells und stellen den Stand der Forschung bezogen auf das Sprechen und Zuhören dar.

4.1 Der Kompetenzbereich *Sprechen und Zuhören*

„Die Kinder entwickeln eine demokratische Gesprächskultur und erweitern ihre mündliche Sprachhandlungskompetenz. Sie führen Gespräche, erzählen, geben und verarbeiten Informationen, gestalten ihr Sprechen bewusst und leisten mündliche Beiträge zum Unterricht. Sie drücken ihre Gedanken und Gefühle aus und formulieren ihre Äußerungen im Hinblick auf Zuhörer und Situation angemessen, hören aufmerksam und genau zu, nehmen die Äußerungen anderer auf und setzen sich mit diesen konstruktiv auseinander." (KMK 2005, S. 8)

Schon hier wird deutlich, dass *Sprechen und Zuhören* in ein Netz von Kompetenzen eingewoben ist, das nicht nur für die mündliche Kommunikation wichtig ist. So ist beispielsweise die Fähigkeit zur Konzentration und Aufmerksamkeitssteuerung von grundlegender Bedeutung für gutes Zuhören, aber auch für eine große Zahl weiterer psychischer Prozesse, seien sie sprachbezogen oder außersprachlich. Und die Forderung nach „demokratischer Kultur" betrifft weit mehr als diesen einen Kompetenzbereich und das Fach Deutsch. Da Sprechen und Zuhören im Alltag typischerweise im Verbund auftreten, steht bei der Ausdifferenzierung der Standards in diesem Bereich das Gespräch an erster Stelle:

Gespräche führen
- sich an Gesprächen beteiligen
- gemeinsam entwickelte Gesprächsregeln beachten
- Anliegen und Konflikte diskutieren und klären

Obwohl in diese Standards notwendig bereits umfassende Anforderungen an Sprechen und Zuhören einbezogen sind, werden beide Teilbereiche mit Untergliederungen selbst noch einmal aufgeführt.

Die KMK unterstreicht damit, dass Sprechen und Zuhören durchaus unterscheidbare Kompetenzen sind, die im kompetenzorientierten Unterricht auch gezielt entwickelt werden können und sollten. Die Standards hierzu lauten im Einzelnen:

Zu anderen sprechen
- an der gesprochenen Standardsprache orientiert und artikuliert sprechen
- Wirkungen der Redeweise kennen und beachten
- funktionsangemessen sprechen: erzählen, argumentieren, informieren, appellieren
- Sprechbeiträge und Gespräche situationsangemessen planen

Verstehend zuhören
- Inhalte zuhörend verstehen
- gezielt nachfragen
- Verstehen und Nichtverstehen zum Ausdruck bringen

Es fällt auf, dass das Zuhören schwerpunktmäßig als Verstehen (von akustischem Material) aufgefasst wird. Dies hat zum einen mit der Tradition in den Fremdsprachen zu tun, in denen das Hörverstehen eine zentrale Rolle spielt. Zum anderen wird Zuhören aber auch analog zum Lesen gefasst, wo es ja auch wesentlich um Textverstehen – nur eben von schriftlichem Material – geht.

Wir sind mit vielen Praktikern und Experten, die in schulischen Zuhörprojekten engagiert sind, der Auffassung, dass hier auch Grundlegenderes wie Konzentration und Aufmerksamkeit für Akustisches angesprochen sein sollte. Selbstverständlich bietet sich dafür die Zusammenarbeit mit anderen Fächern an, vor allem dem Musik-, aber auch dem Sachunterricht. Eine Sonderrolle in den Bildungsstandards nimmt das Szenische Spiel ein, das mit doppelter Zielsetzung verstanden werden kann: So kann das Szenische Spiel zum einen als methodisches Hilfsmittel zur Entwicklung von kommunikativen Kompetenzen eingesetzt werden, zum anderen stellt es aber auch einen eigenständigen Kompetenzbereich dar, in dem es um ästhetische und theatrale Ausdrucksmittel (Theater spielen) geht.

Szenisch spielen
- Perspektiven einnehmen
- sich in eine Rolle versetzen und sie gestalten
- Situationen in verschiedenen Spielformen szenisch entfalten

Eine letzte Abteilung des Kompetenzbereiches *Sprechen und Zuhören* thematisiert die Reflexion von Lernprozessen. In diesem Kontext erörtern wir hier vor allem Aufgaben zur Reflexion kommunikativer Erfahrungen. Wir halten es für außerordentlich wichtig, auch das Nachdenken über mündliche Kommunikation und eigene Erfahrungen mit ihr zum Gegenstand des Unterrichts zu machen.

Über Lernen sprechen
- Beobachtungen wiedergeben
- Sachverhalte beschreiben
- Begründungen und Erklärungen geben
- Lernergebnisse präsentieren und dabei Fachbegriffe verwenden
- über Lernerfahrungen sprechen und andere in ihren Lernprozessen unterstützen

Kinder erwerben ihre Sprache – manchmal auch derer zwei oder drei – im Lauf der ersten Lebensjahre scheinbar mühelos und gebrauchen sie mit der gleichen Unbekümmertheit und Natürlichkeit wie viele andere Fähigkeiten und Fertigkeiten, die ebenfalls früh und ohne bewusstes Lernen erworben werden, wie z. B. bestimmte Bewegungsabläufe. Während im Vorschulalter die Sprache am spezifischen Alltag der Kinder ausgerichtet ist und in diesem individuellen Kontext unhinterfragt bleibt, werden die Kinder in der Grundschule mit einer neuen sozialen und kulturellen Situation konfrontiert, in der die mündliche Sprache neue Funktionalitäten zugewiesen bekommt. Diese sind sowohl für die schulische als auch für die außerschulische Kommunikation wichtig.

Der mündliche Sprachgebrauch findet in der Schule in verschiedensten Hinsichten unter anderen Vorzeichen statt, als es viele Kinder von zu Hause gewohnt sind. Die Kinder treten vom vertrauten und privaten in den öffentlichen Sprachgebrauch über. Folgende Aspekte machen die kommunikative Herausforderung „Schule" aus:

- *Sprachreflexion:* Sprache wird zunehmend losgelöst vom unmittelbaren Handeln des Hier und Jetzt. Durch die mehr oder weniger bewusste Planung von zukünftigen und die Reflexion und Evaluation vergangener Sprachhandlungen bekommt die Sprache eine ungewohnte Eigenständigkeit. Die bisher durch subjektive und konkrete Erfahrung bestimmte Sprache wird objektiviert und damit auf ein anderes Bewusstseinsniveau gehoben. Sprache wird metasprachlich reflektiert und kontrolliert. Unterstützt wird dieser Prozess durch den parallel laufenden Schriftspracherwerb, der Sprache explizit vergegenständlicht. Im Bereich der Mündlichkeit zeigt sich diese Objektivierung z. B. im bewussten Rollenwechsel beim Rollenspiel oder in der Beurteilung des eigenen oder fremden Gesprächsverhaltens.
- *Soziale Einbindung:* Schule findet in neuen sozialen Netzwerken statt. Die vertraute Familie mit all ihren spezifischen Verhaltensweisen wird ergänzt durch die Gruppe der Gleichaltrigen mit ihren eigenen sprachlichen, kulturellen und sozialen Herkunftsprägungen. Für viele Kinder bedeutet dies die erstmalige Einbindung in einen größeren sozialen Kontext und damit die Erfahrung, ein Kind unter vielen zu sein und in der Gruppe seine Rolle neu definieren zu müssen. Neben der Einordnung in die Gruppe erfolgt auch eine Neuorientierung im Hinblick auf die neue Bezugs- und Führungsperson der Lehrerin bzw. des Lehrers. In unterschiedlichen kommunikativen Gruppierungen, in Klassen-, Gruppen- oder Partnergesprächen sollen sich die Schüler zu positiven, den Dialog gestaltenden Partnern entwickeln.
- *Standardsprache:* Für viele Kinder, v. a. Kinder mit Migrationshintergrund, ist Hochdeutsch nicht die Erstsprache. Die familiäre Umgebung einiger Kinder weist zudem eine größere Nähe zum Dialekt als zur Standardsprache auf. Die Hochdeutschkenntnisse der Kinder können bei Schuleintritt also beträchtlich variieren.
- *Mündlichkeit und Schriftlichkeit:* In der Schule wachsen die Kinder in eine komplexe Sprachwelt hinein, die von einem Nebeneinander schriftlicher und mündlicher Sprache geprägt ist. Sie sind in allen Unterrichtsfächern mit den wechselnden Herausforderungen schriftlicher und mündlicher Unterrichtsphasen konfrontiert. Der Wechsel zwischen mündlichen und schriftlichen sprachlichen Tätigkeiten erfolgt oft schnell und mitunter unerwartet. Die Grenzen zwischen Mündlichkeit und Schriftlichkeit sind oft unscharf; häufig überlagern sich mündliche und schriftliche Passagen, so z. B. dann, wenn ein schriftlicher Text gelesen und besprochen wird oder wenn ein Text gemeinsam in Partnerarbeit verfasst werden soll.
- *Sprachliche Muster, sprachliche Normen:* Mündliche Sprache bekommt im schulischen Aufgabenkontext eine neue Qualität. Kinder erleben Sprache in einem neuen Gewand. Es gilt, der Lehrperson und den Mitschülerinnen und Mitschülern bewusst, aufmerksam und oft über längere Zeit zuzuhören und

dabei deren sprachliche Gewohnheiten zu berücksichtigen. Neben die Muster der Alltagssprache treten neue Textmuster wie z. B. das Vortragen, das Rollenspiel, das Beschreiben. In verschiedenen dialogischen Situationen lernen Kinder, sich zu behaupten, zu reflektieren, auf andere einzugehen. Zur Ausrichtung des eigenen sprachlichen Ausdrucks an den kommunikativen Gegebenheiten gehört auch die Auseinandersetzung mit den eingeforderten sprachlichen Normen: Nicht alles, was in einem familiären Alltagskontext akzeptiertes Sprachverhalten ist, kann auch im schulischen Kontext bestehen. Es gilt, die Wortwahl anzupassen, sich im Gespräch an Regeln zu halten, sich verständlich und korrekt auszudrücken.

Kommunikation findet in der Schule also unter neuen Vorzeichen statt. Die Vermittlung zwischen diesen kommunikativen Anforderungen und den individuellen Vorerfahrungen der Kinder gelingt dann besonders gut, wenn nahtlos an der bisherigen Lebenswelt der Kinder angeknüpft werden kann. Das ist jedoch manchmal kaum möglich. Für den Bereich des mündlichen Sprachgebrauchs bedeutet das, die Kinder behutsam in die neuen Kommunikationssituationen einzuführen und sie mit passenden, anspruchsvollen Lernsituationen und Lernaufgaben so zu fördern, dass sie ihre Zuhör-, Sprech- und Gesprächskompetenz ausbauen können.

Gut entwickelte mündliche Sprachkompetenzen sind die Grundlage für eine stabile, personen- und sachorientierte Kommunikationsfähigkeit, die als eine der wesentlichen Schlüsselqualifikationen für das Privat- und Berufsleben gilt.

4.2 Kompetenzaufbau im Unterricht

Die Didaktik der Mündlichkeit steckt noch in den Kinderschuhen. Abgesehen von einzelnen Wortschatzerhebungen und einigen Studien zur Erzählkompetenz ist der Stand mündlicher Kompetenzen bei Schuleintritt wenig erforscht. Zur Erstellung eines umfassenden Curriculums ist noch viel Forschungs- und Entwicklungsarbeit nötig. Besonders dringlich sind Anstrengungen in den Bereichen

- Beurteilung mündlicher Sprachleistungen,
- Entwicklung des mündlichen Spracherwerbs von der Vorschule bis zum Mittleren Schulabschluss,
- Stellenwert des Übens,
- Typologie mündlicher Textsorten für die Schule als Grundlage für eine Didaktik, die die sprachlichen Potenziale der Schülerinnen und Schüler erkennt und darauf gezielt aufbaut.

4.2.1 Entwicklung von Schülerkompetenzen im Bereich *Sprechen und Zuhören*

Bei Schuleintritt bringen viele Kinder eine gut entwickelte Alltagssprache mit, auf der die Schule aufbauen kann. Es fällt jedoch schwer, allgemeine, für alle Kinder zutreffende Entwicklungslinien aufzuzeichnen, weil die Gesellschaft zunehmend heterogene sprachliche Prägungen erzeugt. Im Brennpunkt stehen hier Kinder mit Migrationshintergrund oder Kinder aus bildungsfernen Familien, die häufig mangelhafte Kompetenzen und Erfahrungen in der Schulsprache mitbringen. Diverse Studien belegen, dass für viele der Leistungsunterschiede bei Schuleintritt die soziale Herkunft der Schülerinnen und Schüler maßgeblich verantwortlich ist. Die Grundschule muss also nicht nur individuelle Kompetenzen fördern, sondern auch Unterschiede zwischen den Schülerinnen und Schülern ausgleichen – eine anspruchsvolle Zielsetzung. Erschwerend wirkt, dass Schulen und Schulklassen oft eine geringe Durchmischung von Schülerinnen und Schülern unterschiedlicher sozioökonomischer Herkunft und damit unterschiedlicher Leistungsvoraussetzungen aufweisen. Leistungsmessungen bei Schuleintritt zeigen, dass Kinder aus bildungsnahen Familien beim Schuleintritt in der Regel besser lesen und rechnen können und vor allem über einen viel größeren Wortschatz verfügen als Kinder aus bildungsfernen Familien. Schulen mit einem hohen Anteil an Schülerinnen und Schülern aus sozial benachteiligten Familien starten bereits zu Beginn der Schulzeit auf einem durchschnittlich niedrigeren Kompetenzniveau und können den Rückstand ohne besondere Maßnahmen kaum aufholen (vgl. MOSER 2005).

Die Schülerinnen und Schüler der Grundschule lassen sich auch entwicklungspsychologisch nicht in einer Gruppe zusammenfassen. Während die 6- bis 8-jährigen Kinder (1. und 2. Klasse) am Übergang vom Vorschulalter zum Schulalter stehen, sind die 9- bis 10-Jährigen (3. und 4. Klasse) bereits schulisch sozialisiert, befinden sich an der Schwelle zur Pubertät und entwickeln sich in Richtung Mittelschule bzw. Sekundarschule. Verschiedene Studien zeigen, dass Schulanfängerinnen und Schulanfänger gegenüber der Institution Schule mehrheitlich positiv eingestellt sind: Sie gehen gern zur Schule, schätzen ihre eigenen Kompetenzen hoch ein und fühlen sich sozial gut integriert. Allerdings gehen diese hohen Werte bereits im Verlauf des ersten Schuljahres kontinuierlich zurück. Gründe für den Abfall des Selbstkonzepts und der Lernfreude in den ersten Schuljahren können unter anderem darin liegen, dass die Kinder durch ihre Erfahrungen im Unterricht und mit der Beurteilungspraxis die eigene Leistungsfähigkeit zutreffender einschätzen können. Gerade im Bereich der mündlichen Sprachkompetenz ist das Selbstkonzept aber von entscheidender Bedeutung. Im mündlichen Sprachgebrauch kommt die Persönlichkeit stark ins Spiel: Kann ich gut reden? Komme ich an? Werde ich verstanden? Bin ich interessant? Nimmt man mich ernst? Kann ich mich durchsetzen? Bin ich zu schüchtern, zu laut, zu wenig fordernd? Die Verletzlichkeit beim mündlichen Handeln ist groß. Die mündliche Sprachentwicklung verläuft deswegen gerade dann besonders positiv, wenn die Einbettung in den sozialen Kontext Schule gut gelingt und wenn das Unterrichtsklima von einer wohlwollenden, vertrauensbildenden, aufmerksamen Haltung aller Beteiligten geprägt ist.

Was bedeuten diese soziokulturellen und entwicklungspsychologischen Aspekte für die Entwicklung der mündlichen Kompetenzen in der Grundschule?

Grundschulkinder bringen bei Schuleintritt in der Regel eine gut entwickelte Erstsprache mit, in der sie die Alltagskommunikation zumeist situationsangemessen und fließend bewältigen können. Die basalen alltagssprachlichen Fähigkeiten – in der Spracherwerbsforschung „BICS" (basic interpersonal communication skills) genannt – genügen schulischen Anforderungen nicht und müssen in der Grundschule zu „CALP" (cognitive/academic language proficiency) ausgebaut werden. „CALP" steht für die Fähigkeit, anspruchsvolle Situationen und Aufgaben, wie sie die Schule einfordert, sprachlich erfolgreich bewältigen zu können.

Dass Kinder durchaus fähig sind, mit unterstützenden Maßnahmen auch komplexere sprachliche Aufgaben zu bewältigen, belegen Untersuchungen zum Diskutieren in der Primarstufe – ein Lerngegenstand, der bisher jugendlichen Lernenden vorbehalten war.

4.2.2 Merkmale des kompetenzfördernden Unterrichts im Bereich *Sprechen und Zuhören*

Die vorliegenden KMK-Standards haben zum Ziel, die mündliche Ausdrucksfähigkeit der Kinder zu stärken und zu entwickeln, sodass sie erfolgreich am öffentlichen Leben teilnehmen können. Anders als beim Erwerb der schriftlichen Kompetenzen Schreiben und Lesen, der sich an sichtbaren Texten orientieren kann, ist der Erwerb der mündlichen Sprachkompetenzen an das flüchtige Medium der oralen Sprache gebunden. Mündliche Sprache als Lernobjekt hatte und hat deswegen einen schwierigen Stand in der Schule. Sie muss mit erhöhter Anstrengung in der Klasse sichtbar gemacht werden. Damit eine erfolgreiche Lerntradition im Bereich der Mündlichkeit entstehen kann, muss sich der Unterricht zunehmend an folgenden Anforderungen ausrichten (ERARD/SCHNEUWLY 2005: S. 73 ff.):

- *Orientierung an den Normen der gesprochenen Sprache:* Die Förderung der mündlichen Sprachkompetenz erfordert eine bewusste Orientierung an den Normen der gesprochenen Sprache. Lehrpersonen brauchen eine erhöhte Aufmerksamkeit gegenüber der gesprochenen Sprache, damit sie nicht unbewusst Anforderungen stellen, die dem schriftlichen Sprachgebrauch zugehören, für den mündlichen jedoch unangebracht sind, wie z. B. das Vermeiden von Satzabbrüchen oder das Einfordern von „ganzen Sätzen". Lehrpersonen sind auch für den mündlichen Sprachbereich ein wichtiges Vorbild für die Schülerinnen und Schüler.
- *Beobachtung und Analyse von mündlichen Texten:* Die im Unterricht fokussierten mündlichen Texte sollten möglichst authentisch, d. h. an realen öffentlichen Kommunikationssituationen orientiert sein. Durch die Beobachtung und Analyse von mündlichen Texten werden deren Regularitäten und Besonderheiten präsent und sichtbar gemacht.
- *Erarbeitung eines akustischen Textkorpus:* Wir sind es gewohnt, im Klassenzimmer Bücher zugänglich zu machen, es werden Lesebücher eingesetzt und Sammlungen schriftlicher Texte der Schülerinnen und Schüler erstellt. Im Bereich der Mündlichkeit gibt es dagegen keine vergleichbare Tradition. Auf dem Lehrmittelmarkt erscheinen zwar zunehmend Sammlungen von Hörtexten, diese weisen jedoch immer noch ein eher eingeschränktes Spektrum mündlicher Texte auf. Während der literarische Bereich gut abgedeckt ist, fehlen andere authentische Texte aus dem öffentlichen Lebensbereich wie z. B. Interviews, Vorträge, Debatten fast gänzlich. Eine Sammlung von mündlichen Texten sollte möglichst unterschiedliche Textsorten zu unterschiedlichen Situationen und Themen beinhalten. Auch sollten Texte von Schülerinnen und Schülern nicht fehlen, wie sie z. B. in der Umsetzung verschiedener Aufgabenideen in diesem Band entstehen.
- *Erstellung eines mündlichen Portfolios:* Jede Schülerin und jeder Schüler sollte in der Schule wiederholt die Gelegenheit bekommen, von der eigenen mündlichen Sprachproduktion Audio- und Videoaufnahmen zu machen und diese über längere Zeit zu sammeln. Damit gelingt es, der Flüchtigkeit der gesprochenen Sprache entgegenzuwirken, Gesprochenes festzuhalten und damit zu objektivieren. Nicht nur schriftliche Texte durchlaufen verschiedene Arbeitsphasen – auch mündliche Texte können brainstormartig entworfen, aufgebaut, überarbeitet und evaluiert werden. Dazu braucht es aber das Registrieren der Zwischen- und Endprodukte des Prozesses. Es könnten etwa individuelle Portfolios von mündlichen Texten erstellt werden, die eine Grundlage für die individuelle Lernarbeit bilden und die die Kinder über die verschiedenen Schulstufen begleiten. Die Portfolios geben Einblick in die Lernfortschritte, indem ein Vergleich von früheren und aktuellen Produkten ermöglicht wird. Die registrierten mündlichen Produkte

sind auch für die Lehrpersonen Grundlage für gezielte Fördermaßnahmen. Im Folgenden gehen wir in einem kurzen Überblick auf die wichtigsten Teilkompetenzen mündlicher Interaktion, Rezeption und Produktion ein.

Zu anderen sprechen
In der Grundschule gehören zu diesem Bereich traditionellerweise die Formen *Erzählen, Vortragen, Berichten, Erklären* und *Beschreiben*. Von diesen fünf Formen ist das Erzählen die im Unterricht beliebteste und bekannteste, gleichzeitig aber in Fachkreisen am häufigsten kritisierte Form. Kritisiert wird v. a. der Erzählkreis, dessen Lernwert infrage gestellt wird. Zu häufig wird hier unreflektiert eine Erzählsituation geschaffen, in der weder das Thema interessant und ansprechend ist noch die Anforderungen an die Schülerinnen und Schüler genügend geklärt sind. Anspruchsvolles Erzählen nennt folgende Ziele: mit stimmlichen Mitteln und mit Gestik gestalten; spannend und interessant erzählen; sinnvoll aufbauen und gut strukturieren; einen Höhepunkt gestalten.

Für das Vortragen, Berichten, Erklären und Beschreiben kommen weitere Zielformulierungen dazu: den Vortrag vorbereiten, die Themenwahl begründen, den Inhalt mit Anschauungsmaterial verdeutlichen, Einleitung und Schluss auf Zuhörende ausrichten, abwechslungsreich vortragen, fließend, ausdrucksvoll und deutlich sprechen, die Körpersprache angemessen einsetzen, Rückfragen beantworten. Die Schülerinnen und Schüler müssen dabei auch lernen, neben der Sprache, der Mimik und der Gestik zusätzliche nichtsprachliche Mittel wie Bilder, Filme o. Ä. einzusetzen. In einer zunehmend multimedialen Umwelt ist dieser Aspekt ganz wesentlich mit der mündlichen Kompetenz verschränkt.

All diese Aspekte sind als Teilkompetenzen beschreibbar, die ausdrücklich benannt und gezielt geübt werden können. So kann man dem Eindruck entgegenwirken, dass manche „es eben draufhaben", und stattdessen die Lernfähigkeit der Kinder in den Mittelpunkt stellen.

Verstehend zuhören
Dem Zuhören wurde bis vor wenigen Jahren sowohl in Lehrplänen als auch im Unterricht der Grundschule wenig Beachtung geschenkt, obwohl Schülerinnen und Schüler einen Großteil ihres Unterrichtslebens zuhörend verbringen. Die Bedeutung des Hörens und Zuhörens als zentrale Lernvoraussetzungen für den Schriftspracherwerb und für das erfolgreiche Bewältigen der kommunikativen Anforderungen innerhalb und außerhalb der Schule ist vielfach nachgewiesen. Die basalen (Zu-)Hörkompetenzen müssen vor allem in der Vorschule und den Anfängen der Grundschule gefördert werden. Hierzu

zählen das Unterscheiden von verschiedenen, auch nichtsprachlichen Lauten, das Zuordnen gleicher Laute zueinander, das Fokussieren auf einen bestimmten Laut usw. Beim Zuhören kommt der Aufmerksamkeitssteuerung eine wichtige Funktion zu. Die Schülerinnen und Schüler müssen lernen, ihr Zuhören auf das Wesentliche zu fokussieren und Unwesentliches zu „überhören". Damit erfolgreiches Zuhören allen Schülerinnen und Schülern – auch jenen mit Konzentrationsschwächen – gelingen kann, muss der Schulraumgestaltung und möglichen Lärmimmissionen mehr Aufmerksamkeit zukommen.

Neben der Förderung des aufmerksamen und differenzierenden Zuhörens sollen die Schülerinnen und Schüler der Grundschule altersangemessene Hörtexte global und im Detail verstehen lernen. Dabei geht es nicht nur um das Verstehen der wichtigsten Informationen, sondern auch um das Erkennen von Informationslücken und das Nachfragen bei Unklarheit. Stimmen, Sprechweisen und Gestik von Sprechenden gilt es zu identifizieren und deren Situation und Emotionen angemessen einzuschätzen. Zum guten Hörverstehen gehört auch die Fähigkeit, mit dem, was man einem Text abgewinnt, in ein emotionales Verhältnis zu treten. Schülerinnen und Schüler bekommen die Möglichkeit, sich mit Personen und Sachverhalten zu identifizieren, sie zu akzeptieren oder zu negieren.

Bereits in der Grundschulzeit sind Kinder fähig, Gehörtes zu interpretieren, zu beurteilen und aus Gehörtem Schlüsse zu ziehen. Zu Unrecht wurden diese reflexiven Zuhör-Tätigkeiten bisher in den Lehrplänen erst am Ende der Grundschulzeit bzw. in der Mittelschule erwartet.

Gekonntes Zuhören verlangt weiter den Einsatz geeigneter, das Verstehen unterstützender und das Gespräch fördernder Arbeitsmethoden wie die inhaltliche Vorbereitung auf das Zuhören, das Notizennehmen während des Zuhörens oder das Nachfragen im Gespräch. In Bezug auf die Textsorten der Hörtexte verweisen wir auf schulische und außerschulische, dialogische und monologische Formen.

Unterrichtsgespräche und Unterrichtsanweisungen bilden das tägliche Übungsfeld, neben dem weitere narrative und deskriptive Formen wie Interviews, Diskussionen, Hörspiele, Reportagen, literarische Texte, Sachtexte, Vorträge, Lesungen u. a. m. Berücksichtigung finden. Hörverstehen soll nicht nur an speziell gefertigten Hörtexten, sondern auch an authentischen Sendungen aus Radio und Fernsehen und vor allem auch in der Unterrichtskommunikation geübt werden. Authentische Hörtexte führen die Schülerinnen und Schüler in echte Zuhörsituationen, in denen das Hörverstehen wenig konfektioniert ist und in denen von ihnen erwartet wird, dass sie ihre Aufmerksamkeit auch bei Schwierigkeiten (Hintergrundgeräuschen, unverständlichen Wörtern usw.) auf die benötigte Information richten können.

Gespräche führen

Zuhören und Sprechen sind für die Gesprächsführung gleichermaßen bedeutsam. Als übergreifende soziale und personale Kompetenz ist die Interaktionsfähigkeit in den Lehrplänen und Curricula wichtigstes Ziel mündlicher Sprachförderung, wobei beachtet werden muss, dass sich die Unterrichtskommunikation von außerschulischen Settings häufig stark unterscheidet. Wichtig ist, dass Kinder und Lehrpersonen miteinander einen lernförderlichen Umgang pflegen. Dazu gehören auch ganz grundlegende Kompetenzen, die die Verständigung erst ermöglichen, wie z. B. „sich verständlich ausdrücken", „mit angemessener Lautstärke und deutlich sprechen", „aktiv zuhören", „auf Fragen eine Antwort geben".

Die Schülerinnen und Schüler lernen zunehmend, Gespräche eigenständig zu steuern und eigenes und fremdes Gesprächsverhalten zu reflektieren. Es gelingt ihnen im Lauf der Grundschulzeit immer besser, selbstständig themen- und lösungsorientierte Gespräche zu führen und auszuwerten, wobei sie lernen, in Diskussionen zu argumentieren, eigene Meinungen zu vertreten und andere Meinungen einzuschätzen.

Zur Profilierung mündlicher Gesprächsfähigkeit im Unterricht gehört auch die Auswahl für die Grundschule relevanter Gesprächsarten und Gesprächsinhalte. In den Lehrplänen der Grundschule werden wiederum am häufigsten das Erzählen, aber auch das Diskutieren und das Klassengespräch oder der allgemeine Informationsaustausch, seltener das Interview oder das Krisengespräch aufgeführt, obwohl die beiden zuletzt genannten Gesprächsformen auch in der Grundschule realisiert werden können. Mündliche Gespräche kommen in allen Fächern zum Tragen. Entsprechend vielfältig können die gewählten Themen sein: Neben Sach- und Alltagsthemen, sprachlichen und literarischen Themen werden auch Themen gesetzt, die mit dem Unterrichts- und Schulgeschehen direkt zu tun haben. Sie bieten eine gute Gelegenheit zur Schülerpartizipation. Hierfür haben sich besondere Gesprächs- und Organisationsformen wie der Klassenrat oder das Schülerparlament herausgebildet.

Szenisch spielen

Es gibt viele Formen mündlicher Kommunikation, die man im weitesten Sinn zum Szenischen Spielen zählen kann. Sie beinhalten einerseits reproduktive Formen wie das Vorlesen, Rezitieren oder das Darstellende Spiel, bei denen von einer bestehenden Textvorlage ausgegangen wird. Andererseits zählt man die produktiven Formen wie z. B. die szenische Improvisation oder das Rollenspiel dazu, bei denen die Texte mehr oder weniger ad hoc gestaltet werden. Wer gestaltend und wirkungsorientiert spricht, beachtet neben einer stimmigen sprachlichen Strukturierung besonders auch Aspekte des nonverbalen

Auftritts (Blickkontakt, Mimik, Gestik, Medieneinsatz u. a.) und der akustischen Präsentation (Atmung, Aussprache, Betonung, Tempo, Pausen usw.).

Für die Gestaltung von Lernsequenzen im Bereich der mündlichen Sprachförderung gibt es auf dem Markt einige sehr geeignete didaktisch-methodische Materialien. Sie weisen ein breites Spektrum auf – von der kleinen mündlichen Form, wie z. B. der Artikulationsübung, bis zum anspruchsvollen Projektunterricht als Sprachhandeln. Alle Formen haben ihre jeweils spezifische Funktion vor dem Hintergrund der Skizzierung anspruchsvoller Aufgabenstellungen, wie sie im Kapitel 4.2.4 dargestellt werden.

4.2.3 Kompetenzmodelle im Bereich *Sprechen und Zuhören*

Im Folgenden soll es um die Frage gehen, welche Erkenntnisse über die Entwicklung von Kompetenzen im Bereich der Mündlichkeit vorliegen. In diesem Zusammenhang ist die Rede von sogenannten Kompetenzmodellen. Ein Kompetenzmodell bildet einerseits Vorstellungen darüber ab, aus welchen *Teilaspekten* sich eine bestimmte Kompetenz „zusammensetzt", und auch darüber, wie diese Komponenten miteinander verbunden sind. Andererseits beschreibt ein solches Modell, in welchen *Entwicklungszügen* sich die Kompetenz und ihre Teilaspekte (normalerweise) beim einzelnen Menschen herausbilden und weiterentwickeln. Schließlich machen Kompetenzmodelle Aussagen über verschiedene *Fähigkeitsniveaus* auf einem bestimmten Entwicklungsstand.

Ein vereinfachtes Beispiel: Um laufen zu lernen, muss ein Kind
1. über eine hinreichend kräftige Bein- und Rumpfmuskulatur verfügen,
2. seine Grobmotorik koordinieren und
3. das Gleichgewicht halten können.

All diese Komponenten haben eigene, voneinander unterscheidbare Entwicklungszüge, die aber parallel laufen und sich in ihrem Fortschreiten auch gegenseitig beeinflussen. Die Beschreibung der Komponenten stellt einen Maßstab dar, nach dem die gesunde Entwicklung eines Kindes beurteilt werden kann. Lernt ein Kind das Laufen nicht in der erwarteten Lebensphase, so kann man auf der Grundlage eines solchen Modells Ursachen (etwa eine Erkrankung des Innenohrs mit Folgen für den Gleichgewichtssinn oder eine muskuläre Schwäche) identifizieren und auf dieser Grundlage Hilfe planen. Mithilfe empirischer Befunde werden Kompetenzmodelle bestätigt und verfeinert.

Übertragen auf den Bereich der Mündlichkeit bedeutet das:
- Ein *Kompetenzmodell zum Sprechen* muss Teilfähigkeiten des Sprechens von der verständlichen Artikulation und richtigen Aussprache bis hin zum Beherrschen von rhetorischen Möglichkeiten und der Planung und Reflexi-

on eigener Sprechhandlungen abbilden. Idealerweise beschriebe es außerdem, in welcher Weise verschiedene Entwicklungsstände aufeinander aufbauen, ab wann ein Aussprachefehler beispielsweise nicht mehr altersgerecht ist. In diesem Zusammenhang stellt sich selbstverständlich auch die Frage, welcher Einfluss etwa der allgemeinen kognitiven Leistungsfähigkeit zuzuschreiben ist.

■ Ein *Kompetenzmodell zum Zuhören* beschriebe entsprechend verschiedene Voraussetzungen guten Zuhörens. Dazu gehört sicher Grundlegendes wie ein funktionierender Hörapparat ebenso wie die Fähigkeit zur Konzentration und Aufmerksamkeitssteuerung. Eltern und Erziehende tragen in der Regel intuitiv der Tatsache Rechnung, dass sich auch diese erst entwickelt, indem sie etwa zu kleinen Kindern sehr viel direkter sprechen (z. B. durch Hinhocken, Blickkontakt halten, namentliches Ansprechen usw.) als zu älteren Kindern. Eine Komplikation beim Eintritt in Kindergarten und Schule ist erfahrungsgemäß, dass Kinder erst lernen müssen, „mitgemeint" zu sein, wenn zur ganzen Gruppe gesprochen wird. Die Kompetenz des Zuhörens erweitert sich also u. a. in dem Maße, in dem sich die situativen Anforderungen verändern. Auch hier spielen zusätzlich allgemeine Fähigkeitsaspekte wie etwa soziale Kompetenz und Einfühlungsbereitschaft eine Rolle.

■ Ein *Kompetenzmodell zur Gesprächsführung* schließlich müsste Vorstellungen über die verschiedenen Aspekte gelingender Interaktion zwischen mehreren Personen abbilden. Dabei ist ein Gespräch ohne Zweifel mehr als das Sprechen und Zuhören verschiedener Akteure mit fortwährendem Rollentausch. Es sind z. B. kulturelle Konventionen des Sprecherwechsels oder der Redeweise zu beachten, verschiedene Arten des Gesprächs zu beherrschen usw. Zudem kann bei der Analyse von Gesprächskompetenzen nicht vom kommunikativen Zweck abstrahiert werden: Will ein Kind jemanden überzeugen, dann muss es im Dialog anders agieren als beim Erzählen.

Den Bildungsstandards der KMK liegen offensichtlich solche Vorstellungen von den jeweiligen Kompetenzen zugrunde, ohne dass sie jedoch selbst schon als theoretische Kompetenzmodelle ausformuliert wären.

Ein Kompetenzmodell zum *Zuhören*

Im Rahmen der Beschäftigung mit den Bildungsstandards, nicht zuletzt auch aufgrund der Notwendigkeit, Aufgaben zur Testung von Schülerfähigkeiten zu entwickeln, ist das Ungleichgewicht der Forschungsstände zu den verschiedenen Kompetenzbereichen offenbar geworden: Im Gegensatz zu Bereichen wie *Lesen* und *Schreiben* gibt es bislang nur wenige, in der Regel nicht empirisch unterfütterte Modelle für die Bereiche *Sprechen* und *Zuhören*. Eine Ausnahme bildet allein der Bereich Gesprächsführung. Hier liegen verschiedene Modellvorstellungen aus der Gesprächslinguistik vor.

Infolgedessen ist es schwierig, auf wissenschaftlicher Grundlage
- Defizite im Mündlichen als alterstypisch vs. problematisch einzuordnen,
- ggf. ihre Ursachen zu identifizieren und
- geeignete Lern- und Fördermaßnahmen anzubieten.

Eine Ausnahme bilden Arbeiten aus dem Bereich der Sprachheilpädagogik. Die Gründe für diesen „weißen Fleck" auf der Landkarte sprachbezogener Kompetenzen sind sicherlich vielfältig. Sie liegen einerseits besonders für das Zuhören im forschungstechnischen Bereich: Während beim Sprechen (produktive) Äußerungen von Kindern aufgezeichnet und ausgewertet werden können, sind die (rezeptiven) Zuhör- und Verstehensprozesse nicht direkt beobachtbar. Erst im Verbund mit Sprechen, also indirekt über Äußerungen des Kindes, oder mit Schreiben (z. B. im Zuhörtest, aber auch in bestimmten Alltagssituationen) kann ermittelt werden, ob jemand „richtig" gehört hat.

Während zumindest für die frühe Sprechentwicklung Modelle in Form von „Meilensteinen" des Spracherwerbs vorliegen (etwa: vom Lallen über Silbenwiederholungen zu Einwortäußerungen, Mehrwortäußerungen, Sätzen usw.), endet die Beschreibung der Entwicklung des Hörens in der Regel bereits kurz nach der Geburt. Befunde beziehen sich vorwiegend auf das Wiedererkennen von im Mutterleib gehörten Geräuschen, Stimmen und ganzen Texten im frühen Säuglingsalter. Diese Befunde weisen alle darauf hin, dass das Hören der mit Abstand am frühesten entwickelte Sinn ist. Fast scheint es jedoch, als wäre es mit der Ausbildung eines funktionierenden Hörapparates fertig entwickelt und könnte spätestens bei Schuleintritt schlicht vorausgesetzt und im Unterricht als vorhanden unterstellt werden.

Während das Hören zunächst tatsächlich „nichts weiter" voraussetzt als einen physiologisch funktionierenden Hörapparat, ist das Zuhören ein überaus komplexer psychologischer (Konstruktions-)Prozess. MARGARETE IMHOF unterscheidet vier Determinanten dieses Prozesses (IMHOF 2003, S. 54):

- Bildung und Aufrechterhaltung einer Intention zur Selektion,
- Wahrnehmung und Verarbeitung der Sprechermerkmale,
- Wahrnehmung und Verarbeitung des sprachlichen Inputs,
- Wahrnehmung und Verarbeitung der Situationsmerkmale.

Die Teilprozesse haben jedoch keine feste Reihenfolge, sondern werden, möglicherweise vollkommen unsystematisch, genau so eingesetzt, wie es das Verstehens-Ziel erfordert – und *genau so lange*, bis man zumindest subjektiv das Gefühl hat, verstanden zu haben. Je nach Konstellation und Intention der Beteiligten kann dabei das wörtliche Verstehen eines Ausdrucks (z. B. einer

Adresse) entscheidend sein oder die gezielte Entnahme einer einzelnen Information (z. B., ob es morgen regnen wird) oder die Einfühlung in die Befindlichkeit eines Sprechers unabhängig von dessen Wortwahl usw.

Legt man diese Determinanten zugrunde, dann ist offensichtlich, dass die Kinder gerade mit Beginn der Schulzeit vor ungewohnten akustischen, sozialen und kommunikativen Herausforderungen stehen, die eine eigene Komplikation bei der Bewältigung der schulischen Anforderungen darstellen und schon deswegen im Unterricht thematisiert werden müssen. So werden beispielsweise Handlungsaufforderungen bis zum Schuleintritt tendenziell direkt an das einzelne Kind adressiert, und das Verstehen und Nichtverstehen wird wesentlich von Erwachsenen überprüft und begleitet. In der Schule müssen Kinder – häufig unter akustisch schwierigen Bedingungen – allgemein formulierte Anweisungen auf sich selbst beziehen und ohne direkte äußere Verständniskontrolle umsetzen.

Dies wirft zwar ein Schlaglicht auf die Vielfalt der Aspekte, die bei der Schulung und Förderung des Zuhörens im Unterricht einbezogen werden können. Ein Gesamtmodell der Zuhörkompetenz ist jedoch erst noch zu entwickeln.

Ein Kompetenzmodell zum *Sprechen*

Wie schon erwähnt, ist die frühe Sprechentwicklung ausführlich untersucht worden. In Form von „Meilensteinen" werden Entwicklungsschritte von den ersten Lautäußerungen des Kindes bis hin zur Sprachbeherrschung beschrieben. Auch für den Bereich des Sprechens gilt jedoch, dass er aus entwicklungspsychologischer Perspektive ungefähr mit dem Schuleintritt als abgeschlossen gilt. Dies trifft aber nur für die Sprachbeherrschung im familiären Rahmen zu, nicht für das Gesamtspektrum mündlicher Möglichkeiten. Auch in diesem Fall gilt allerdings, dass wegen erheblicher Schwierigkeiten bei der Datengewinnung und -analyse nur wenig empirisch gestützte Erkenntnisse vorliegen.

Ein Kompetenzmodell zur *Gesprächsführung*

In den Bildungsstandards ist die „Gesprächskompetenz" als eigenständig und vom Sprechen und Zuhören abgrenzbar dargestellt. Damit wird zu Recht hervorgehoben, dass es hier um mehr geht, als um eine bloße Aneinanderreihung von Sprech- und Zuhörakten. In Gesprächen jeder Art müssen die Beteiligten jeweils gleichzeitig planen, wahrnehmen und produzieren. Sprechende müssen z. B. neben ihrem eigenen Redebeitrag auch die Reaktionen und Signale der Zuhörenden im Blick behalten, die Entwicklung der Gesamtsituation beobachten und die eigene Aktivität all dem fortwährend anpassen. Faktisch handelt es sich also bei jedem Gespräch um die interaktive Konstruktion von Text und Sinn, was hohe Anforderungen nicht nur an die Gesprächsbeteiligten, sondern auch an die Erforschung dieses Komplexes stellt.

Im Anschluss an die überaus informative Expertise von KONRAD EHLICH (2005) benennt MICHAEL BECKER-MROTZEK eine Reihe von Teilqualifikationen zur Gesprächsführung, wie z. B. die folgenden:

- Laute unterscheiden und produzieren,
- aus dem Sprachgebrauch anderer deren Handlungsziele erkennen und angemessen darauf reagieren,
- Sprache für eigene Ziele einsetzen,
- ein Lexikon mit Bedeutungsvorstellungen ausbilden und anwenden,
- komplexe, grammatikalisch korrekte Sätze und Satzfolgen produzieren und rezipieren,
- Strukturen der formalen sprachlichen Kooperation nutzen, d. h. sich der gesellschaftlich entwickelten Muster und Schemata der Kommunikation bedienen (z. B. Erzählen),
- sich auf eine bestimmte Form des regelmäßigen Sprecherwechsels einlassen,
- in verschiedenen sozialen, vor allem institutionellen Kontexten sprachlich angemessen handeln (vgl. BECKER-MROTZEK 2008, S. 58).

Es fällt auf, dass hier einige Aspekte integriert sind, die auch direkt dem Zuhören oder Sprechen zugeordnet werden können. Tatsächlich wird aus Sicht der Gesprächsanalyse gelegentlich bestritten, dass eine Trennung (von Zuhören – Sprechen – Gesprächsführung), wie sie in den Bildungsstandards (und auch in diesem Beitrag) vorgenommen wird, überhaupt möglich oder sinnvoll ist. Wir unterstreichen zwar ausdrücklich die kommunikative Vernetzung der unterschiedlichen Teilfertigkeiten im Gesamtzusammenhang „Gespräch", halten es aber dennoch für sinnvoll, sie auch isoliert zu betrachten, insbesondere dann, wenn es darum geht, sie zu unterrichten und zu üben oder ggf. Fördermaßnahmen zu planen.

In einer komplexen Grafik fasst BECKER-MROTZEK die Teilaspekte der Gesprächsfähigkeit zusammen. Dabei kommen zusätzlich zu sprachspezifischem verschiedene Arten von Wissen in den Blick, die für die kompetente Teilnahme am Gespräch unerlässlich sind.

Eine ausführliche Diskussion des Modells ist an dieser Stelle nicht möglich. Es wird aber deutlich, wie vielfältig die Fähigkeiten und Wissensarten sind, die von den Beteiligten in gelingende Gesprächssituationen eingebracht werden müssen. Wenn man diese Einzelkomponenten versuchsweise in konkretes Wissen und konkrete Fähigkeiten von Grundschulkindern in bestimmten Situationen übersetzt, lassen sich von dort aus Übungen oder Lernaufgaben entwickeln, die jeweils auf die betreffende Teilkompetenz abzielen.

Kompetenzaufbau im Unterricht

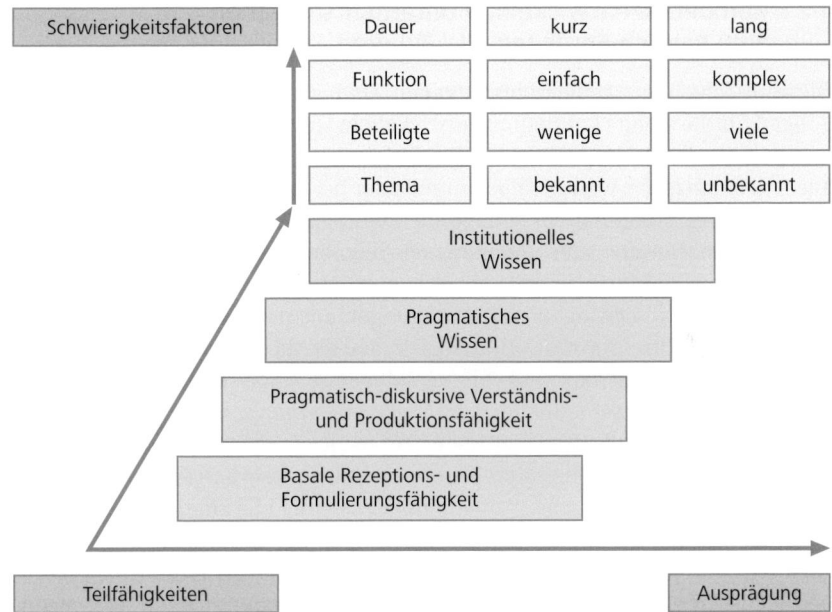

Abb. 1: BECKER-MROTZEK 2008, S. 62

So kann z. B. „pragmatisch-diskursive Verständnis- und Produktionsfähigkeit" als Lerngegenstand für Kinder der Primarstufe konkret bedeuten, sich in einer bestimmten Situation über die eigenen Ziele klarzuwerden und sie im Gespräch einzubringen oder die Ziele und Wünsche eines anderen zu ermitteln (analog etwa zum Standard: *Anliegen und Konflikte diskutieren und klären*). Möchte eine Lehrperson diesen Aspekt im Unterricht zum Thema machen, könnte sie z. B. ein Rollenspiel konstruieren, in dem den Spielern und Spielerinnen verschiedene oder einander partiell ausschließende Pläne für einen Wochenendausflug zugeschrieben werden, die sie jedoch nicht verraten dürfen. Die anderen hätten etwa die Diskussion zu beobachten und zu raten, wer wahrscheinlich was unternehmen möchte.

Zusammenfassend ist zu sagen, dass ein ausformuliertes Kompetenzmodell für den mündlichen Sprachgebrauch bislang nicht vorliegt. Es gibt aber in unterschiedlichen Disziplinen bereits Vorstellungen über Teilaspekte des jeweiligen Bereichs, die als Grundlage für die Entwicklung kompetenzorientierten Unterrichts genutzt werden können.

Im Folgenden werden einige Übungen und Aufgabensequenzen zu den drei Bereichen vorgestellt, die in einem kompetenzorientierten Unterricht eine Rolle spielen könnten.

4.2.4 Kompetenzentwickelnde Unterrichtsaufgaben zum Bereich *Sprechen und Zuhören*

Die nun folgenden Unterrichtsaufgaben sind als Illustrationen und Anregungen für die eigene kompetenzentwickelnde Unterrichtsgestaltung gedacht und decken den Bereich der Mündlichkeit keineswegs vollständig ab, schon allein deshalb nicht, weil es selbst mithilfe der beiliegenden Material-CD kaum möglich wäre, Aufgabenvorschläge für alle denkbaren Teilkompetenzen zu unterbreiten. Bei den hier angebotenen Aufgabenideen wurde nicht, wie es den Anschein haben mag, das „Rad neu erfunden". Vielmehr basieren die Aufgabenideen überwiegend auf Anregungen aus der Literatur, die lediglich in ihrer Ausrichtung auf die Bildungsstandards stärker zugespitzt wurden. Wir verfolgen damit das Ziel, für verschiedene Klassenstufen, Teilkompetenzen und in unterschiedlichen Umfängen *exemplarisch* zu zeigen, wie sich bekannte Unterrichtsmodelle gezielter auf die Kompetenzanforderungen der Bildungsstandards zuschneiden lassen. Um eine bessere Orientierung zu gewährleisten, sind für jedes Aufgabenbeispiel die Merkmale Klassenstufe, Lern-/Arbeitsform (von der Einzelarbeit bis zum Plenum), Umfang (Einzelaufgabe oder Aufgabensequenz) sowie die angezielten KMK-Standards angegeben (siehe Tabelle Kapitel 13). Manche Übungen beziehen sich auf sehr grundlegende Fertigkeiten, die in den Standards nur implizit zum Tragen kommen. Wir haben diese bei der Standardzuordnung als „Basics", also den komplexeren mündlichen Kompetenzen vorausgehende und vorausgesetzte Fähigkeiten bezeichnet.

Alle Aufgabenbeispiele beziehen sich auf den Kompetenzbereich *Sprechen und Zuhören*. Es stehen jedoch weder die Kompetenzbereiche im Fach Deutsch *(Sprechen und Zuhören, Schreiben, Lesen, Sprachreflexion)* unverbunden nebeneinander, noch sind die kommunikativen Anforderungen und Entwicklungsmöglichkeiten auf dieses Fach beschränkt. Die Grundschule bietet besonders vielfältige Gelegenheiten, auch fächerübergreifend (etwa mit Sachunterricht, Musik, Kunst ...) zu arbeiten. Aus diesem Grund enthält jedes Aufgabenbeispiel auch einige weiterführende Hinweise auf Verknüpfungsmöglichkeiten mit anderen hier vorgeschlagenen Aufgaben, aber auch mit anderen Kompetenzbereichen und Fächern.

Schließlich geht es im kompetenzorientierten Unterricht nicht nur um das Lernen und die Reflexion bestimmter Teilfähigkeiten, sondern auch um Möglichkeiten der *Förderung* und des *Übens*. Deswegen finden sich zu vielen Aufgaben zusätzlich Hinweise zur Variation der Aufgabenschwierigkeit. Sie können je nach Einschätzung durch die Lehrperson für ganze Klassen, aber auch für einzelne Schülerinnen und Schüler oder Teilgruppen genutzt werden.

Kriterien, die uns bei der Auswahl und Ausgestaltung der Aufgabenideen geleitet haben, waren:

Sequenzierung: Auch einzelne Übungen sollten mit anderen Aufgaben zu lehrgangsartigen Sequenzen gekoppelt werden können. Auf diese Weise wird es möglich, die Entwicklung mündlicher Kompetenzen auf die eigene Klasse und die jeweilige Lernsituation zuzuschneiden. Viele Aufgaben können für sich stehen und auch mehrfach, gewissermaßen im Sinne einer Klassentradition, eingesetzt werden. Sie können aber auch als aufeinander aufbauende Elemente gestaltet werden. Wichtig ist in diesem Fall, sich über die jeweiligen Voraussetzungen und Teilziele im Klaren zu sein und dies den Schülerinnen und Schülern gegenüber auch zu verdeutlichen.

Reflexion: Große Teile des kommunikativen Geschehens basieren auf weitgehend automatisierten Fertigkeiten. Beim Lernen ist aber die Reflexion des eigenen Tuns und Erlebens von zentraler Bedeutung. Die Aufgaben enthalten deshalb immer reflexive Anteile. Die Kinder sollen Erlebtes verbalisieren und Lernfortschritte identifizieren. In diesem Sinne ist der Standardbereich „Über Lernen sprechen" integrativer Bestandteil aller Aufgaben.

Zielklarheit: Jede Aufgabe enthält einen Hinweis auf das damit verknüpfte Lernziel. Selbstverständlich wird mit keiner Aufgabe nur eine Sache gelernt oder eine Kompetenz angesprochen; was genau „hängenbleibt", ist aller Erfahrung nach oft unkalkulierbar. Wir halten es aber für sinnvoll, zumindest im Sinne einer Selbstvergewisserung, ein primäres Lernziel zu formulieren. Nicht zuletzt geben diese Ziele auch vor, was Inhalt einer späteren Lernzielkontrolle sein kann[1].

Explizitheit: Es ist besonders darauf zu achten, dass für die Kinder das eigentliche Thema nicht verschleiert wird. Die Explikation von Unterrichtsthema und Lernziel(en) hilft möglicherweise gerade schwächeren Schülern, die eigene Aufmerksamkeit zu fokussieren. Es kann nämlich durchaus zu Verwirrung und Irritation führen, ein Bild (an)malen zu lassen, wenn Zuhören das eigentliche Thema ist. Je abstrakter und reflexiver das geplante Unterrichtsthema ist, desto wichtiger ist es, die Kinder nicht im Zweifel zu lassen, worum es jetzt gehen wird. So mancher stumme Impuls führt eben auch auf die falsche Fährte. Wir haben aus diesem Grund, aber auch aus Platzgründen, auf die Darstellung hinführender Unterrichtselemente verzichtet. Die Aufgaben sind im Wesentlichen als Bausteine konzipiert, die von Lehrpersonen in den eigenen Unterricht integriert werden können. Die jeweils aktuellen Unterrichtsthemen

---

[1] Dass dieser Hinweis nicht trivial ist, zeigen ANDERSON und KRATHWOHL (2001) mit Hinweis auf die Praxis, unterrichtliche Zwischenschritte in Abschlusstests zu thematisieren, während die eigentlich angestrebte Kompetenz – zum Teil aus technischen Gründen – nicht erhoben wird.

bilden, wie bei der Sequenzierung der Aufgaben selbst, auch den Rahmen und Maßstab für die Wahl hinführender Elemente. Dabei gehen wir im Sinne eines „Lehrgangs" vor und stellen jeweils Übungen sowohl zu basalen Fertigkeiten als auch Aufgaben zu komplexeren Anforderungen vor. Entsprechend einer gedachten Entwicklungslinie gehen wir dabei zunächst auf Übungen zum Zuhören, dann zum Sprechen, schließlich zu Gesprächskompetenzen ein. Möglichkeiten der szenischen Umsetzung sind dabei jeweils (ebenfalls beispielhaft) integriert. Viele weitere Aufgaben mit unterschiedlicher Thematik und Schwierigkeit befinden sich auf der beiliegenden CD. Zusätzlich gibt es dort eine Tabelle, in der gezielt nach Aufgaben für bestimmte Klassenstufen, Inhaltsbereiche oder Sozialformen gesucht werden kann. Es wird auffallen, dass dort Kleingruppenformate bei Weitem überwiegen. Diese haben gegenüber dem Unterrichtsgespräch im Klassenverband den Vorteil, dass sie allen Schülerinnen und Schülern Möglichkeiten zur praktischen Aktivität im Dialog eröffnen. Andererseits finden sich wegen der kommunikativen Grundrichtung des Kompetenzbereiches naturgemäß weniger Aufgaben, die primär individuell zu lösen sind.

Aufgaben zum *Zuhören*
Den Anfang bilden Aufgaben, in denen das Zuhören im Mittelpunkt steht. Hier legen die Bildungsstandards einen deutlichen Schwerpunkt auf das Hörverstehen. Grundlegende Fähigkeiten werden demgegenüber nicht ausdrücklich thematisiert. Die Erfahrungen, die u. a. in Hörprojekten an Grundschulen gesammelt wurden, zeigen aber, dass eine akustische Sensibilisierung überaus positive Folgen für die kommunikative Gesamtsituation hat. Wir steigen deswegen mit einigen Hinweisen zu Hör-Übungen ein. Im Anschluss stellen wir eine Unterrichtsidee zum Kernthema Hörverstehen und schließlich eine Übung zum Zuhörverhalten vor.

Grundlegendes: Hören und Lauschen, Aufmerksamkeit und Konzentration
Das Einüben der bewussten Konzentration auf und Aufmerksamkeit für Akustisches stellt die Basis für reflektiertes Zuhören dar. Es wird sich lohnen, Elemente, die solches einüben, von Klasse 1 an immer wieder und in unterschiedlichen Zusammenhängen in den Unterricht einzubauen. Das kann z. B. geschehen, indem die Schülerinnen und Schüler aufgefordert werden, die Augen zu schließen, für eine Weile still zu sein und auf die Klänge und Geräusche zu achten, die nun zu hören sind. Solche Übungen fördern die Konzentrationsfähigkeit ebenso wie das Bewusstsein dafür, dass es keine „echte" Stille gibt, sondern Geräusche immer vorhanden sind. Man kann mit den Kindern darüber sprechen, wie „unwichtige" Geräusche im Alltag ausgeblendet

werden. Im Gegensatz zum Sehen, das man durch Schließen der Augen „abschalten" kann, sind Höreindrücke immer präsent. Es bedeutet eine besondere Leistung des Gehirns, diese Höreindrücke zu selektieren und „Unwichtiges" auszublenden. Je höher der Anteil an Störgeräuschen ist, desto schwerer fällt mithin die Konzentration auf Wichtiges.

Mit demselben Ziel der Aufmerksamkeit für Geräusche können die Schülerinnen und Schüler aufgefordert werden, ein Blatt Papier möglichst geräuschlos im Kreis herumzugeben. (Schwieriger wird es, wenn es sich um ein Blatt Zeitungspapier, ein Stück Alufolie oder stark knisterndes Zellophan handelt.) Schließlich können auch einfache Spiele das Zuhören in den Mittelpunkt stellen, etwa indem Geräusche (von einer Geräusche-CD oder auch solche, die von den Kindern selbst mit Aufnahmegeräten „gesammelt" wurden) erraten werden müssen. Bei solchen Ratespielen wird schnell deutlich, dass sehr unterschiedliche Geräuschquellen sehr ähnlich klingen können. Vorproduzierte Geräusche auf CD oder als Audiodateien findet man z. B. unter dem Suchwort „Geräuscheraten". Im Verbund mit der Instrumentenkunde im Musikunterricht können Musikinstrumente am Klang unterschieden werden. Auch das Spiel „Stille Post" kann in einen solchen Kontext eingebunden werden, oder die Klasse versucht in jeder Frühstückspause mit geschlossenen Augen am Abbeißen zu erlauschen, was ein Kind zu essen mitgebracht hat. Wegen der großen Fülle der Möglichkeiten verzichten wir hier darauf, einzelne Übungen und Spiele herauszuheben. Wichtig ist, das Hören und Lauschen immer wieder und möglichst regelmäßig in das Klassenleben einzubinden. Mit der Zeit wird das gemeinsame Stillsein den Kindern immer selbstverständlicher und leichter vorkommen.

Hörverstehen

Beim Hörverstehen geht es primär um das Verständnis von Textinhalten. Hier spielt zum einen – analog zum Lesen – die Wahrnehmung der eigentlichen Textinformation eine Rolle. Beim Hören bieten aber Aspekte wie z. B. Stimmlage und Betonung sowie Räuspern, Stöhnen, Pausen usw. eine Fülle von zusätzlichen Informationen, die Zuhörer in den Verstehensprozess einbeziehen. Tests zum Hörverstehen sind v. a. aus dem Bereich der Fremdsprachen bekannt, kommen jedoch auch in deutschen Sprachtests mehr und mehr zum Einsatz. Entsprechende Formate lassen sich aber auch im Unterricht einsetzen. Hier sollte es nicht primär um eine Prüfungssituation für die Kinder gehen, sondern um ein Bewusstsein für die verschiedenen informativen Gehalte von Hörtexten.

Die nachfolgende Aufgabe kann gut zur Vorbereitung oder Aufarbeitung einer tatsächlichen Testsituation eingesetzt werden, wie sie jetzt auch in der Grundschule immer häufiger vorkommt. Wenn man einen Hörtest selbst herstellt, muss man nicht nur sehr offen auf mögliche informative Gehalte eines Tondokuments hören, sondern man gewinnt auch Einblicke in die Produktionsseite. Zudem kann man die Uneindeutigkeit „richtiger" Lösungen beim Zuhören thematisieren.

Eine wichtige Voraussetzung für diese Übung ist, dass die Klasse gemeinsam konzentriert einem kurzen Hörtext folgen kann. Durch die Quizsituation steigt sicherlich die Motivation zur Aufmerksamkeit für alle. Zudem sollten die Kinder schon einigermaßen flüssig per Hand oder am PC schreiben können.

Hörverstehenstest

Material und Vorbereitung:
- Kurzer Hörtext auf Tonträger (Beiträge aus dem Kinderradio, Hörspielausschnitte, vorgelesene Geschichten, Gedichte usw. finden sich als mp3 im Internet, etwa unter: www.vorleser.net. Ebenfalls geeignet sind deutsche Liedtexte usw.); evtl. ist auch in der Schule ein Test zum Hörverstehen vorhanden.
- Arbeitsblatt mit leichteren und schwierigeren Verständnisfragen zum Hörtext.
- 5–6 weitere kurze Hörtexte auf Tonträger.

Schritt 1:
Zunächst wird der Zuhörtext der Klasse vorgespielt und die Kinder bearbeiten in Einzelarbeit die Fragen zum Text. Anschließend werden in der Klasse die Ergebnisse verglichen. Es wird auch besprochen, wie Fragen formuliert werden können (offene Fragen, Multiple-Choice-Fragen).

Schritt 2:
Die Klasse teilt sich in Kleingruppen mit 3–4 Mitgliedern auf. Jede Gruppe wählt einen der zur Verfügung stehenden Hörtexte aus und hört ihn sich mehrmals an. Danach sollen (am besten auf dem PC) Fragen zum Hörtext formuliert und auf einem weiteren Blatt die richtigen Antworten aufgeschrieben werden.

Schritt 3:
In weiteren Unterrichtseinheiten werden die von den Kindern vorbereiteten Hörtests durchgeführt. Dabei wird wieder zunächst der Hörtext vorgespielt, dann lesen die Gruppenmitglieder die Fragen vor und die anderen Schülerinnen und Schüler notieren ihre Antworten. Die Resultate werden jeweils im Anschluss daran besprochen. Dabei fällt auf, dass manche Fragen einfach zu lösen waren, andere schwierig. Im Klassengespräch werden Erklärungen gesucht.

Schritt 4:
Die einzelnen Gruppen bearbeiten ihre Hörtest-Unterlagen (Korrektur der Fragestellungen usw.). Die so verbesserten Tests können an andere Klassen weitergegeben werden.

Wie verändern Sie den Schwierigkeitsgrad der Aufgabe?
- Die Schwierigkeit kann in allen Arbeitsschritten durch Variation von Komplexität und Länge der Hörtexte verändert werden.

Hörverstehenstest

Verknüpfung mit anderen Aufgaben, Fächern oder Kompetenzbereichen:
- Als Vorübung eignet sich die Aufgabe „Fundbüro" (siehe beiliegende CD).
- Je nach Kompetenzniveau kann der integrierte Anteil des Schreibens mehr oder weniger stark ausgebaut werden (bis hin zur gemeinsamen Erstellung eigener Testhefte, die in Parallelklassen eingesetzt werden können).
- Die Übung eignet sich auch zur Reflexion verschiedener Testformate, die die Schülerinnen und Schüler aus der Schule, aber auch aus den Medien (z. B. „Wer wird Millionär": Multiple Choice) kennen.
- Dieser Aufgabe sollten Sequenzen von Aufgaben zum Zuhören vorausgehen (vgl. entsprechende Aufgaben in diesem Band).
- Zum Thema „Fragen stellen" vgl. auch die Bausteine 20 bis 22 im Lehrmittel Sprachfenster, Themenheft *Hören und Sprechen*. Zürich: Lehrmittelverlag 2002.

Schlechtes Zuhören

Während das Zuhören in der vorausgehenden Aufgabe „Einbahnstraßen"-Charakter hat, geht es im folgenden Beispiel um die kommunikativen Effekte von Zuhörhaltungen. Die Aufgabenidee, in der das Szenische Spiel als methodischer Zugang integriert ist, verdanken wir SABINE GORSCHLÜTER (2002, S. 25). Sie schreibt, „dass es Kindern besonders viel Spaß macht, etwas Unangemessenes oder Negatives darzustellen. Des Weiteren ist schlechtes Zuhören ohne Vorbereitung leichter szenisch darstellbar als gutes Zuhören. Zudem regt gerade die Negativerfahrung seitens des Sprechers eine Auseinandersetzung mit den Folgen schlechten Zuhörens an."

Für sehr scheue Kinder ist möglicherweise der Sprechanteil der Aufgabe eine Komplikation. Es ist also ggf. darauf zu achten, dass alle Kinder einen funktionierenden Erzählanlass haben. Die Kleingruppensituation, aber auch die zeitliche Beschränkung der Sprechbeiträge wirkt hier sicher entlastend.

Schlechtes Zuhören

Material und Vorbereitung:
- eine Sanduhr, Taschenuhr, Eieruhr o. Ä. pro Kleingruppe

Schritt 1:
Die Klasse teilt sich in Zweier- oder Dreiergruppen auf.
In jeder Gruppe erzählt ein Kind etwa eine Minute lang von einem Ereignis, einem eigenen Erlebnis oder auch einen längeren Witz. Es soll dabei versuchen, die Zuhörenden möglichst interessant zu unterhalten. Das zweite Kind bemüht sich, schlecht zuzuhören, ohne jedoch das erzählende Kind zu unterbrechen.
Findet die Übung in Dreiergruppen statt, übernimmt das dritte Kind zunächst die Beobachterrolle. Nach einer Minute werden die Rollen getauscht.

Schlechtes Zuhören

Schritt 2:
Im Plenum werden die Erfahrungen besprochen: Wie fühlt sich schlechtes Zuhören für die Sprecherin bzw. den Sprecher an? Warum hört man manchmal absichtlich nicht zu?
An der Tafel werden Merkmale gesammelt, an denen man erkennt, dass jemand nicht zuhört. Daraus wird eine Positivliste erstellt: Was können/was tun gute Zuhörinnen und Zuhörer? Wie zeigt man, dass man zuhört?

Schritt 3:
In neu zusammengesetzten Zweier- oder Dreiergruppen sollen nun die Regeln für gutes Zuhören befolgt werden. Die Erzählenden können dabei die gleiche Geschichte benutzen wie beim ersten Mal oder eine neue Begebenheit erzählen.

Schritt 4:
Die Zuhörlisten der Gruppen werden in der Klasse verglichen. Ein für die Klasse gültiges Plakat mit Zuhörregeln wird erstellt.

Verknüpfung mit anderen Aufgaben, Fächern oder Kompetenzbereichen:
- Als „Gegenseite" des schlechten Zuhörens kann die Aufgabe „Schlechtes Sprechen" (zur Verantwortung der Sprechenden) angeschlossen werden.
- Eine mögliche Weiterführung ist die Analyse einer auf Video oder DVD mitgeschnittenen Livediskussion (Kinderfernsehen), z. B. mithilfe einer selbst erstellten Checkliste zum Zuhörverhalten der Diskutantinnen und Diskutanten.

In diesem Abschnitt haben wir zwei Aufgabenideen zur Schulung des Zuhörens vorgestellt. Auf der Material-CD befinden sich weitere Übungen, etwa zum „Aktiven Zuhören". Zuhörspezifisches wird aber auch in den Aufgaben „Gezielt nachfragen" (Klänge erkennen), „Lieblingsausdrücke" (aktiv zuhören) und „Instruktion" (Textinhalte verstehen) berührt.

Aufgaben zum *Sprechen*
Grundlegendes: Den Atem wecken, die Stimme erheben
In diesem Abschnitt geht es um das Sprechen. Auch hier gehen wir zunächst wieder auf basale Fähigkeiten ein, die die Grundlage der kommunikativen Kompetenz bilden: Wer mit und vor anderen sprechen soll, muss selbstbewusst auftreten, die Stimme erheben, davon überzeugt sein, dass er oder sie „etwas zu sagen hat". Auch hier gilt, dass regelmäßig in den Unterrichtsalltag eingebaute Übungen sinnvoller sind als eine einmalige Schulung, da anfängliche Skepsis, Schüchternheit und Albernheit zunächst überwunden werden

müssen. Dabei ist eine überzeugte und überzeugende Haltung der Lehrperson von besonderer Bedeutung. Viele Stimm- und Sprechübungen erfordern eine gewisse Übertreibung: große Körpergesten, merkwürdige Geräusche, seltsame Phantasiebilder. In der Regel wird es Grundschulkindern sehr leichtfallen, sich auf solche Übungen einzulassen, wenn die Lehrperson sie mit Selbstverständlichkeit anleitet. Geschichten und Vorstellungsbilder können allen Beteiligten helfen, anfängliche Zurückhaltung zu überwinden. Denkbar sind natürlich an dieser Stelle auch Kooperationen, etwa mit Praktikantinnen und Praktikanten oder entsprechend vorgebildeten Eltern. Wenn sich die Erfolge erst einmal einstellen, wird dies ohnehin kein Problem mehr sein. Kinder benutzen ihre Stimme im Normalfall auf gesunde Weise, sind allerdings in der Gefahr, in schulischen Präsentationssituationen Verspannungen erst zu entwickeln, die gesundem Sprechen im Wege stehen. Dem gilt es mit regelmäßigen Atem- und Stimmübungen entgegenzuwirken, die allesamt darauf abzielen, den Atem- und Stützapparat zu lockern und zu aktivieren und der Stimme einen entspannten und sicheren „Sitz" zu geben. Zahllose Übungen finden sich etwa im Internet unter den Suchwörtern „Sprecherziehung" oder „(chorische) Stimmbildung". Einige Beispiele für den Unterricht schildern KLAUS METZGER, SABINE REHBERG und WOLFGANG SCHILLER (alle in Praxis Deutsch, 1997).

Eine weitere wichtige Voraussetzung ist natürlich, im Unterrichtsalltag immer wieder Anlässe zu schaffen, bei denen die Kinder Gelegenheit auch zu längeren Redebeiträgen haben. So werden kleine Vorträge und Referate einerseits an Qualität gewinnen, andererseits ihren Schrecken als singulär herausgehobenes Ereignis verlieren.

Schlecht sprechen
Neben der grundlegenden Möglichkeit und Fähigkeit, „die Stimme zu erheben", hat auch Sprechkompetenz selbstverständlich Aspekte, die über die bloße Benutzung des Stimmapparates hinausgehen. Die folgende Übung zielt auf die gestalterische Dimension ab – auch hier ist die Nähe zum Szenischen Spiel offensichtlich.

Für Kinder, die mit vielen Sprechermodellen konfrontiert sind, kann es auf dem Weg zum eigenständigen Vortragsstil hilfreich sein, in die „Rolle" eines Fernsehansagers, eines Märchenerzählers usw. zu schlüpfen, um so eigene Gestaltungsmöglichkeiten zu erkunden.

Auch diese Aufgabe spielt mit der Orientierung an Modellen. Wieder soll das vorgeführte Negativbeispiel den Blick für die Kriterien öffnen, die an einen gelungenen Vortrag angelegt werden können.

Wie oben bereits erwähnt, ist die Trennung von Zuhören und Sprechen künstlich. Bei der Aufgabe „Schlechtes Zuhören" sollte deutlich werden, wie die Haltung der Zuhörenden das Gelingen von Sprechbeiträgen beeinflussen kann. Andererseits hängt konzentriertes Zuhören von der Qualität des Vorgetragenen ab. Es bietet sich deshalb an, die obige Aufgabe zum Zuhören und die folgende zum Sprechen in einer Unterrichtssequenz zusammenzubinden, die auf gelingende Sprecher-Zuhörer-Konstellationen z. B. bei Kurzvorträgen abzielt.

Schlechtes Sprechen

Material und Vorbereitung:
- Vorlesegeschichte oder auch kurzer Sachtext zum Vortragen. Der Text muss für diese Aufgabe zusätzlich in einer professionell gesprochenen Aufnahme vorliegen.

Schritt 1:
Die Lehrperson liest eine Geschichte oder einen Sachtext vor. Sie spricht dabei möglichst leise (gerade noch zu hören), langsam, monoton, langweilig.
Die Schülerinnen und Schüler werden aufgefordert, sich zu konzentrieren und gut zuzuhören. Im Anschluss werden sie um die Mitteilung ihrer Eindrücke gebeten. Es wird deutlich, dass die Fähigkeit zum konzentrierten Zuhören nicht nur von der Interessantheit des Textes abhängt, sondern auch von der Darbietung.
Anschließend wird der gleiche Text, von einem professionellen Sprecher vorgetragen, vorgespielt.

Schritt 2:
Im Klassengespräch wird zusammengetragen, welche Unterschiede die Schülerinnen und Schüler zwischen guten und schlechten Sprecherinnen und Sprechern festgestellt haben. Die Ergebnisse werden an der Tafel aufgelistet.

Verknüpfung mit anderen Aufgaben, Fächern oder Kompetenzbereichen:
- Es bietet sich an, an die Aufgabe „Schlechtes Sprechen" Übungen anzuschließen, in denen die Kinder selbst frei sprechen und nach und nach die Regeln für einen gelungenen Vortrag beherzigen.
- Die Aufgabe lässt sich mit der Aufgabe „Kurzvortrag" und weiteren Übungen zu einer längeren Einheit zum „Vortragen" verknüpfen.

Diese Aufgabe lässt sich in viele thematische Zusammenhänge einbinden, idealerweise als Hinführung auf eine für die Schülerinnen und Schüler anstehende Vortragssituation. Das können Vorlesewettbewerbe sein, Buchvorstellungen oder Kurzreferate, längere Erzählungen vor der Klasse usw. Wir gehen hier nicht auf weitere Kriterien ein, die jeweils für gute Vorträge bei verschiedenen Textsorten eine Rolle spielen (wie z. B. Auswahl der Inhalte, Strukturierung, Visualisierungen). Es scheint uns jedoch sinnvoll (und insbesondere für schwächere Schülerinnen und Schüler hilfreich), die angesprochenen sprecherischen Mittel in einem eigenen Zugriff zu üben, statt die Kinder mit multiplen Anforderungen an Inhalte und Redeformen zu überfordern. Ein in jeder Hinsicht gelungener Vortrag könnte das Ergebnis einer längeren Trainingsphase sein. Sehr hilfreich sind in diesem Zusammenhang auch Videoaufnahmen, an denen die Kinder die eigene Wirkung, aber auch ihre Fortschritte analysieren können.

Instruktion

Während es in diesem Abschnitt bislang eher um gestalterische Aspekte des Sprechens ging, zielt die nächste Aufgabenidee stärker auf die Textinhalte und deren strukturierte Darbietung ab. Sie erfordert von den Schülerinnen und Schülern zudem ein Bewusstsein für unterschiedliche Perspektiven, das sich im Grundschulalter noch in der Entwicklung befindet. Exemplarisch wird hier die Textsorte „Instruktion" herausgegriffen, bei der der Empfänger der Instruktion als Zuhörer eine wichtige Rolle spielt. In einer Variante kann auch das gezielte Nachfragen in die Aufgabe einbezogen werden.

Instruktion „Bauen"

Material und Vorbereitung:
- Bau-,
  Lego-,
  Duplosteine o. Ä. in ausreichender Menge.

Schritt 1:
Die Kinder setzen sich jeweils zu zweit gegenüber und trennen ihre Arbeitsplätze durch einen Sichtschutz, sodass sie den Arbeitsplatz des anderen nicht sehen können. Jedes Kind hat die gleiche Zahl und Art von Bausteinen. Eines beginnt etwas zu bauen und beschreibt dem anderen jeden einzelnen Schritt genau. Das baut entsprechend der Beschreibung mit, ohne jedoch nachzufragen.
Dann wird verglichen: Kommt das Gleiche zustande?
Anschließend tauschen die Kinder ihre Rollen.

Schritt 2:
In einer zweiten Runde ist das Nachfragen erlaubt. Wie unterscheidet sich die erste von der zweiten Runde?

Wie verändern Sie den Schwierigkeitsgrad der Aufgabe?
- Die Aufgabe wird schwieriger, wenn statt des Bauens mit Bausteinen ein Bild gezeichnet werden muss oder mit nicht genormtem Material (Naturmaterialien usw.) gearbeitet wird.
- Die Schülerinnen und Schüler regulieren den Schwierigkeitsgrad durch die Komplexität der vorgegebenen Bauten oder Zeichnungen.

Verknüpfung mit anderen Aufgaben, Fächern oder Kompetenzbereichen:
- Die Aufgabe kann in einer Sequenz zum Instruieren mit der Aufgabe „Instruktion Stadtplan" angeordnet werden.

Bei dieser Aufgabe ist unbedingt zu beachten, dass es für Kinder keine Selbstverständlichkeit ist, beim Sprechen den (Nicht-)Wissensstand eines anderen einzukalkulieren. Bei der Übung „Instruktion" wird man häufig Formulierungen hören wie „Jetzt tu ich das da drauf". Durch die Anordnung wird die Problematik solcher Formulierungen den Kindern selbst deutlich; durch weitere Versuche können sie sich fast im Selbstlernmodus verbessern und das Ergebnis eigenständig evaluieren. Zahlreiche Varianten mit anderen Materialien sind denkbar.

Es ist offensichtlich, dass diese letzte Aufgabe in den Bereich der Gesprächsführung hineinreicht – Überlappungen sind unvermeidbar und sinnvoll.

Aufgaben zur *Gesprächsführung*
Für den kompetenzorientierten Unterricht ist es von großer Bedeutung, auch Teilaspekte des zu Lernenden zum Gegenstand von Aufgaben und Übungen zu machen. Dabei soll der kommunikative Gesamtzweck bzw. Anwendungszusammenhang nicht aus den Augen verloren werden. Im Standard „Gespräche führen" werden die bislang besprochenen Teilkompetenzen zusammengeführt. Gespräche dürfen dabei nicht missverstanden werden als bloßer Wechsel von Sprechen und Zuhören mit verteilten Rollen.

Das soll in den nächsten Übungen zum Ausdruck kommen: Die Kompetenzen im Bereich „Gespräche führen" beziehen sich auf unterschiedliche Gesprächsformen, von denen eine (das Argumentieren) am Ende dieses Abschnittes mit einem Aufgabenbeispiel thematisiert werden wird.

Grundlegendes: Ins Gespräch kommen
Generell bietet jedes Unterrichtsgespräch Möglichkeiten und Anlässe zur Reflexion und Schulung von Gesprächsführung und Gesprächsverhalten, indem man ggf. „Lernschleifen" zu bestimmten Themen einbaut. Beispiele dafür wären Fragen wie:
„Wie kannst du das, was du gerade gesagt hast, höflicher formulieren?",
„Was genau hast du hier nicht verstanden?",
„Warum, meint ihr, war diese Aussage verletzend?",
„Warum lachen wir eigentlich über so einen Ausdruck?" usw.
Die Nähe zur Sprachreflexion ist unübersehbar und nicht zufällig.

Einen regelmäßigen Anlass zu Gesprächen bietet traditionell der sogenannte Morgenkreis. In der Grundschule steht hier das Erzählen als wichtige Textform im Mittelpunkt. Problematisch und wenig lernfördernd ist diese Form möglicherweise für eher schüchterne Kinder oder solche, die nicht glauben, etwas „Wichtiges" zu erzählen zu haben. In diesem Fall bieten sich Varianten an.

Morgenkreis

Der in vielen Klassen ritualisierte und oft wegen seiner wenig erzählfördernden Wirkung kritisierte „Morgenkreis"/„Erzählkreis" bietet Variationsmöglichkeiten, um auch Kinder zu Wort kommen zu lassen, die sich nicht trauen oder die meinen, nichts Interessantes zu erzählen zu haben. Das Sprechen vor anderen wird so nach und nach eingeübt.

Variante 1:
Jeweils drei bis vier Kinder finden sich in kleinen Erzählgruppen zusammen. Nach einer festgelegten Zeitspanne mischen sich die Gruppen neu. Die Kinder müssen darauf achten, dass in der zur Verfügung stehenden Zeit alle zu Wort kommen. Zusätzlich kann festgelegt werden, dass jedes Kind in der Kleingruppe zu jeder Erzählung genau eine Nachfrage stellt.

Variante 2:
Statt des üblichen Erlebnisberichts („Mein Wochenende") wird ein Thema vorgegeben, zu dem jedes Kind sprechen kann, z. B.:
- Erzähle von einem Tier, das dir viel bedeutet (kann auch ein Kuscheltier sein).
- Was weißt du aus der Zeit, als du noch klein warst?
- Wie ist das Leben mit Geschwistern/ohne Geschwister?

Diese Variante geht über den Morgenkreis hinaus. Sie kann einen Bestandteil eines breiter ausgeführten Unterrichtsthemas bilden.

Verknüpfung mit anderen Aufgaben, Fächern oder Kompetenzbereichen:
- Erzählen ist eine beliebte Sprachhandlung der Grundschule. Entsprechend zahlreich sind die dazu veröffentlichten Handreichungen (vgl. exemplarisch die Online Sammlung von Prof. Dr. Johannes Merkel (Uni Bremen) „Merkels Erzählkabinett").

Robinsongeschichte

Zum Abschluss soll ein ausführlicheres Unterrichtsprojekt dargestellt werden, in das die Schulung und Übung verschiedener Teilkompetenzen eingebettet werden kann. Im Kern geht es um das Argumentieren, es wird jedoch schnell deutlich werden, dass eine Reihe von Zuhör-, Sprech- und Gesprächsfertigkeiten einfließen. Das bedeutet, dass diese Aufgabe eher für ältere Kinder geeignet ist und sinnvollerweise auf einer Reihe von einfacheren, vorbereitenden Übungen aufbaut.

Die Grundidee besteht darin, die Kinder in eine fiktive Situation zu bringen, in der sie gemeinsam eine Entscheidung treffen müssen, wobei es keine „richtige" Lösung geben kann, sondern viele gleichwertige Entscheidungen denkbar sind. Auf diese Weise treten rhetorische Aspekte und auch Aspekte von Macht und Ohnmacht in Kommunikationsprozessen in den Vordergrund. Der Kontrast zwischen den Ideen Einzelner und der Entscheidung der Gruppe wird sichtbar gemacht.

Robinson

Material und Vorbereitung:
- „Robinsongeschichte" zum Vorlesen
- Arbeitsblatt mit Abbildungen nützlicher Dinge (Taschenmesser, Moskitonetz, Zelt, Armbanduhr, Streichhölzer, Kleidung, Gewehr, Radio, Pfeil und Bogen)
- später: Auswahl und Zusammenschnitt geeigneter Sequenzen für Schritt 4
- Kassettenrekorder

Schritt 1:
Die Lehrperson erklärt, worum es in der folgenden Aufgabe geht (die Kinder sind auf einer einsamen Insel gestrandet und müssen herausfinden, welche Gegenstände aus dem Schiffswrack zu bergen sind), und liest dann die Robinson-Geschichte vor oder erzählt sie. Anschließend erhalten die Kinder ein Arbeitsblatt mit verschiedenen nützlichen Dingen, die aus dem Schiff geholt werden sollen. Jedes Kind überlegt zunächst für sich eine Rangliste der Wichtigkeit und nummeriert die Gegenstände auf dem Arbeitsblatt entsprechend.

Schritt 2:
Die Kinder finden sich wie in der Geschichte in Fünfergruppen zusammen und versuchen im Gespräch, sich auf eine Reihenfolge zu einigen. Das Gruppenergebnis wird auf einem Zettel notiert. Die Diskussion wird aufgezeichnet.

Schritt 3:
Im Plenum vergleichen die Kleingruppen ihre Ergebnisse miteinander, indem jeweils die drei wichtigsten Gegenstände an die Tafel geschrieben werden. Jedes Kind vergleicht nun seine eigene Liste mit der Entscheidung der Gruppe. Wer hat sich durchgesetzt, wer wurde überstimmt oder überzeugt? Wie passierte das genau?

Schritt 4:
Gemeinsam hört sich die Klasse ausgewählte Sequenzen der Gruppendiskussionen an und überlegt, ob die Gespräche gut verlaufen sind und was ggf. verbessert werden könnte. Kritikpunkte werden an der Tafel festgehalten. Gemeinsam werden Überlegungen, wie die Gesprächsverläufe verbessert werden könnten, zusammengetragen und notiert.

Wie verändern Sie den Schwierigkeitsgrad der Aufgabe?
Varianten des gleichen Themas können z. B. sein:
- Ihr wollt ein Wochenende im Wald verbringen. Es ist wichtig, dass nicht zu viel Gepäck mitgeschleppt werden muss, denn für einen Bollerwagen o. Ä. wird das Gelände viel zu holperig sein. (Liste möglicher Gepäckgegenstände)
- Ihr habt beim Schulbasar 200 € für die Klassenkasse verdient. Es gibt viele Vorschläge, wofür das Geld ausgegeben werden könnte (Klassenausflug, CD-Player, Wandbild, Klassenparty, Bücher, Spielesammlung ...). Was ist am wichtigsten?
- Ihr habt euch am Berg verlaufen – es muss entschieden werden, wer was macht.
- Die Klasse wird auf eine Insel mitten im Ozean verbannt, außer Kleidern darf sie nur zehn Gegenstände mitnehmen.

Verknüpfung mit anderen Aufgaben, Fächern oder Kompetenzbereichen:
- Die Aufgabe eignet sich auch zum Herausarbeiten, zur Übung oder Kontrolle von Regeln des kommunikativen Umgangs miteinander.

Es lohnt sich, sich für diese Einheit genügend Zeit zu nehmen, jeden einzelnen Aufgabenschritt intensiv vorzubereiten und mit der Klasse auszuwerten. Es hängt von der Klassensituation ab, welcher der folgenden Schwerpunkte dabei gesetzt werden soll:

- Qualität mündlichen Argumentierens (im Gespräch muss jedes Kind seinen Vorschlag vor der Gruppe begründen),
- Thematisierung von Hierarchien und Wegen der Meinungsbildung, Analyse und Reflexion von Gesprächsverläufen am Videomaterial,
- gemeinsame Entwicklung von Kommunikationsregeln,
- Arbeit mit Checklisten und Beobachtungsbögen usw.

Unter diesen Umständen kann die Robinson-Aufgabe z. B. den motivierenden und lehrreichen Abschluss einer längeren Unterrichtseinheit zur Mündlichkeit bilden.

4.2.5 Zusammenfassung und Ausblick

Der Kompetenzbereich *Sprechen und Zuhören* zeichnet sich durch zweierlei aus: Einerseits ist mündliche Kommunikation in allen Lebensbereichen so alltäglich, dass es schwerfällt, das hier zu Lernende klar abzugrenzen und zu benennen. Zudem sind alle denkbaren Teilkompetenzen nur analytisch isolierbar, aber aus der konkreten Kommunikationssituation nicht herauszulösen, ohne dass sich damit auch die kommunikative Situation selbst veränderte. Gleichzeitig ist aber in der Schule und anderswo offensichtlich, dass es bedeutende Qualitätsunterschiede zwischen „guten" und „schlechten" Zuhörern, Rednern usw. gibt. Ziel des Unterrichts muss es sein, mündliche Kompetenzen auf allen Niveaus möglichst weitgehend vermittelbar und lernbar zu machen.

Auf der anderen Seite wird allenthalben mit Recht ein beträchtlicher Mangel an empirisch gestütztem Wissen sowohl zur individuellen Entwicklung von Sprech-, Zuhör- und Gesprächskompetenz als auch zu unterscheidbaren Komponenten der verschiedenen Bereiche und ihren Zusammenhängen untereinander beklagt. Dies macht die gerade erst angelaufenen systematischen Forschungen im Zusammenhang mit der Evaluierung der deutschen Bildungsstandards schwierig, gleichzeitig aber auch zu einem spannenden und innovativen Unterfangen.

Dass wiederum in der (Unterrichts-)Praxis schon viele Erfahrungen mit der Förderung von Sprechen, Zuhören und Gesprächskultur vorliegen, zeigt die Fülle an Übungen, Aufgaben und ganzen Unterrichtsprojekten, die man in der Literatur finden kann. Die hier zusammengetragenen und auf die Zielsetzung der Bildungsstandards ausgerichteten Übungen und Aufgaben zeugen von umfangreichem, teilweise aber noch implizitem Fachwissen in den einzelnen

Bereichen, das zukünftig im Sinne einer Stärkung der Mündlichkeit in den schulischen Curricula zusammengeführt werden kann und muss. Diese Erfahrungen für die Forschung zur Mündlichkeit fruchtbar zu machen, ist eine reizvolle Aufgabe für die Zukunft.

Literatur

ANDERSON, L.W./KRATHWOHL, D. R. (Hrsg.) (2001): A Taxonomy for Learning, Teaching, and Assessing. A Revision of Bloom's Taxonomy of Educational Objectives. New York, Addison-Wesley.

BECKER-MROTZEK, M. (2008): Gesprächskompetenz vermitteln und ermitteln: Gute Aufgaben im Bereich Sprechen und Zuhören. In: Bremerich-Vos, A./Granzer, D./Köller, O. (Hrsg.): Lernstandsbestimmung im Fach Deutsch: Gute Aufgaben für den Unterricht. Weinheim: Beltz, S. 52–77.

EHLICH, K. (2005): Anforderungen an Verfahren der regelmäßigen Sprachstandsfeststellung als Grundlage für die frühe und individuelle Förderung von Kindern mit und ohne Migrationshintergrund. Berlin: Bundesministerium für Bildung und Forschung.

ERARD, S./SCHEUWLY, B. (2005): La didactique de l'oral. Savoirs ou compétences? In: Bronckart, J.-P./Bulea, E./Pouliot, M. (Hrsg.): Repenser l'enseignement des langues. Comment identifier et exploiter les compétences? Villeneuve: Presses Universitaires du Septentrion. S. 69–97.

GORSCHLÜTER, S. (2002): Nicht nur mit halbem Ohr! Übungen zum Zuhören. Praxis Deutsch 2002, Heft 174, S. 24–28.

IMHOF, M. (2003): Zuhören. Psychologische Aspekte auditiver Informationsverarbeitung. Göttingen: Vandenhoeck & Ruprecht.

KMK (2005): Bildungsstandards im Fach Deutsch für den Primarbereich. Beschluss vom 15.10.2004. Wolters Kluwer: München.

MOSER, URS (2005): Lernvoraussetzungen in Schulklassen zu Beginn der 1. Klasse. In: Moser, U./Stamm, M./Hollenweger, J. (Hrsg.) (2005): Für die Schule bereit? Lesen, Wortschatz, Mathematik und soziale Kompetenzen beim Schuleintritt. Oberentfelden: Sauerländer, 167–185.

Praxis Deutsch (1997). Heft 144.

5 Schreiben – Texte verfassen

Jürgen Baurmann/Thorsten Pohl

5.1 Der Kompetenzbereich *Schreiben – Texte verfassen* in den Bildungsstandards

Die Bildungsstandards gliedern den Kompetenzbereich *Schreiben* in drei grundlegende Felder: „über Schreibfertigkeiten verfügen", „richtig schreiben" und „Texte verfassen" (KMK 2005, S. 10 f.). Hier wird nur der dritte Aspekt erörtert, nämlich die Fähigkeit, ganze Texte oder Textteile verfassen zu können. Das Vorgehen, die Kompetenzaspekte in dieser Weise getrennt voneinander zu behandeln, scheint insofern berechtigt, als es sich beim Rechtschreiben um eine in Anteilen eigenständige Entwicklung handelt. Wir sprechen infolgedessen von Textproduktionskompetenz sowie von deren Aneignung.

In der Darstellung der Standards überlagern sich im Feld „Texte verfassen" zwei Perspektiven, die wir in diesem einführenden Abschnitt getrennt voneinander besprechen wollen: Mit „Texte planen", „Texte schreiben" und „Texte überarbeiten" wird das Kompetenzfeld unterteilt nach grundlegenden Teilkomponenten des *Schreibprozesses* (Planen, Formulieren, Überarbeiten). Auf diese Weise werden Prozesskompetenzen angesprochen, die zu einem gelungenen Schreibprodukt führen (vgl. dazu unten). Innerhalb von „Texte schreiben" werden jedoch zentrale Eigenschaften von *Schreibprodukten* sowie bestimmte Textfunktionen und Schreibanlässe thematisiert. Hier haben wir es mit Kompetenzaspekten zu tun, bei denen sich erst am fertigen Schreibprodukt, am erstellten Text, ablesen lässt, ob – und wenn ja inwieweit – die Schüler und Schülerinnen über die betreffenden Fähigkeiten verfügen.

Wir beginnen mit der zuletzt genannten Perspektive auf das Schreibprodukt. Mit den Textattributen „verständlich, strukturiert, adressaten- und funktionsgerecht" wird in den Bildungsstandards eine extrem hohe Kompetenzerwartung zum Ausdruck gebracht (KMK 2005, S. 10 f.). Bei näherem Hinsehen handelt es sich um Qualitätsmerkmale, die mit der gleichen Berechtigung von Autoren eingefordert werden müssen, die in ihrer Schreibentwicklung deutlich weiter fortgeschritten sind, mehr noch: Es sind Eigenschaften, die mit jeglicher optimaler Textproduktion zusammenfallen. In Anbetracht des jungen Schreibalters von Grundschülern (verstanden als lesend wie schreibend mit Texten gewonnenes Erfahrungswissen) scheint es geboten, die Kompetenzerwartungen an ein für Grundschüler angemessenes Niveau anzupassen.

„Verständlichkeit" ist eine Textqualität, die nicht absolut gegeben ist bzw. eingelöst werden kann, sondern immer nur in Beziehung zu einem speziellen Adressaten entsteht. Die Antizipation eines konkreten Lesers mit dessen individuellem Vorwissen und speziellen Verständnisbedürfnissen kann von Grundschülern nur zu einem gewissen Grad eingefordert werden; eine Überforderung wäre z. B. die Antizipation einer in vielerlei Hinsicht unterschiedlichen Leserschaft.

Was aber die Viertklässler erworben haben sollten, ist die grundlegende Einsicht, dass Texte *überhaupt* Leser haben, verbunden mit einem Bewusstsein dafür, dass Texte von Lesern miss- oder anders verstanden werden können und dass der Schreibende den Verstehensprozess und auch die Wirkungsweise durch die Textgestaltung beeinflussen kann.

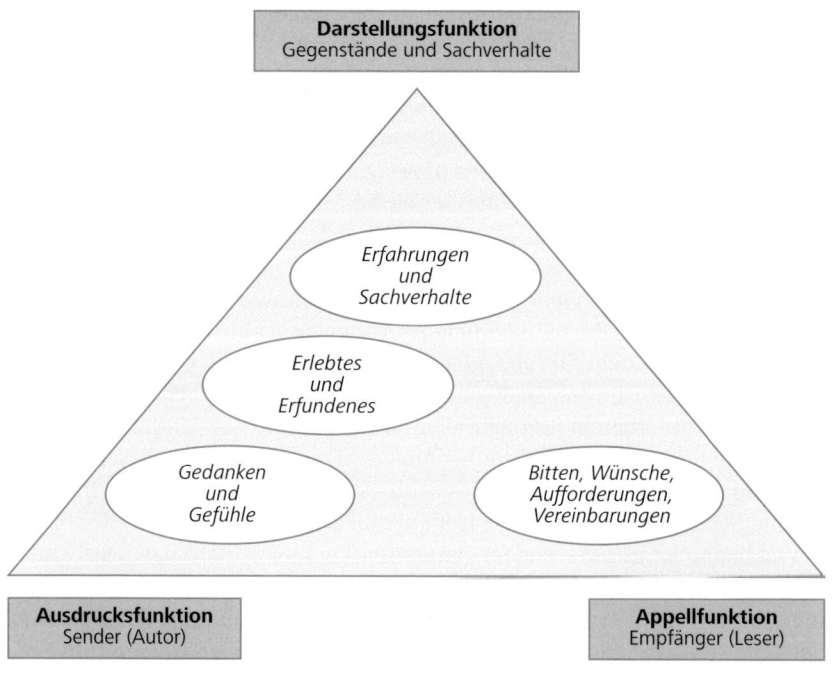

„Strukturiertheit" ist ebenfalls eine Textqualität, die isoliert betrachtet wenig aussagekräftig ist, denn allein aufgrund z. B. syntaktischer Strukturen erweisen sich Texte per se als „strukturiert". Erst im Zusammenhang mit einzelnen Textfunktionen und mehr noch mit konkreten Textsorten lässt sich sinnvoll von angemessenen Textstrukturen und Textgliederungsverfahren sprechen. In den Bildungsstandards werden keine Textsorten explizit genannt, die

die Grundschüler beherrschen sollten. Stattdessen werden verschiedene Schreibanlässe (z. B. über „Erlebtes und Erfundenes" schreiben) oder einzelne Sprachhandlungen (z. B. „Bitten, Wünsche") genannt. Auf diese Weise wird auf grundlegende Textfunktionen verwiesen, die ihrerseits mit typischen Textsorten verbunden sind. Wenn wir der in der Textlinguistik und Schreibdidaktik gängigen Auffächerung des funktionalen Spektrums von Textsorten folgen – sie orientiert sich am Organon-Modell von BÜHLER –, ergibt sich für die in den Standards genannten Schreibanlässe das unten stehende Bild, wobei die verschiedenen Schreibanlässe nur der Tendenz nach bzw. als dominante Phänomene einer der drei Funktionen zugeordnet werden können.

Man erkennt, dass die Standards für alle drei grundlegenden Funktionen (Ausdrucks-, Darstellungs- und Appellfunktion) Schreibanlässe vorsehen. Dies ist auf jeden Fall zu begrüßen, da wir aus der Forschung wissen, dass bei Grundschülern Entwicklungspotenzial im gesamten Spektrum von Textfunktionen gegeben ist (vgl. AUGST et al. 2007) und nicht etwa nur – wie es das schreibdidaktische Brauchtum in der Grundschule lange tradierte – bei Schreibanlässen, die eine erzählte Geschichte verlangen.

Dass die Standards explizit keine konkreten Textsorten vorschlagen, greift unseres Erachtens insbesondere im Blick auf die Praxis zu kurz. Konkrete Textsortenkonzepte halten wir durchaus für hilfreich; solche wollen wir hier ergänzend vorschlagen:

Textfunktion (dominant)	Textsorte und Schreibanlässe
Ausdrucksfunktion	Erzählung: ■ Erlebniserzählung ■ Nacherzählung ■ Reizwortgeschichte ■ Fantasiegeschichte usw.
Darstellungsfunktion	Beschreibung: ■ Personen-, Orts-, Bildbeschreibung usw. Anleitung: ■ Spiel-, Bastel-, Gebrauchsanleitung, Kuchenrezept usw. Bericht: ■ Ereignisbericht, Protokoll usw.
Appellfunktion	Argumentation: ■ z. B. in Briefform: Bitten, Wünsche, Übereinkünfte, Meinungsäußerung mit ansatzweise begründender Struktur usw.

Zwei weitere Schreibanlässe werden in den Bildungsstandards gesondert hervorgehoben:
- Lernergebnisse geordnet festhalten und auch für eine Veröffentlichung verwenden,
- nach Anregungen (Texte, Bilder, Musik) eigene Texte schreiben (KMK 2005, S. 14 f.).

Mit dem ersten Eintrag (*Lernergebnisse geordnet festhalten* ...), für den die Darstellungsfunktion von besonderer Relevanz ist, verdeutlichen die Standards die übergreifende Bedeutung des Verfassens von Texten für das schulische Lernen insgesamt; daher ist diese Teilkompetenz in ihrer integrativen Funktion zu begreifen, die weit über die Grenzen des Deutschunterrichts hinaus- und in die anderen Schulfächer hineinreicht. Mit dem zweiten Eintrag (*nach Anregungen ... schreiben*) wird in erster Linie auf ein Arrangement verwiesen, das die Produktion von Erzähltexten erleichtern will. Nur in Einzelfällen werden hierbei weitere Textfunktionen mitberücksichtigt.

Orientierungen am Schreibprozess finden sich sowohl in der grundlegenden Beschreibung des Kompetenzbereichs als auch bei den Standards (KMK 2005, S. 8 bzw. S. 10). Insgesamt sollen Schülerinnen und Schüler „den Schreibprozess selbstständig gestalten", wobei „die Teilprozesse ... Texte planen, aufschreiben und überarbeiten ineinandergreifen" (Umstellung durch Verf.). Zwei Unsicherheiten, die einer Klärung bedürfen, sind mit dieser Formulierung verbunden: Mit dem Terminus „aufschreiben" ist offensichtlich nicht das motorische Ausführen der Schreibhandlung gemeint. Wie ist die Feststellung zu verstehen, dass die Teilprozesse „ineinandergreifen"? Die Antwort, die sich aus den konkreten Standards ableiten lässt, bleibt aus schreibtheoretischer Sicht begrenzt, wird doch an dieser Stelle der Dreischritt „planen, schreiben, überarbeiten" eingeführt, der aufeinanderfolgende Phasen des Unterrichts anspricht. Dadurch wird allerdings der komplexe Prozess des Verfassens von Texten nicht vollends erfasst und vor allem dessen Dynamik abgeschwächt, ja verkürzt.

Innerhalb der Schreibforschung werden Planen, Formulieren, Ausführen und Überarbeiten als Teilprozesse unterschieden. Diese Teilprozesse zeichnet gewiss auch jene Sukzessivität aus, die in den Bildungsstandards betont wird. Es gibt jedoch weitere Merkmale, die den komplexen Schreibprozess bestimmen: das Moment des Interaktiven (zwischen den Teilprozessen bestehen vielfältige Wechselwirkungen), des Iterativen (alle Teilprozesse können sich während der Textproduktion wiederholen) und die Tatsache, dass sich Schreiber bei der Textproduktion ihrer Teilhandlungen bewusst werden.

Die in den Bildungsstandards genannte Abfolge *(Planen, Aufschreiben, Überarbeiten)* ist demnach bestenfalls als Gerüst möglicher Unterrichtsphasen zu begreifen, das in der Praxis flexibel und schreibtheoretisch reflektiert zugleich zu handhaben ist.

5.2 Die Bedeutung des Schreibens für die Schüler der Primarstufe

Viele Kinder werden bereits vor Schulbeginn auf das Schreiben aufmerksam. Kritzelbriefe und erste Schreibversuche ermöglichen vielfältige, dabei unterschiedliche Erfahrungen mit Schrift und Schriftlichkeit. Lehrkräfte können davon ausgehen, dass Kinder schon früh ihre Eltern als Schreiber wahrnehmen, etwa beim Unterschreiben, beim Beschriften von Disketten, beim Tippen am Computer bis hin zum Verfassen von Gutachten und Predigten (so Mitteilungen von Kindern).

Beim frühen Schreiben von Texten stehen dann bei sechs- bis siebenjährigen Kindern Geschichten im Vordergrund. Kinder schreiben gern über *Besuche, Spiele, Unterwegssein, Sport* und *Natur*. Was die Wahl der Inhalte betrifft, zeigen sich deutliche Unterschiede zwischen Mädchen und Jungen. Mädchen schreiben gern über *Tiere* und *Krankheit*, während Jungen *Technik* und *Spiele* bevorzugen (RÖHNER 1997, S. 212).

Für den Unterricht in der Grundschule ist es hilfreich, etwas über die Vorstellungen oder Konzepte zu wissen, die Grundschulkinder zum Schreiben entwickeln. Die Ergebnisse der Schreibforschung unterscheiden sich hinsichtlich dieses Zusammenhangs. Während bei BAURMANN (1996) lediglich knapp über 20 % der Befragten eine Vorstellung haben, die beim Textschreiben über das „Vordergründig-Technische" hinausreicht (BAURMANN 1996, S. 249), fallen die Ergebnisse bei WEINHOLD (2005) differenzierter aus. Ihre Erhebungen auf der Grundlage offener Fragen bei 120 Kindern des ersten bis vierten Schuljahrs fördern wichtige Antworten zutage. Auf die Frage *„Wie schreibst du einen Text?"* sprechen rund ein Viertel der Befragten normative Aspekte des Schreibens an (vornehmlich zum Rechtschreiben), während etwa 60 % der Kinder mit zunehmendem Alter konzeptionelle Belange zum Textschreiben thematisieren. Bei den weiteren Fragen *(„Worauf achtest du, wenn du einen Text schreibst?"* und *„Findest du es schwer, einen Text zu schreiben?")* treten mediale bzw. normative Gesichtspunkte in den Vordergrund, nur 25 % der Kinder äußern sich konzeptionell. Dieses Ergebnis kann so gedeutet werden, dass Kinder beim schulischen Schreiben vor allem Schreibmotorisches und Schreibnormen im Blick haben, noch nicht so sehr Gedanken darüber, wie man eine Textwelt aufbaut.

Kinder verbinden mit dem Verfassen von Texten einen „subjektiven Sinn". Dass sich Kinder in dieser Hinsicht unterscheiden, lässt sich aus drei Fallstudien ableiten, die RÖHNER (1997, S. 120 ff.) durchgeführt hat. Die Beschreibungen zu Mustafa, Katja und Nicole zeigen, dass sich Zugänge und Möglichkeiten je nach bereits vorhandenen schriftsprachlichen Fähigkeiten und sozialem Umfeld deutlich unterscheiden. So ist Mustafa – im Unterschied zu vielen seiner Altersgenossen – im Unterricht erst dabei, „den Sinn der Schriftsprache für sich zu entdecken" (RÖHNER 1997, S. 123 ff.), während Katja aus intakten häuslichen Verhältnissen „mit Lust schreibt" (RÖHNER 1997, S. 133 ff.). Für Nicole, die sich auf vergleichbare Startbedingungen wie Katja stützen kann, hat das ausgiebige Schreiben einen anderen Sinn: Texte zu produzieren, bedeutet für sie, in einer schwierigen Situation (Trennung der Eltern) für sich das Schreiben „als Selbstvergewisserung und Selbstverwirklichung" zu nutzen (RÖHNER 1997, S. 147 ff.). Es spricht einiges dafür, dass Mustafa, Katja und Nicole keine Einzelfälle darstellen. Schreibanfänger, begeisterte Schreiber und Kinder, die das Schreiben nutzen, um sich über sich selbst klar zu werden, wird es wohl in vielen Grundschulklassen geben. Insgesamt kann davon ausgegangen werden, dass die Beobachtungen vieler Lehrkräfte den Ergebnissen der einschlägigen Untersuchungen entsprechen. Viele Kinder in der Grundschule schreiben gern.

Wie geht es nun nach der Grundschule weiter? Soweit es die Schülersicht betrifft, ergeben sich Antworten aus der umfänglichen Untersuchung von MERZ-GRÖTSCH (2001). Die Befragung von Schülerinnen und Schülern aus Gymnasien, Real- und Hauptschulen zeigt, dass die Heranwachsenden die Anforderungen des Textschreibens im Deutschunterricht als hoch einschätzen (hierzu und zum Folgenden MERZ-GRÖTSCH 2001, S. 133 ff.). Diese Einschätzung wirkt sich auch auf die Neigung zum Schreiben aus: Während über die Hälfte der befragten Mädchen gern schreibt, nimmt die Begeisterung bei Jungen deutlich ab. Dieser gegenüber der Grundschule offensichtliche Rückgang mag auch darin begründet sein, dass hauptsächlich vertraute Textmuster Gegenstand des Unterrichts sind und zudem den Jugendlichen die Betonung der Ergebnisse des Schreibens sowie die vorherrschende Orientierung an formalen Ansprüchen (bis hin zum Abschreiben) auffällt.

Das Verfassen von Texten in der Schule – so ein Zwischenergebnis – stellt sich damit als komplex dar. Vor dem Hintergrund der Tatsache, dass die Anforderungen an schriftsprachliche Fähigkeiten künftig gesamtgesellschaftlich noch höher und vielfältiger sein werden, kann die beschriebene Entwicklung nicht zufriedenstellen, zumal sich im Kontext der neuen Medien neue „Texttypen" und „Formen der Vernetzung" herausbilden. Zu den vertrauten „linearen" kommen vor allem „listenförmige", „modulare" und „multimediale Texte" hinzu (z. B. Hypertext und Hypermedia-Angebote; WEINGARTEN 1994, S. 578 ff.). Auf diese „neuen Formen des Schreibens" werden Heranwachsende intensiv vorzubereiten sein, was hier und da ja bereits geschieht. Diese

Entwicklung wird das Spektrum vertrauter Textsorten erweitern, umfangreiche Schreibvorhaben (Geschichtenbücher, Erläuterungen von Sachverhalten), Textverarbeitung und Recherche am PC zunehmend voraussetzen.

5.3 Kompetenzaufbau im Schreibunterricht

5.3.1 Entwicklungsphänomene als Basis und Ausgangspunkt kompetenzfördernden Schreibunterrichts

Entwicklung zeichnet sich unter anderem dadurch aus, dass die Lernenden zu Beginn nicht alle notwendigen Teilkompetenzen einbringen können bzw. erworben haben. Sie tun das, was für sie „machbar" ist und was ihrem Zugang zum Lerngegenstand am nächstliegenden ist. Mit den weiteren Entwicklungsschritten erfolgt eine immer stärkere Annäherung an die geforderte Kompetenz, wobei sich diese Lernfortschritte oftmals durch bestimmte und eben durch den Entwicklungsvorgang bedingte Auffälligkeiten, Abweichungen und Übergangsphänomene auszeichnen. Ein kompetenzorientierter Schreibunterricht muss diese von den Lernenden erbrachten Teilleistungen erkennen und an sie mittels entsprechender Schreibarrangements, -aufgaben und Fördermaßnahmen didaktisch sinnvoll anschließen.

In einer jüngst erschienenen Studie zur Textkompetenzentwicklung während der Grundschuljahre wurden Schülertexte aus der zweiten, dritten und vierten Klasse zu fünf unterschiedlichen Schreibanlässen bzw. Textsorten untersucht (AUGST et al. 2007). Die Studie, die vielfältige weitere Ergebnisse aus der Schreibentwicklungsforschung zu integrieren versucht, zeigt für alle fünf untersuchten Textsorten (Erzählung, Bericht, Anleitung, Beschreibung und Argumentation) vergleichbare Entwicklungsschritte und -phänomene auf, die in diesem Abschnitt als Basis und Ausgangspunkt kompetenzfördernden Schreibunterrichts vorgestellt werden (die Phasen werden gegenüber AUGST et al. 2007 abweichend benannt).

1. Entwicklungsphase: *Assoziative Texte*
Die ersten Schreibversuche der Kinder sind sehr stark von ihrem persönlichen Zugang zum Schreibgegenstand geprägt. Im Sinne eines reinen *knowledge telling* (BEREITER/SCARDAMALIA 1987) bringen die Schülerinnen und Schüler assoziativ unmittelbar das zu Papier, was ihnen durch den Kopf schießt. Dies führt in der Regel zu vielfältigen inhaltlichen Brüchen, die für den Außenstehenden nicht unbedingt nachvollziehbar sind. Zudem zeichnen sich die Texte oftmals durch eine besondere emotionale Qualität aus, mit der die Autoren ihre Begeisterung für das Thema zum Ausdruck bringen. Ein für dieses An-

fangsstadium typischer Text wäre etwa Christophers Klassenzimmerbeschreibung („//" steht für eine Leerzeile, „/" steht für einen Zeilenwechsel, ferner: die Texte sind rechtschriftlich korrigiert):

> Unser Klassenraum // Wir haben eine Tafel in unserem / Klassenraum. Unser Klassenraum / ist sehr schön. Wir haben sehr / schöne Bilder in unserem / Klassenraum. Wir haben 23 Kinder / in unserer Klasse. Wir machen / sehr viel Rechnen. Wir haben / sehr viele Poster. (Christopher, 2. Kl.).

Wir können an Christophers Text eine weitere typische Erscheinung ablesen: Aufgrund des assoziativen Schreibmodus scheren die Autoren oftmals aus der angestrebten Textfunktion (hier: zu beschreiben) aus („Wir machen sehr viel Rechnen.")

2. Entwicklungsphase: *Verkettende Texte*
Das assoziative Moment geht in dieser Phase bereits sehr stark zurück. Stattdessen versuchen die Kinder, sich an einer für den Schreibgegenstand zentralen Sachverhaltsbeziehung zu orientieren und richtiggehend an dieser entlangzuschreiben, also z. B. in einer chronologischen Folge (u. a. beim Erzählen) oder mittels eines räumlichen Nebeneinanders (oft beim Beschreiben). Damit geht einher, dass die Autoren jetzt ihre Texte an der sprachlichen Oberfläche mit entsprechenden Bindewörtern verknüpfen (u. a. mit „und dann" oder auch mit „und daneben"). Wir zitieren wiederum ein typisches Beispiel, dieses Mal handelt es sich um einen Text über den Ablauf des familiären Weihnachtsfestes:

> Unser schönes Weihnachtsfest // Wir stellen unsern Weihnachtsbaum auf / und schmücken ihn und dann / machen wir Fotos und dann / müssen wir ins Zimmer und / warten bis mein Papa uns / holt und dann packen wir unsere / Geschenke aus und dann spie- / len wir damit und dann / gehen wir ins Bett. (Sabrina, 2. Kl.)

Man erkennt, dass es mit dieser Strategie der Textproduktion den Autoren viel besser gelingt, beim Thema zu bleiben und für den Schreibauftrag angemessene Inhaltselemente auszuwählen. Insgesamt erscheinen die Verkettungstexte deutlich geordneter und daher auch verständlicher, gleichzeitig wirken sie aber aufgrund der wiederkehrend eingesetzten Bindewörter (hier: „und dann") auf den versierten Leser sehr monoton.

3. Entwicklungsphase: *Gegliederte Texte*
Dieses monotone Moment wird in der dritten Phase dadurch aufgehoben, dass die Autoren jetzt versuchen, in einzelne Textteile in besonderer Weise einzu-

leiten und diese explizit sprachlich zu gestalten. Im folgenden, gekürzten Beispiel einer Erzählung wird auf diese Weise ein friedlicher Normalzustand („Spaziergang in den Bergen") von einem zunächst nur ungewöhnlichen Ereignis („pfeifende Geräusche") geschieden, bevor schließlich mit „plötzlich" ein unerwartetes Ereignis eintritt. Auf diese Weise gelingt es Jaquelin, narrative Spannung zu erzeugen:

> Der kleine Zwerg // Der kleine / Zwerg Hobbel / machte einen / Spaziergang / in den Bergen. / Als er an eine / Höhle kam aus / dieser Höhle / kamen / seltsame pfeifende Geräusche. Der / Zwerg sah an der Wand eine brennende / Kerze. Er nahm all seinen Mut / zusammen und ging langsam / in die Höhle. Die Geräusche wurden / immer lauter umso weiter er / hineinging. Plötzlich sah er [...]. (Jaquelin, 4. Kl.)

In den anderen untersuchten Textsorten lassen sich vergleichbare Gliederungsbemühungen aufzeigen; so wird z. B. beim Anleiten ein Spielvorbereitungsteil vom eigentlichen Regelteil abgetrennt (vgl. zu Details AUGST et al. 2007, S. 249 ff.).

4. Entwicklungsphase: *Textsortenfunktionale Texte*
Obschon die jungen Autoren bereits auf dem dritten Entwicklungsniveau zentrale Eigenschaften der verschiedenen Textsorten zu realisieren vermögen, gelingt es ihnen erst hier, ihre Texte insgesamt derart zu gestalten, dass sie mit ihnen die betreffende Textfunktion tatsächlich einlösen, also z. B. beim Anleiten den Leser vollständig über Spielutensilien, Spielaufbau, Spielregeln und Spielsieger so zu orientieren, dass dieser das Spiel spielen kann. Elisas Text lässt sich dieser Entwicklungsphase zuordnen:

> Hüpfspiel, man braucht: ein Seil, einen / Reifen und viele Kinder, die mitspielen. / Zuerst bindet man den Reifen an ein / Ende des Seils. Wenn man das gemacht / hat, fängt das Spiel an. Alle Kinder / stellen sich in einen Kreis, aber nur / einer geht in die Mitte. Derjenige, / der in der Mitte steht, bekommt das / Seil. Er muss das Seil aber am / anderen Ende in die Hand nehmen. / Nun muss er das Seil drehen, als / ob er etwas zeigen möchte (also / im Stuhlkreis). Alle anderen müssen / über's Seil springen. Und wer hängen- / bleibt muss raus (also darf nicht mehr / mitspielen). Der, der als letzter drinbleibt / hat gewonnen ist also der Hüpfkönig. (Elisa, 4. Kl.)

Das Einlösen einer der Textsorte adäquaten Funktion stellt an die Autoren insbesondere hinsichtlich der Planungsaktivitäten noch einmal gestiegene Anforderungen. Der Text muss gewissermaßen von seinem funktionalen Ziel aus geplant werden, wie man es sich besonders deutlich an der narrativen Pointe oder der argumentativen Konklusion klarmachen kann.

Die Autoren der Studie (AUGST et al. 2007) gehen davon aus, dass sich die vorliegende Entwicklung als eine integrative Phasenfolge beschreiben lässt, dass also die auf einer niedrigeren Kompetenzstufe erworbenen Teilfähigkeiten in die jeweils höheren Kompetenzstufen eingehen, wie wir es in der folgenden Tabelle zu verdeutlichen versuchen:

Entwicklungsphase	sprachlich-textuelle Leistung
1. Assoziative Texte	Auswahl an Inhaltselementen
2. Verkettende Texte	sachlogische Verknüpfung von Inhaltselementen
3. Gegliederte Texte	Ausbildung verschieden gestalteter Textteile
4. Textsortenfunktionale Texte	Einlösen einer textsortenadäquaten Textfunktion

Drei Ergebnisse der Studie sollen abschließend besonders hervorgehoben werden, da sie für einen Schreibunterricht in der Primarstufe von besonderer Relevanz sind:

1. Die unterschiedlichen Textsorten werden weitgehend unabhängig voneinander erworben, d. h., ein Schreiber kann sich zu einem Zeitpunkt z. B. mit seinen Erzählungen in Phase 4 befinden, während seine Anleitungstexte nur Phase 2 zuzuordnen sind. Daraus muss die didaktische Konsequenz gezogen werden, dass alle Schreibanlässe gleichermaßen mit den Kindern zu üben sind.
2. Eingedenk des gerade zu Beginn der Grundschulzeit weit gefächerten Entwicklungsstandes der Lernenden geben AUGST et al. bewusst keine Alters- oder Klassenstufenangaben an. Es ist in Ausnahmefällen durchaus möglich, dass ein Kind sich bei einer Textsorte noch in der vierten Klasse in der zweiten Entwicklungsphase befindet. Kompetenzorientiertes Unterrichten erfordert demnach individualisiertes Unterrichten – etwa im Sinne eines schreiber-differenzierten Unterrichts (vgl. 5.2.3).
3. Im Sinne einer angemessenen Kompetenzerwartung ist darauf hinzuweisen, dass in derjenigen Textsorte, bei der die Schülerinnen und Schüler am besten abgeschnitten haben, nämlich beim Erzählen (wahrscheinlich, weil es die literale Umwelt der Kinder stark prägt und in der Grundschule besonders geübt wird), nur knapp die Hälfte aller getesteten Kinder die vierte Entwicklungsphase erreichen; ein Ergebnis, das die hohe, in den Bildungsstandards geäußerte Kompetenzerwartung (vgl. 5.1) deutlich relativiert.

5.3.2 Das Grundmuster kompetenzfördernden Schreibunterrichts

Wie bereits im vorhergehenden Abschnitt deutlich wurde, muss sich ein kompetenzorientierter Schreibunterricht gewissermaßen an den Entwicklungsvorgang „anschmiegen" und die Kinder auf diese Weise genau dort zu fördern suchen, wo sie sich im Erwerb gerade befinden. Für diesen wie den sich anschließenden Abschnitt wollen wir daher folgenden Orientierungsrahmen zugrunde legen:

Die zentrale Idee ist die, dass man zu jedem Zeitpunkt des Kompetenzaufbaus danach fragt, welche Teilfähigkeiten bereits erworben sind und dementsprechend durch die eingesetzten Schreibaufgaben gefordert werden dürfen (und auch sollten). Dass man ferner danach fragt, worauf sich Schreiber aktuell im Entwicklungsprozess besonders konzentrieren und ihnen genau in diesem Punkt entsprechende Hilfestellung bietet (u. a. durch angepasste Schreibarrangements). Und dass man schließlich, sobald eine Teilkompetenz gefestigt ist, den nächsten Abschnitt der Entwicklung (WYGOTSKY 1964) antizipierend, bestimmte neue, noch nicht erworbene Teilkompetenzen bei den Schreibenden zu evozieren versucht. Für dieses Vorgehen bilden die zuvor vorgestellten Entwicklungsphasen sinnvolle Orientierungspunkte didaktischen Handelns.

Zunächst aber – in Absehung von einer speziellen Entwicklungsphase – ist an Schreibaufgaben in einem kompetenzorientierten Unterricht generell die Forderung zu stellen, dass sie für die Schreiberinnen und Schreiber – wenigstens ansatzweise – kommunikativ plausible Arrangements aufspannen. Dies betrifft zunächst das Medium: Dass geschrieben wird – und nicht gesprochen –, muss „Sinn machen" (vgl. dazu auch 5.3.3). Dies berücksichtigt ferner einen konkreten Adressaten, dessen Vorwissen einigermaßen von den Schreibenden eingeschätzt werden kann. Und dies betrifft schließlich auch den Schreibgegenstand oder das Thema: Es muss den Kindern so weit zugänglich sein (entweder durch ihr vorhandenes Weltwissen oder ggf. durch Nutzung externer Wissensspeicher), dass sie es kognitiv „im Griff" haben; denn erst auf der Basis von Wissen – und dies gilt für das Schreiben generell – können sich Autoren sinnvoll schriftlich äußern.

Da die frühen Phasen der Entwicklung noch relativ stark durch die Bedingungen des Schriftspracherwerbs eingeschränkt werden, sind zunächst freie Schreibaufträge (besser: Schreib*impulse*) angemessen. Diese sollten eine Integration von ikonischen Darstellungsformen zulassen, sodass sich Geschriebenes und Gemaltes in ihrer Ausdrucksfunktion ergänzen. (Freilich darf es nicht zu extremen Ausweichbewegungen zugunsten der grafischen Darstellung kommen.) Bedenkt man den emotional und subjektiv geprägten Zugang der Kinder zum Text (Phase 1: *Assoziative Texte*), sollten Schreibaufträge eng an die individuellen Interessen der Lernenden anknüpfen und deren Engagement für den Schreibgegenstand stimulieren; z. B. Schreiben zu ansprechenden Figuren aus ihrer Lebenswelt (wie bei WEINHOLD 2000). Wahrscheinlich wird in dieser Phase ein Adressatenbezug lediglich in Ansätzen realisiert werden, gleichwohl ergeben sich auch hier Möglichkeiten, an jemanden zu schreiben (z. B. mittels einer Postkarte, eines Briefchens für den Klassenpostkasten, eines Wunschzettels usw.). Und in diesen Fällen sollte dann unbedingt die kommunikative Funktion und Wirkung des Geschriebenen für die Kinder erfahrbar werden (etwa durch ein entsprechendes Antwortschreiben).

Die für die zweite Entwicklungsphase verbreiteten stereotypen Satzanfänge werden oftmals durch das schreibdidaktische Brauchtum der Variation des Satzanfangs „bekämpft". So verständlich dies ist, muss man sich doch zunächst die spezifischen Leistungen vergegenwärtigen, die von den Schülerinnen und Schülern in dieser Phase *(Verkettende Texte)* erbracht werden: Die Verkettungsstrukturen, wie sie für diese Phase typisch sind, führen – verglichen mit den Texten des ersten Entwicklungsniveaus – zu erstens deutlich geordneteren und zweitens stärker auf den Schreibgegenstand bezogenen Texten. Das sind beides Kompetenzaspekte, die zuvor noch nicht zu realisieren waren. So stellt auch eine schlichte „und dann"-Strategie für eine gewisse Zeit des Erwerbs ein durchaus probates Mittel dar. Angebahnt werden kann dieses Stadium beispielsweise durch kooperative Kettenerzählungen, die zunächst mündlich im Sitzkreis und evtl. mittels entsprechender Leitfragen („Was passiert dann?", „Was kommt als Nächstes?") evoziert werden. Im Sinne einer Stützfunktion lassen sich betreffende Leitfragen zudem in Schreibaufgaben sinnvoll integrieren. Hinzu kommt ein Kompetenzaspekt, der oft übersehen wird: Die Auswahl passender Inhaltselemente stellt für sich genommen bereits eine Leistung dar. So werden z. B. beim Erzählen gerade nicht jegliche oder alle denkbaren Handlungsschritte versprachlicht und ebenso wenig werden sämtliche Einrichtungsgegenstände innerhalb der Beschreibung eines Zimmers genannt. Um die Kinder hierin zu unterstützen, bieten sich gemeinsame Reflexionsphasen über diejenigen Inhaltselemente an, die zum Schreibauftrag passen, und solche, die dies nicht tun.

Hinsichtlich der dritten Entwicklungsphase *(Gegliederte Texte)* sollte es darum gehen, die Verkettungsstrukturen zugunsten besonders gestalteter Textteile aufzulösen. Es ist denkbar, dass in *diesem* Zusammenhang auch die Variation des Satzanfangs ihren Beitrag leisten kann; dann aber nicht im Wechsel von „und dann" zu „danach" und „nachdem" – wie im Falle des Erzählens –,

sondern in einem Wechsel von „und dann" zu „plötzlich" oder „auf einmal".
Wichtiger aber sind kommunikativ-funktionale Ziele. Für das dritte Entwicklungsniveau bieten sich daher u. a. Schreibaufgaben mit Projektcharakter an (siehe dazu 5.5.2), die einzelnen Autorenteams bestimmte Textteile überantworten. So ließe sich im Falle einer Spielanleitung an das Projekt „Klassenturnier gegen die Parallelklasse" denken, bei dem die einzelnen Teams einzelne Textteile, wie *Spielinventar/-vorbereitung, Spielregeln, Spielziel/-sieger, Tipps und Tricks, Austragungsmodalitäten des Turniers* usw., zu verfassen hätten. Ein solches Vorgehen macht die Ausdifferenzierung einzelner Textteile für die Autoren geradezu „sinnfällig". Ab dieser Phase der Entwicklung ist es dann auch didaktisch sinnvoll, über sprachliche Gestaltungsmöglichkeiten für einzelne Textteile nachzudenken, entsprechende Sammlungen sprachlicher Gestaltungsmittel gemeinsam anzulegen (etwa zu wörtlicher Rede oder bestimmten Formulierungsoptionen beim Erzählen) und zu ihrer Realisierung im Rahmen des Schreibauftrags zu ermuntern. Wichtig dabei ist, dass derartige Sammlungen sprachlich-textueller Mittel immer in Bezug auf konkrete Textsorten und ihre Textteile erfolgen. Schließlich gilt für dieses Entwicklungsstadium: Spätestens ab jetzt müssen die Schülertexte die kommunikative Rückmeldung eines konkreten Lesers erhalten; z. B. durch jemanden, der die Anleitung im handelnden Nachvollzug prüft, bevor sich Überarbeitungsversuche anschließen.

In ganz erheblichem Maße wird die gesamte Entwicklung von der Fähigkeit getragen, vor Beginn des eigentlichen Schreibaktes den Text als ganzheitliches Gebilde zu antizipieren. Besonders wichtig wird dies auf dem vierten Entwicklungsniveau *(Textsortenfunktionale Texte)*. Entsprechende Schreibaufträge sollten deshalb unbedingt eine Planungsphase vorsehen, wobei mit geeigneten Übungsformen sichergestellt werden sollte, dass die Schreiber eine solche Planungsphase tatsächlich zu nutzen wissen. Ferner gilt es, die Schreibaufträge für diese Entwicklungsphase hinsichtlich ihres kommunikativen Arrangements so zu gestalten, dass die Schreibenden sinnvoll mit geschlossenen Ganztexten reagieren können (eine Einkaufsliste verfassen zu lassen, machte hier keinen Sinn mehr). Schließlich gilt auch hier, dass die kommunikative Einbindung des Geschriebenen, z. B. im Rahmen einer Schreibkonferenz (vgl. BECKER-MROTZEK 2000) oder mittels einer Textlupe (vgl. BÖTTCHER/WAGNER 1993), didaktisch besonders wichtig ist (vgl. dazu 5.3.3).

5.3.3 Merkmale des kompetenzfördernden Schreibunterrichts

Vor dem Hintergrund der bisherigen Ausführungen kann nun auch beschrieben werden, was kompetenzfördernden Schreibunterricht auszeichnet. Fünf Aussagen dazu sollen im Folgenden erläutert werden.

(1) Kompetenzfördernder Schreibunterricht beachtet besonders das Wissen der Schreiber.
„Schreibkompetenz ist aufs Engste mit der Sachkompetenz verknüpft." (BECKER-MROTZEK/BÖTTCHER 2006, S. 59) Der Blick auf die Praxis des schulischen Schreibens belegt dies: Texte gelingen Kindern vor allem, wenn sie sich bei der Textproduktion auf eigenes Wissen stützen können. Doch was mit Wissen gemeint ist, kann nicht eindimensional beantwortet werden. Schon Grundschüler haben Wissensbestände, die unterschiedlichen *Wissenstypen* zuzuordnen sind und die sie beim Verfassen von Texten nutzen (sollten).

Häufig unterschätzt wird die Bedeutung des *inhaltlichen Wissens* (Weltwissens). So gelingen Kindern etwa dann lesenswerte Texte zu Katzen, wenn sie über eigene Erfahrungen mit Katzen verfügen oder zumindest vor dem Schreiben Haustiere beobachtet haben. Texte werden dabei noch sehr unterschiedlich ausfallen: Entweder wird vorhandenes oder vermitteltes Wissen einfach wiedergegeben oder Erfahrungen/Gelerntes wird – der Aufgabe entsprechend – umgeformt. Solche anspruchsvolleren „Übersetzungen" werden begünstigt, wenn Kinder mit (einfachen) Textmustern vertraut sind und auch über orthografische und grammatische Kenntnisse verfügen.

Inhaltlich-thematisches Wissen reicht nun aber nicht: Schreiber benötigen ebenso *prozedurales Wissen*, um die Teilprozesse beim Schreiben angemessen zu koordinieren. Die damit verbundenen hohen Anforderungen werden gemildert, wenn durch vermehrtes Schreiben (im Unterricht) vertraute Vorgehensweisen (Schreibstrategien) gefördert und gefestigt werden. Aus Beobachtungen und Selbstaussagen versierter Schreiber hat ORTNER (2000) insgesamt zehn verschiedene Schreibstrategien abgeleitet, die er drei Bereichen zuordnet. Im Blick auf vertraute Schreibaufgaben und den jeweiligen Stand der Schreibentwicklung werden in der Grundschule folgende Vorgehensweisen im Vordergrund stehen (Bezeichnungen nach ORTNER 2000, S. 256 ff.):

Bereich I: „(scheinbar) nichtzerlegendes Schreiben"
Schreibstrategie: Schreiben in einem Zug
Beispiel: *erste kleine Erzählungen, erste Mitteilungen (Briefe)*
(vgl. die Hinweise zu den Entwicklungsphasen 1 und 2 in Kap. 5.3.2)
Bereich II: „produktzerlegendes Schreiben"
Schreibstrategie: moderat zerlegendes Schreiben von Textteilen
Beispiel: *Schreiben einer Abenteuergeschichte als Fortsetzungsgeschichte durch Schreibgruppen, die sich auf einen Plan als Vorgabe stützen*
(vgl. die Hinweise zu Entwicklungsphase 3 in Kap. 5.3.2)
Bereich III: „aktivitätszerlegendes Schreiben"
Schreibstrategie: Herstellen von Texten über die Arbeit an Textfassungen
Beispiel: *Schreiben und Überarbeiten führen zur Endfassung*
(vgl. die Hinweise zu Entwicklungsphase 4 in Kap. 5.3.2)

Es wird deutlich, dass die Dreiteilung mit der in diesem Beitrag vorgenommenen Unterscheidung (prozessorientiert – produktorientiert) korrespondiert: Es werden Schreibstrategien praktiziert, die entweder produkt- oder stärker prozessorientiert geprägt sind (Bereiche II und III). Gerade beim frühen Textschreiben werden allerdings häufig weder der Prozess noch das Produkt zerlegt (Bereich I).

Wo Texte entwickelt und bei Bedarf überarbeitet werden, bleiben den Schreibern Unsicherheiten und mehr oder minder schwierige Entscheidungen nicht erspart: Zumindest Textteile müssen überlegt werden, zwischen alternativen Formulierungen ist eine Wahl zu treffen oder Auffälligkeiten bedürfen einer Überprüfung. Die damit verbundenen Anforderungen erfordern schon in der Grundschule ein gewisses Maß an *„Problemlöse-Wissen"*. Sprachproben stellen in dieser Hinsicht ein erprobtes Mittel dar, das zur Verbesserung von Formulierungen und bereits Geschriebenem beiträgt. So hilft lautes Lesen, sich zwischen möglichen Formulierungen zu entscheiden oder eine Alternative im Text auf ihre Eignung zu überprüfen *(Klangprobe)*. Bei Absätzen, Satzpaaren und Sätzen kann es angebracht sein, durch Verschieben einzelner Sätze, Satzglieder, Wendungen oder Wörter den Textzusammenhang (die Kohärenz) zu stärken *(Verschiebeprobe)*. Geschriebenes kann des Weiteren dadurch verbessert werden, dass man Wörter oder Wendungen ersetzt *(Ersatzprobe)* oder dass durch Weglassen von Wörtern oder Wortgruppen das Geschriebene gestrafft wird *(Abstrichprobe)*. Erweiterungsproben helfen dabei, einzelne Textstellen durch Hinzufügen von Wörtern und Sätzen anzureichern oder zu präzisieren.

Wiederkehrende Herausforderungen, inhaltlich-thematisches Wissen, prozedurales Wissen und Problemlöse-Wissen zu aktivieren, macht Schreibern bewusst, dass sie beim Verfassen von Texten inhaltlich Gewusstes auswählen und ordnen, dass sie sich für geeignete Verfahren entscheiden und vertraute Instrumente wie die Sprachproben gezielt einsetzen. Das Verfassen von Texten regt also das Nachdenken über das Vorgehen beim Schreiben und dessen Ergebnisse an. Das Verfassen von Texten in der Schule fördert somit bereits auch *metakognitives Wissen*.

(2) Kompetenzfördernder Schreibunterricht beachtet besonders die Motivation der Schreiber.

Darüber hinaus ist es Lehrerinnen und Lehrern besonders wichtig, dass Textschreiben in der Schule für die Kinder motivierend ist. Motivation als eine „milde Form der Besessenheit" *(de Charms)* entsteht und trägt Schreiber aber nicht schon dann durch den gesamten Prozess und über alle Unsicherheiten, Schwierigkeiten, Zweifel und Entmutigungen hinweg, wenn für das Verfassen eines Textes zu Beginn ein zündender Impuls gesetzt wird. Es ist nicht auszuschließen, dass eine solche Initialzündung in vielen Fällen rasch verpufft. Wenn also von Motivation beim Schreiben oder von motivierenden Schreibaufgaben gesprochen wird, dann stellt sich nicht nur die Frage, wie Lehrerinnen und Lehrer das Verfassen von Texten initiieren, sondern auch, wie die Lust am Schreiben über einen längeren Zeitraum gesichert, gegen ein Nachlassen der ersten Begeisterung, auch gegen aufkommende Schwierigkeiten und Widerstände beim Schreiben gehalten werden kann.

Eine Motivation, die den gesamten Prozess trägt und die unterrichtlichen Bemühungen stützt, setzt nach den Erfahrungen der Motivationspsychologie voraus, dass

- *eine Situation* besteht, die für Kinder das Verfassen eines Textes erforderlich macht oder herausfordert;
- es Schreiberinnen und Schreibern einleuchtet, dass ihr *Schreiben* zu einem *Ergebnis* führt;
- diese Tätigkeit *Folgen* zeitigt, die für den einzelnen *Schreiber* bedeutsam sind.

Texte, die für alle in der Klasse oder Schule veröffentlicht werden, erfüllen jedenfalls diese Bedingungen ebenso wie Schreibvorhaben, die über die Schule hinaus etwas bewirken wollen.

(3) Kompetenzfördernder Schreibunterricht beachtet die Unterschiede von Schreiberinnen und Schreibern.

Bereits recht früh wird bei Grundschülern deutlich, dass es geübte und weniger geübte Schreiber gibt, dass zudem geschlechtsspezifische Unterschiede hinsichtlich des Vorwissens bestehen. Studien zeigen überwiegend, dass sich Geübtere und weniger Geübte darin unterscheiden,

- wie sie eine Schreibaufgabe verstehen und wie sie damit umgehen,
- wie sie Schreibziele erreichen,
- auf welche Weise und wie beharrlich sie das eigene Vorgehen beim Schreiben koordinieren und überwachen.

Mit diesen Ergebnissen korrespondieren Einschätzungen, die ältere Schülerinnen und Schüler mit Blick auf heranwachsende Schreiber äußern. Danach haben geübte Schreiberinnen und Schreiber weniger Mühe, Einfälle sprachlich umzusetzen. Sie können sich stärker „auf den Inhalt konzentrieren".

Ferner spricht einiges dafür, dass viele Mädchen eine besonders positive Einstellung zu Schreiben und Schrift entwickeln. Sie stellen sich – häufiger als Jungen – zu Hause selbst Schreibaufgaben. Sie wählen persönlichere Themen und bevorzugen bei ihren Texten die Ich-Perspektive. Mädchen, die schreiben, erfahren häufig, dass ihr Tun positiv beurteilt wird. Folglich werden sie – vor allem dann, wenn sie sauber und ordentlich arbeiten – ausgewählt, um Einladungen zu gestalten, Tafelbilder und Folien zu schreiben oder Klassentagebücher zu führen. Das alles fördert die Entwicklung schriftsprachlicher Fähigkeiten und erhöht in vielen Fällen die Erfolgszuversicht. Für Jungen – so hat es den Anschein – ist Schreiben seltener eine attraktive Tätigkeit (möglicherweise auch deshalb, um sich von Mädchen abzugrenzen). Die Folgen sind häufig geringere Schreiberfahrungen, verbunden mit größeren Unsicherheiten, was die Einschätzung des Erfolgs betrifft (vgl. BAURMANN 2006, S. 72 ff.).

Schreiberinnen und Schreiber unterscheiden sich des Weiteren darin, über wie viel und wie gut strukturiertes Wissen sie verfügen, wie sie dieses Wissen im Schreibprozess generieren und wie sie es umsetzen können. Die Anforderungen an das vorhandene Wissen sind dabei hoch und vielfältig (siehe oben). Schreiben verlangt

- Wissen um die inhaltlich-thematischen Zusammenhänge sowie deren Entfaltung im Text;
- Wissen um die Beziehungen des Erzählten, Beschriebenen oder Erörterten zu eigenen Vorkenntnissen und Erfahrungen;
- Wissen über Ziele und Adressaten des Schreibens, über Textstrukturen und stilistische Varianten;
- Wissen um Vorgehensweisen, um Möglichkeiten des Koordinierens, des Einschränkens oder Ausweitens von Teilprozessen beim Verfassen eines Textes.

Die Vielfalt des Wissens und die gegebenenfalls daraus resultierenden Folgen sind nicht zu unterschätzen. Wenn Schülerinnen und Schüler über Erlebtes oder persönlich Bedeutsames schreiben, dann werden fast alle auf eine gut strukturierte Wissensgrundlage zurückgreifen können. Wenn Fiktives oder Problemerörterungen, die wenig mit der Erfahrungswelt von Kindern und Jugendlichen zu tun haben, verlangt werden, dann muss die vorhandene Wissensbasis häufig ergänzt, verändert und mit neu erworbenem Wissen vernetzt werden.

Die didaktischen Folgen, die sich daraus ergeben, liegen auf der Hand. Um die zunächst vorhandene Freude am Schreiben zu sichern und gezielt auszubauen, liegt ein „schreiber-differenzierter Unterricht" nahe (BAURMANN/ MÜLLER 1998), der vorhandene und denkbare Unterschiede berücksichtigt. Während ein (großer) Teil der Kinder nach umsichtiger unterrichtlicher Vorbereitung in der Lage sein wird, zumindest erste Fassungen recht selbstständig zu erstellen, werden insbesondere ungeübtere Schreiber hierbei binnendifferenzierend zu fördern sein. Das kann durch die freie Wahl einer Schreibaufgabe oder durch Schreibaufträge, die beispielsweise Jungen besonders ansprechen, ebenso geschehen wie durch eine intensivere Vorbereitung und durch eine behutsame Begleitung während des Schreibens. Einzelnen Kindern kann (und sollte) geholfen werden, wenn sich zunächst noch keine Idee für den Text einstellt, wenn sie den „roten Faden" verlieren oder wenn ihre Konzentration nachlässt. Kinder schreiben, wie Befragungen zeigen, am liebsten zu Hause. So gesehen sollte das, was die schreibenden Kinder dabei schätzen (vertraute anregende Umgebung, bei Bedarf ungestört zu sein und nicht beobachtet zu werden), möglichst auf das Schreiben in der Schule übertragen werden. Eine Schreibecke mit geeigneten Schreibgeräten und -materialien, das Verfügen über Hilfen (bis hin zu einem Rechner) wirken gewiss motivierend. Darüber hinaus sollte auf das Schreiben von Hausaufsätzen verstärkt Wert gelegt werden.

(4) Kompetenzfördernder Schreibunterricht weist eine erkennbare, für die Kinder nachvollziehbare Struktur auf.
Schulisches Schreiben als Problemlösung geht von dem aus, was Kinder beim Verfassen von Texten als aussichtsreich ansehen, welche Mittel und Wege ihnen dafür geeignet erscheinen. Vielfältige, gewiss unterschiedliche Schreibversuche sind zumeist Erfolg versprechender als das Abarbeiten deduktiv vorgegebener Merkmale einzelner Textsorten oder die Verpflichtung auf eine bestimmte Schreibstrategie. Wo immer es sich anbietet, wird schulisches Schreiben infolgedessen induktiv geprägt sein. Dass ein solches Vorgehen zum Schreiben motiviert und schriftsprachliches Lernen fördert, liegt auf der Hand, zumal dann, wenn die mit einer solchen Entscheidung verbundenen Vorgehensweisen in eine erkennbare, auch für Kinder nachvollziehbare Struktur eingebettet sind.

Wie unter 5.1 erörtert wurde, stellen auch die Bildungsstandards eine Grundstruktur heraus, wobei allerdings Momente des Schreibprozesses zu schlicht auf den didaktisch-methodischen Kontext abgebildet werden. Angemessener ist eine an schreibtheoretischen Erkenntnissen ausgerichtete, didaktische Umsetzung in Unterrichtsphasen. Die folgende Übersicht deutet einen solchen Weg an:

Vorbereiten	Schreiben	Abschließen
Anknüpfen am Vorwissen der Schreiber; Erarbeiten und Sichern des notwendigen weiteren Wissens, ggf. Bereitstellen von Materialien; Klären der Schreibaufgabe, ggf. schriftsprachliche Vorübungen	Schreiben und Überarbeiten von Entwürfen oder Teilfassungen bis hin zur Endfassung	Besprechen und Beurteilen der Endfassung; Präsentieren, Veröffentlichen der Ergebnisse

(5) Kompetenzorientierter Unterricht orientiert sich an didaktischen Prinzipien (Reduktion von Komplexität, Stufung der Schwierigkeiten). Allgemein geltende didaktische Prinzipien haben in der Didaktik eine lange Tradition. Sie können als Leitlinien für Unterricht aufgefasst werden. Für einen schreiber-differenzierten Unterricht kommen insbesondere die Reduktion von Komplexität und die Stufung von Schwierigkeiten (vom Einfachen zum Schwierigeren) in Betracht. Produktorientierte Formen der Reduktion sind beim Verfassen von Texten in der Grundschule hinreichend vertraut. So erleichtern es etwa Teiltexte (beispielsweise das Setting als Anfang eines Erzähltextes) den Schreibern, die Geschichte weiterzuschreiben; oder Aussparungen in der „Mitte" der Erzählung konzentrieren die Arbeit auf die Gestaltung des Erwartungsbruchs. Des Weiteren können Vorgaben (wie Bilderfolge, die Reihung ausgewählter Geräusche, die Präsentation einzelner Gegenstände) Textproduktionen ebenso erleichtern wie abgeschlossene Texte, die zu Parallel- oder Gegentexten herausfordern.

Unter prozessorientierter Sicht steht die Entlastung bei einzelnen Teilprozessen im Vordergrund: So kann innerhalb eines schreiber-differenzierten Unterrichts Kindern das schreibmotorische Ausführen dadurch erleichtert werden, dass Texte am PC geschrieben (oder von schwachen Schreibern versierten Schreibern diktiert) werden. Das Planen kann durch Mindmaps oder Cluster entlastet werden, das Formulieren (stilistisch, grammatisch und rechtschriftlich) durch Wörterbücher oder durch ein sogenanntes Wörterbüro. Mit dem zuletzt Genannten ist gemeint, dass sich die Lehrkraft während des Schreibens ausdrücklich als Anlaufstelle für Einzelfragen der Kinder zur Verfügung hält. Weit ist schließlich das Spektrum an Möglichkeiten hinsichtlich des Überarbeitens. Für die Grundschule ist dabei insbesondere auf die Verfahren *Fragelawine, Textlupe* und *Schreibkonferenz* hinzuweisen. Während bei der Textlawine und ersten Schreibkonferenzen als offeneren, weniger strukturierten Verfahren Kinder erst lernen, ihre Kommentare am Rand oder Redebeiträge im Gespräch über den Text aufeinander zu beziehen, gibt die Textlupe ein strukturiertes Vorgehen vor. Kinder tragen ihre Beobachtungen in eine Tabelle ein, die von konstruktiven Impulsen wie etwa den folgenden ausgeht: *Das hat mir besonders gut gefallen. – Hier fällt mir etwas auf. – Hier habe ich noch Fragen. – Meine Tipps* (zuletzt BÖTTCHER/BECKER-MROTZEK 2003, S. 116). Fragelawine und Textlupe werden in der Grundschule einen hohen Stellenwert haben, während bei den Schreibkonferenzen die kognitiven, sprachlichen, sozialen und emotionalen Ansprüche nicht unterschätzt werden sollten (vgl. zuletzt FIX 2006, S. 176).

Die bisherigen Diskussionen über einen kompetenzorientierten Unterricht haben gezeigt, wie schwer es ist, Schreibaufgaben nach ihrem Schwierigkeitsgrad zu unterscheiden. Wir können dazu innerhalb dieses Beitrags lediglich erste Orientierungen entwickeln. Hilfreich und gewiss aussichtsreich ist dabei die Unterscheidung, die BÖTTCHER/BECKER-MROTZEK (2006, S. 60 ff.) vornehmen. „Einfache Schreibaufgaben" sind dann jene, die „im Rückgriff auf vorhandenes Wissen" gelöst werden können. „Schwierige Schreibaufgaben" erfordern hingegen, dass bei der Textproduktion „Gewusstes ... unter einer bestimmten Perspektive verändert wird". Ob für die Grundschule darüber hinaus auch „komplexe Schreibaufgaben" in Betracht kommen, bei denen „neues Wissen zu schaffen ist", ist noch nicht geklärt. Die Beispiele, die BÖTTCHER/BECKER-MROTZEK anführen (u. a. Textanalyse, Rezension, Facharbeit, s. S. 62 ff.) verstärken eine solche Einschätzung.

Einfacher und nachvollziehbarer ist hingegen eine Stufung nach Schwierigkeit im Bereich des Überarbeitens. Unterscheidet man Revisionen nach ihrer Komplexität, dann lassen sich einfache Formen des Überarbeitens (Nachträge, Korrekturen und einfache Verbesserungen auf der Textoberfläche) und aufwändigere Formen des Überarbeitens (Verbesserungen und Umsetzungen/ Neufassungen bis in die Tiefenstruktur) unterscheiden. Unter vorrangig prozessorientierter Sicht kann zusätzlich unter dem Aspekt differenziert werden, ob die Schreiber lediglich wenige oder bereits mehrere Teilprozesse des Schreibens bei der Textproduktion koordinieren.

5.4 Kompetenzmodell für den Bereich *Schreiben – Texte verfassen*

Wer Schreibfähigkeiten von Kindern im Unterricht fördern will, tut sich leichter, wenn er *Schreiben* lernbereichsspezifisch (domänenspezifisch) als Kompetenz zu modellieren weiß. Bevor hier versucht wird, Schreibkompetenz und Teilkompetenzen zu erörtern, sollte auf zwei Sachverhalte hingewiesen werden, die zu denken geben – der gegenwärtig oft inflationäre, „freihändige" Gebrauch des Begriffs *Kompetenz* (vgl. ORTNER 2000, S. 106 f.) und die Tatsache, dass in der Schreibforschung unterschiedliche Ansätze bisher nicht vermittelt nebeneinanderstehen. Letzteres resultiert bereits aus der Tatsache, dass Schreiben als Verfassen von Texten äußerst komplex ist und dass die vorliegenden Darstellungen (Modellierungen) zur Schreibkompetenz unterschiedliche Zugänge wählen. Infolgedessen bietet es sich in diesem Beitrag an, zunächst einige Entwicklungslinien der Diskussion aufzugreifen.

Einmütigkeit besteht in Didaktik und Schule darüber, dass Schreibkompetenz eine prozess- und eine produktorientierte Seite aufweist. Bislang für den Deutschunterricht entwickelte Modelle zur Schreibkompetenz betonen mehr oder minder eine der genannten beiden Seiten. Dass solche Versuche im Einzelfall den Unterricht unterschiedlich prägen, liegt auf der Hand. So ist

die „Annäherung an eine Definition von ‚Schreibkompetenz'" bei FIX (2006, S. 24 ff.) relativ stark prozessorientiert fundiert; Teilkompetenzen entwickelt der Autor dabei von Fragen aus, deren Bedeutung für den Unterricht unbestritten ist (vgl. FIX 2006, S. 26 ff.):
- Warum und für wen schreibe ich? (= Zielsetzungskompetenz)
- Was schreibe ich? (= inhaltliche Kompetenz)
- Wie baue ich einen Text auf? (= Strukturierungskompetenz)
- Wie formuliere und überarbeite ich? (= Formulierungskompetenz)

Eine ebenfalls prozessorientierte Ausrichtung prägt das Konzept von ABRAHAM et al. (2007), wobei die Autoren die engen Beziehungen zwischen Schreiben und Lesen herausstellen möchten. Grundschulkinder müssen demnach erst lernen, dass es neben der Schreiberperspektive auch eine Lesersicht gibt und dass zunehmend versiertes Schreiben und Überarbeiten des flexiblen Wechsels zwischen beiden Perspektiven bedarf. Ausbau und Erweiterung der Schreibkompetenz wird im Rahmen dieses Ansatzes als zunehmend komplexere Verknüpfung schriftsprachlicher Teilfähigkeiten aufgefasst. Eine Folgerung, die sich daraus für das schulische Schreiben entwickeln lässt, ist bereits oben unter 5.3.3 Punkt 5 erörtert worden. So wichtig die Teilprozesse sind, so konsequent sind deren Folgen zu erörtern: Schreibhandlungen führen zu Produkten. Infolgedessen ist der prozessorientierten eine produktorientierte Sicht zur Seite zu stellen.

Genau in diesem Sinne wollen wir mit unserem Kompetenzmodell gezielt danach fragen, welche Teilfähigkeiten exklusiv oder besonders spezifisch für das Schreiben von Texten sind. Sonst gerät man in Gefahr, Kategorien heranzuziehen, die für jegliche sprachlichen Kommunikationsvorgänge mit derselben Berechtigung gelten.

Wir sondern dazu zunächst allgemeine kognitive Fähigkeiten sowie den Faktor „Motivation" aus (vgl. jetzt und im Folgenden das Schaubild auf S. 96). Deklaratives, prozessuales, metakognitives und problemlösendes Wissen sind ohne Zweifel wichtige Grundvoraussetzungen für das Schreiben, aber eben nicht nur für dieses. Die Unterscheidung von Prozess- und Produktperspektive wollen wir beibehalten. Wir gehen aber zusätzlich davon aus, dass es sich tatsächlich um *Perspektiven* auf ein und dasselbe sprachliche Phänomen handelt. Bereits BÜHLER hat mit seinen Begriffen der „Sprechhandlung" und des „Sprachwerks" darauf hingewiesen, dass man ein und dasselbe sprachliche Phänomen einmal in einer subjektbezogenen Handlungsperspektive und zugleich in einer subjektentbundenen Werkperspektive betrachten kann (1982, S. 49). Genau dieses Verhältnis scheint uns mit der Unterscheidung von Schreibprodukt und -prozess gegeben zu sein und beide Perspektiven sind für einen kompetenzorientierten Unterricht relevant.

Bei den schreibprozessbezogenen Teilkompetenzen gehen wir wie zuvor von den drei grundlegenden Komponenten des Schreibprozesses aus. Während man hier beim Formulieren unter Handlungsperspektive kaum weitere Teilfähigkeiten unterscheiden kann, muss man beim Planen mindestens zwei, beim Überarbeiten sogar vier Teilkompetenzen unterscheiden.

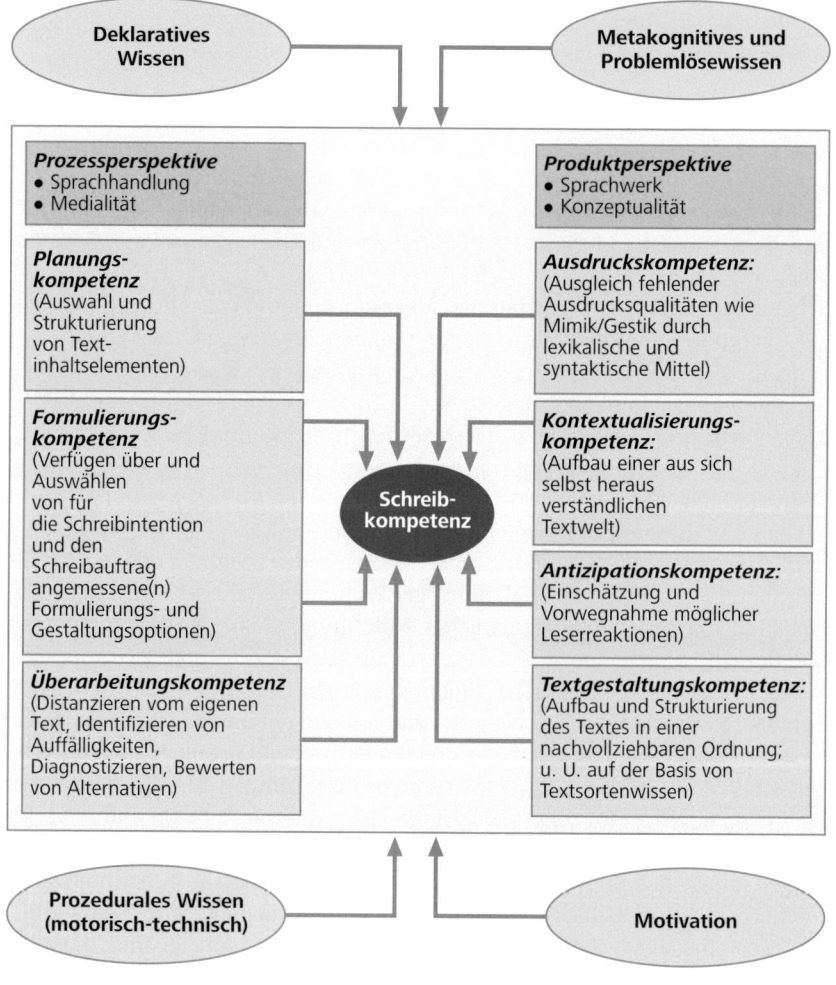

Die schreibproduktbezogenen Teilkompetenzen haben wir in Anlehnung an Überlegungen von FEILKE und AUGST entwickelt (vgl. 1989). Die Autoren nehmen an, dass Kommunikationsaspekte, die auch in der mündlichen Kommunikation relevant sind, in der schriftlichen Textproduktion besonders virulent werden bzw. einen Autor vor besonders hohe Anforderungen stellen: Die in der Schriftlichkeit fehlenden Ausdrucksmöglichkeiten (u. a. Mimik und Gestik) müssen mit genuin verbalen Mitteln zurückgewonnen werden. Während sich ein Sprecher auf Kontextinformationen stützen kann, muss der Textproduzent solche für das Verstehen zentralen Informationen in seinem Text erst etablieren, also eine aus sich selbst heraus verständliche „Textwelt" erschaffen. Die Reaktionen des Gesprächspartners sind dem Sprecher unmittelbar zugänglich, der Schreibende hingegen muss sie wenigstens ein Stück weit antizipieren und sich mit seinem Schreiben darauf einstellen. Und schließlich: Dadurch, dass es bei der Textproduktion um umfangreichere sprachliche Einheiten geht, bedarf es besonderer Verfahren der Textordnung.

Für didaktisches Handeln ist nun die Frage extrem bedeutsam, wie die beiden Seiten des Kompetenzmodells (Prozess und Produkt) aufeinander bezogen sind. Hierzu ist festzustellen, dass es keine eineindeutigen Zusammenhänge zwischen speziellen Prozessteilkompetenzen und speziellen Produktteilkompetenzen gibt. Dies können wir an einem Beispiel verdeutlichen: Wenn ein Schülertext in Produktperspektive beispielsweise bestimmte Schwächen hinsichtlich der Leserantizipation aufweist, kann dies erstens in einem ungenügenden Planungsprozess, zweitens in der Wahl unangemessener Formulierungen und drittens in einer oberflächlichen Überarbeitungsphase seine Ursachen haben. Und ebenso gilt umgekehrt: Schwächen z. B. in der Planungsphase können zu einer misslungenen Textordnung, zu einer verunglückten Leserantizipation oder zu einer lückenhaften Kontextualisierung führen. Dies macht noch einmal sehr deutlich, dass wir es lediglich mit zwei unterschiedlichen *Perspektiven* auf das Phänomen Text zu tun haben.

Was zunächst vielleicht als ein Nachteil erscheint, eröffnet einer Schreibdidaktik im gleichen Moment vielfältige Möglichkeiten, den Lernenden Zugänge zum Verfassen von Texten zu erschließen und ihnen gezielte Trainings- und Übungsmöglichkeiten zu verschaffen. So lassen sich verschiedene Produktqualitäten mit besonderem Augenmerk auf eine bestimmte Schreibprozessphase üben (z. B. mit der Aufgabenstellung, bei der Textplanung besonders auf die Bedürfnisse eines zu antizipierenden Lesers zu achten oder beim Vorgang des Überarbeitens den Fokus besonders auf einen aus sich selbst heraus verständlichen Text zu legen). Hier sind vielfältige Kombinationsmöglichkeiten nicht nur denkbar, sondern bei der individuellen Kompetenzförderung sogar wünschenswert.

Kompetenzmodelle zeichnen sich in der Regel nicht nur dadurch aus, dass sie zentrale Teilkompetenzen ausweisen, sondern dass mit ihnen auch eine Stufung hinsichtlich des Schwierigkeitsgrades jener Teilkompetenzen vorgenommen wird. Letzteres können wir in Ermangelung empirischer Untersuchungen zu dieser Frage nicht leisten. Was wir aber leisten können, ist, bestimmte Entwicklungstrends anzugeben. Wir verstehen darunter die in der Regel bestehende Richtung des Kompetenzerwerbs und geben dazu jeweils den „Startpunkt" des Kompetenzaufbaus an, also das, was den Kindern eher leichtfällt, sowie im Sinne einer didaktischen Zielorientierung, worauf der Kompetenzaufbau durch entsprechende Fördermaßnahmen auszurichten ist:

Dimensionen des Kompetenzaufbaus			
Prozessperspektive		*Produktperspektive*	
Planungs-kompetenz	■ von lokaler zu globaler Planung ■ von eigenem Wissen zur Nutzung externer Wissensspeicher	Ausdrucks-kompetenz	■ von emotional involviertem Schreiben zu emotional involvierendem Schreiben
Formulierungs-kompetenz	■ von sprechsprachlichen zu schriftsprachlichen Formulierungen	Kontextualisierungs-kompetenz	■ von kontextuell eingebettetem Schreiben zu kontexterzeugendem Schreiben
Überarbeitungs-kompetenz	■ von lokaler zu globaler Überarbeitung ■ von oberflächlichen Änderungen zu tiefgreifender Umgestaltung der Textstruktur	Antizipations-kompetenz	■ von egozentrischer Textwahrnehmung zur Antizipation eines generalisierten Lesers
		Textgestaltungs-kompetenz	■ von assoziativ-reihender Textgestaltung zu schema- oder textsortengeleiteter Textordnung

5.5 Aufgaben im Bereich *Schreiben*

Schreibaufgaben sind in der Wahrnehmung vieler Lehrerinnen und Lehrer der Dreh- und Angelpunkt schulischen Schreibens. Versteht man unter Schreibaufgabe lediglich ein gestelltes Aufsatzthema, dann greift dies zu kurz. Reduktionen und Missverständnisse bei den Schreibern *(Thema verfehlt!)*, die dafür nicht allein verantwortlich sind, liegen bei einer solchen Konstellation nahe. Infolgedessen ist es angebracht, über den Aspekt Schreibaufgabe grundsätzlicher nachzudenken und dann in einem zweiten Schritt das Feld anregender Schreibmöglichkeiten abzustecken (siehe Kap. 5.5.1 und Kap. 5.5.2). Ausgehen möchten wir von folgender Übersicht, die Vorarbeiten von PORTMANN (1991) aufnimmt (vgl. Grafiken *Schreibarrangement* und *Schreibauftrag* S.100).

Das „Herzstück" eines „Schreibzusammenhangs/Schreibsettings" ist der „Schreibauftrag", der sich – siehe unterer Teil der Übersicht – in „Materialien/ Thema/Impulse", „Adressat" und „Textfunktion" auffächern lässt. „Gespeist" und konturiert werden diese Kernpunkte durch das „jeweilige didaktische Ziel", die „Schreibbedingungen", den „Prozess-Status" und die „Wissensquelle" (siehe oberer Teil der Übersicht).

Dass ein erster Schreibimpuls verschiedene Schreibaufträge auszulösen vermag, soll an einem konkreten Beispiel veranschaulicht werden. Wird Schülern das folgende Bild („Materialien, Thema, Impuls") zur Schreibaufgabe vorgelegt, dann sind hinsichtlich der „Textfunktion" unterschiedliche Wege zum Text denkbar – eine Ortsbeschreibung etwa oder auch das Verfassen einer Erzählung zu einem rätselhaften, jedenfalls nicht eindeutigen Bild.

Abb. 1: Aus BAURMANN (Hrsg.) 2001: S. 109 © Voller ERNST, Bergsteiger, Berlin

Im Laufe der Entwicklung (s. auch 5.3.1) verlangt eine Beschreibung schließlich eine räumliche Ordnung des optisch Wahrgenommenen, wobei Kriterien wie Genauigkeit, Vollständigkeit, Differenzierung und Gewichtung relevant sind (POHL 2007, S. 95 ff.). Schriftliches Erzählen hingegen orientiert sich an

Episoden als „Textkernen", die zunehmend „chronologisch/prozessual" organisiert werden. Die Ausgangslage des Erzählten wird zunehmend ausdifferenziert. Komplikationen bzw. Erwartungsbruch werden mit einer Auflösung als „narrativer Pointe" verbunden (POHL 2007, S. 93 ff.).

Welche „Funktion" kann beiden Schreibaufgaben zugeschrieben werden? Die Beschreibung kann als Beitrag zum Thema „Verschwundene Orte" dienen, die Erzählung Eingang in ein Geschichtenbuch finden. Was mögliche „Adressaten" betrifft, steht wohl das Schreiben für andere (als kommunikatives Schreiben) im Vordergrund. Für beide Aufgaben reicht wahrscheinlich der Rückgriff auf vorhandenes Wissen („Wissensquelle") nicht aus. Für die Beschreibung ist vor allem zusätzlich externes Wissen notwendig (etwa Bilder und Texte zu Naturkatastrophen oder zu folgenschweren Eingriffen der Menschen in die Natur). Die Erzählung wird sich beträchtlich auf die Fantasie der Schreiber stützen.

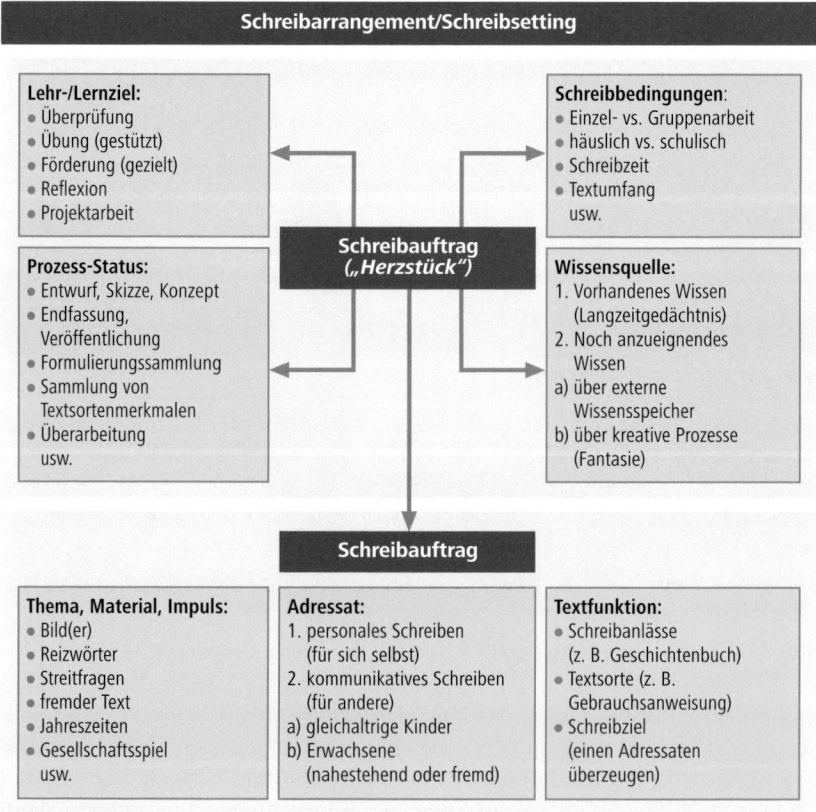

Die übrigen Größen „didaktisches Ziel", „Schreibbedingungen" und „Prozess-Status" hängen von konkreten didaktischen Entscheidungen des Lehrers ab. Bei den skizzierten anspruchsvollen Schreibaufgaben liegt es nahe, sie für eine gezielte Förderung schriftsprachlicher Fähigkeiten vorzusehen („didaktisches Ziel"), die „Schreibbedingungen" sollten dabei reichlich offengehalten werden (Einzel- oder Gruppenarbeit ebenso nach Wahl wie die Entscheidung *häuslich* oder *schulisch*; Schreibzeit und Textumfang individuell).

Die Übersicht zu *Schreibarrangements* und *Schreibaufträgen* erlaubt zum einen, Schreibarrangements und -aufträge hinsichtlich ihrer grundlegenden Parameter zu bestimmen und auf diese Weise auf ihre didaktische Eignung zu überprüfen, sie erlaubt zum anderen, betreffende Aufgaben durch Kombinationen aus den einzelnen Feldern didaktisch gezielt selbst zu generieren.

5.5.1 Schreibaufgaben

Von Aufgaben, die das Verfassen von Texten im Deutschunterricht betreffen, können Impulse in verschiedene Richtungen ausgehen (BAURMANN 2006, S. 59 ff.). In der Schulpraxis weithin vertraut und üblich sind komplexe Schreibarrangements (a), die über die Beherrschung der Teilprozesse zu einem ausgearbeiteten Text führen. Als Beispiel dafür kann das Erfinden einer Geschichte auf einen Bildimpuls hin angeführt werden (s. o.). Seitdem die Schreibdidaktik um die Komplexität des Schreibens weiß, können auch begrenzte Teilaufgaben gestellt werden (b).

Im Sinne einer Reduktion von Komplexität werden von einzelnen Schreibern Teiltexte verfasst oder Teilprozesse wie etwa das Überarbeiten (zunächst) isoliert geübt (vgl. Kap. 5.3.3).

5.5.2 Integrierte Aufgaben

Das Verfassen von Texten reicht allerdings über den engen Bereich des „Schreibens" hinaus, es wird häufig auf unterschiedliche Weise in umfassendere Lernkontexte integriert (c). Solche Integrationsversuche dürfen allerdings nicht einfach auf mehr oder minder vordergründigen Additionen basieren; sie sind didaktisch dann legitim, wenn der Gesamtzusammenhang des Lernens durch die Integration erst bzw. intensiver erfasst wird. Vier verschiedene Modi lassen sich dabei unterscheiden:

(c1) Das Verfassen von Texten steht in einem lernbereichsübergreifenden Zusammenhang. Textproduktionen werden dabei mit einem oder mehreren Kompetenzbereich(en) des Faches verbunden.
Beispiel: Das Überarbeiten von Texten wird auch mit dem Bereich „Sprache und Sprachgebrauch untersuchen" verknüpft.

(c2) Das Verfassen von Texten ist integraler Bestandteil einer Unterrichtsreihe, die sich im Sinne eines themenorientierten Unterrichts einem komplexen Inhalt zuwendet, der für Kinder relevant ist.
Beispiel: Zum Thema „Glück" werden Texte gelesen und geschrieben.
(c3) Das Verfassen von Texten ist Bestandteil eines anderen Fachunterrichts. Diese überaus alltägliche Situation (Textproduktion als Lernmedium) erfordert, auch in fremden fachlichen Kontexten dem Schreiben besondere (schreibdidaktische) Aufmerksamkeit zu schenken.
Beispiel: Das Verfassen einer genauen Beschreibung im Sachunterricht oder das Bearbeiten einer Textaufgabe im Mathematikunterricht mit einem Antworttext.
(c4) Das Verfassen von Texten ist Teil eines Vorhabens oder Projekts. Vorhaben und Projekte werden von den Interessen und Bedürfnissen der Schülerinnen und Schüler ausgehen und darauf gerichtet sein, eine real gegebene Situation zu verändern.
Beispiel: Wenn Schülerinnen und Schüler an der Umgestaltung ihres Schulhofs interessiert sind, dann werden schriftliche Beiträge wie Schülerbefragungen und deren Auswertung, die Darstellung von Teilergebnissen, Briefe an Behörden und dergleichen innerhalb eines solchen Projekts sachangemessen sein.

Literatur

ABRAHAM, U./BAURMANN, J./FEILKE, H./KAMMLER, C./MÜLLER, A. (2007): Kompetenzorientiert unterrichten. Überlegungen zum Schreiben und Lesen. Basisartikel. In: Praxis Deutsch, H. 203, S. 6–14.

AUGST, G. et al. (2007): Text-Sorten-Kompetenz. Eine echte Longitudinalstudie zur Entwicklung der Textkompetenz im Grundschulalter. Frankfurt/M. et al.: Lang.

BAURMANN, J. (Hrsg.) (2001): Deutsch vernetzt. Themen & Sprache 5. Frankfurt a. M.: Diesterweg.

BAURMANN, J. (2006): Schreiben – Überarbeiten – Beurteilen. Ein Arbeitsbuch zur Schreibdidaktik. 2. Aufl. Seelze: Kallmeyer/Klett.

BAURMANN, J. (1996): Was Kinder über das Schreiben wissen. In: Peyer, A./Portmann, P. R. (Hrsg.): Norm, Moral und Didaktik – Die Linguistik und ihre Schmuddelkinder. Eine Aufforderung zur Diskussion. Tübingen: Niemeyer, S. 241–266.

BAURMANN, J./MÜLLER, A. (1998): Zum Schreiben motivieren – das Schreiben unterstützen. Ermutigung zu einem schreiber-differenzierten Unterricht. Basisartikel. In: Praxis Deutsch. H. 149, S. 16–22.

BAURMANN, J./FEILKE, H. (2004): Schreibaufgaben – Momente und Kontexte. Seelze (= Sonderheft der Zeitschrift Praxis Deutsch).

BECKER-MROTZEK, M. (2000): Schreibkonferenzen. Eine diskursive Form der Textverarbeitung. In: Grundschule. Jg. 12. S. 49–53.

Literatur

BECKER-MROTZEK, M./BÖTTCHER I. (2006): Schreibkompetenz entwickeln und beurteilen. Berlin: Cornelsen Verlag Scriptor.

BEREITER, C./SCARDAMALIA, M. (1987): The Psychology of Written Composition. Hillsdale, New Jersey a. London: Erlbaum.

BÖTTCHER, I./WAGNER, M. (1993): Kreative Text bearbeiten. In: Praxis Deutsch. Jg. 20. H. 119. S. 24–27.

BÜHLER, K. (1982) [1934]: Sprachtheorie. Die Darstellungsfunktion der Sprache. Stuttgart u. New York: Fischer.

FEILKE, H./AUGST, G. (1989): Zur Ontogenese der Schreibkompetenz. In: Antos, G./ Krings, H. P.(Hrsg): Textproduktion. Ein interdisziplinärer Forschungsüberblick. Tübingen: Niemeyer. S. 297–327.

FIX, M. (2006): Texte schreiben. Schreibprozesse im Deutschunterricht. Paderborn: Schöningh.

KMK (Hrsg.) (2005): Bildungsstandards im Fach Deutsch für den Primarbereich. Beschluss vom 15.10. 2004. München, Neuwied: Wolters-Kluwer, Luchterhand Verlag.

MERZ-GRÖTSCH, J. (2001): Schreiben als System. Band 2: Die Wirklichkeit aus Schülersicht. Eine empirische Analyse. Freiburg: Fillibach.

ORTNER, H. (2000): Schreiben und Denken. Tübingen: Niemeyer.

POHL, T. (2007): Die Entwicklung der Textsortenkompetenz im Grundschulalter. In: Bremerich-Vos, A. et al. (Hrsg.): Lernstandsbestimmung im Fach Deutsch. Gute Aufgaben für den Unterricht. Weinheim u. Basel: Beltz. S. 88–116.

PORTMANN, P. R. (1991): Schreiben und Lernen. Grundlagen der fremdsprachlichen Schreibdidaktik. Tübingen: Niemeyer.

RÖHNER, C. (1997): Kindertexte im reformorientierten Anfangsunterricht. Zur personalen und sozialen Bedeutung des Schreibens in der Grundschule. Hohengehren: Schneider.

WEINGARTEN, R. (1994): Perspektiven der Schriftkultur. In: Günther, H./ Ludwig, O. u. a. (Hrsg.): Schrift und Schriftlichkeit. Writing and Its Use. Ein interdisziplinäres Handbuch internationaler Forschung. An Interdisciplinary Handbook of International Research. 1. Halbband/ Volume 1. Berlin/New York: de Gruyter, S. 573–586.

WEINHOLD, S. (2000): Text als Herausforderung. Zur Textkompetenz am Schulanfang. Freiburg/Br.: Fillibach.

WEINHOLD, S. (2005): Schreibkonzepte von Grundschulkindern. Ergebnisse einer Befragung zum Textschreiben im Kontext neuer Medien. In: Dehn, M./Hüttis-Graff, P. (Hrsg.): Kompetenz und Leistung im Deutschunterricht, Spielraum für Muster des Lernens und Lehrens. Ein Studienbuch. Freiburg: Fillibach, S. 73–92.

WYGOTSKI, L. S. (1974) [1934]: Denken und Sprechen. Frankfurt/M.: Fischer.

6 Lesen – mit Texten und Medien umgehen

Juliane Köster/Cornelia Rosebrock

6.1 Der Kompetenzbereich
Lesen – mit Texten und Medien umgehen

„Gut lesen können" – das ist bekanntlich eine Schlüsselkompetenz, und es ist eine, wenn nicht *die* zentrale Aufgabe der Grundschule, diese Kompetenz zu vermitteln. Vielleicht ist es diese elementare kognitive und kulturelle Bedeutung des Lesens, die dazu führte, dass die KMK-Standards für die Primarstufe nur vergleichsweise vage und generelle Vorgaben liefern (vgl. KÖSTER, 2008) und voneinander schlecht abgegrenzt sind. Entsprechend lassen sich auch relativ wenige der Standards im Unterricht oder mit standardisierten Testverfahren zuverlässig überprüfen.

Die meisten Standards benennen Kompetenzen. Nur vier beziehen sich dagegen auf Kenntnisse, die erworben werden müssen. Diese vier fordern ein basales Textsortenwissen, nämlich:

- „verschiedene Sorten von Sach- und Gebrauchstexten kennen",
- „Erzähltexte, lyrische und szenische Texte kennen und unterscheiden",
- „Kinderliteratur kennen: Werke, Autorinnen und Autoren, Figuren, Handlungen",
- „Angebote in Zeitungen und Zeitschriften, in Hörfunk und Fernsehen, auf Ton- und Bildträgern sowie im Netz kennen".

Diese vier wissensorientierten Standards sind im Prinzip leicht überprüfbar, wenn man sich einmal einigt, welche Werke und Autoren, welche Textsorten, welche Internetseiten usw. gekannt werden sollen. Zum größeren Teil beziehen sich die Standards aber auf Fähigkeiten, die durch den Umgang mit Texten erworben werden sollen und die für den Umgang mit Texten notwendig sind. Das sind Kompetenzen, die

- die kognitiven Leistungen im konkreten Lesevorgang betreffen, sogenannte Prozessleistungen, z. B. „altersgemäße Texte sinnverstehend lesen" oder „gezielt Informationen suchen",
- sich auf die Fähigkeit zur subjektiven Beteiligung an Texten und zur individuellen Reflexion über Texte beziehen, z. B. „bei der Beschäftigung mit literarischen Texten Sensibilität [...] für Gedanken und Gefühle [...] zeigen" oder „eigene Gedanken zu Texten entwickeln [...]", und die schließlich

■ mit der Fähigkeit zu tun haben, über Texterfahrungen mit anderen zu kommunizieren und den kulturellen Umgang mit Textmedien einzuüben, z. B. „ein Kinderbuch [...] vorstellen", „[...] zu Texten Stellung nehmen und mit anderen über Texte sprechen", „Texte begründet auswählen", „sich in einer Bücherei orientieren" oder „Informationen in Druck- und [...] elektronischen Medien suchen".

Damit sind in den Standards die drei Ebenen angesprochen, auf denen sich die kindlichen Lesefähigkeiten und Lesebedürfnisse im Laufe der Grundschulzeit entwickeln. Das sind 1. die Ebene der Prozessleistungen, 2. die persönliche und 3. die soziale Ebene (s. u. Abschnitt Lesekompetenz). Lehrkräfte sollten diese systematisierenden Kategorien für die Aufgabenstellungen in ihrem Leseunterricht nutzen; denn es gilt, professionelle Aufmerksamkeit für die Fähigkeiten und Möglichkeiten der Schülerinnen und Schüler auf allen drei Ebenen zu entwickeln und auf allen drei Ebenen das Lernen zu fördern.

Literarisches Lesen und das Lesen von informierenden Texten sind in den Standards nicht voneinander getrennt; das ist auch sinnvoll, denn die verschiedenen Lesehaltungen für die unterschiedlichen Textgruppen und die damit verbundenen Leseziele differenzieren sich erst im Verlauf der Grundschulzeit und darüber hinaus aus.

6.2 Kompetenzaufbau im Unterricht

6.2.1 Entwicklung von Schülerkompetenzen im Bereich Lesen – mit Texten und Medien umgehen

Literale Vorläuferfähigkeiten und Anfangsunterricht

Zum Zeitpunkt des Schuleintritts sind viele Kinder in der Regel schon relativ kompetente Textverarbeiter: Je nach den häuslichen Bedingungen haben sie konzeptuell schriftsprachliche Texte im Medium des Mündlichen kennengelernt. Ihnen wurden Bilder- und Kinderbücher vorgelesen, vielleicht auch Sachtexte für Kinder, sie haben Hörbücher oft in großer Menge und vielen Wiederholungen gehört, es wurden Witze und Geschichten erzählt, Kinderverse und Abzählreime haben sie selbst gelernt, sie kennen auch Lieder. Schließlich bietet das Fernsehen – je nach Programm – schriftsprachliche Texte in mündlicher Form, es unterstützt und entlastet das Verstehen durch die bewegten Bilder.

Beim Eintritt in die Schule bringen die Kinder also einige Vorläuferfähigkeiten des Lesens mit. Sie verfügen in der Regel über Textsortenkenntnisse, können beispielsweise ein Märchen mustergerecht zu Ende erzählen. Sie haben auch schon Wortkonzepte, sie können bereits Wortbilder ganzheitlich

„lesen", eigentlich wiedererkennen, etwa die Logos von Firmen, die sie auch meist „schreiben" oder vielmehr malen können (sogenannte *logographemische Strategie*). Im Unterricht wird ihnen zunächst die Zuordnung von Buchstaben und Lauten nahegebracht, die Graphem-Phonem-Korrespondenz, sodass sie im Prinzip jedes Wort erlesen können. Hier steht, auch wegen der Langsamkeit solcher Dechiffrier-Prozesse, das Schreiben unterrichtlich im Vordergrund. Das Konzept „Lesen durch Schreiben" von REICHEN (2001) ist sogar ganz auf die Aneignung dieser *alphabetischen Strategie* hin ausgerichtet. Aber auch Fibel-Lehrgänge setzen das eigenständige Schreiben oder das Abschreiben von Wörtern bevorzugt ein. Wie erfolgreich und schnell sich die Sechsjährigen diese alphabetische Strategie aneignen und sie für das eigenständige Lesen und Schreiben nutzen, ist wiederum u. a. von dem Ausmaß an Erfahrungen mit Schriftlichkeit in der Vorschulzeit abhängig. Kinder aus bildungsnahen Elternhäusern können oft besser Laute in gehörten Wörtern diskriminieren (sie erkennen z. B. die lautlichen Differenzen in *Haus–Maus, Berg–Burg*), weil sie mehr bewusste Erfahrungen mit sprachlichen Gestaltungen aus ihrer familiären Sozialisation mitbringen. Diese Fähigkeit zur Lautdiskriminierung (die sogenannte *phonologische Bewusstheit*) hilft ihnen natürlich beim eigenständigen Schreiben oder Erlesen von Wörtern.

Aber schon bei der Erarbeitung der Buchstaben-Laut-Beziehungen in den ersten Schulwochen beginnen die Kinder eine weitere Strategie einzusetzen, insbesondere bei kurzen bzw. häufigen Wörtern (z. B. „in", „und", „Mama", der eigene Name usw.): Sie erkennen nämlich diese Wörter bzw. einzelne Silben ganzheitlich wieder, d. h., sie müssen sich nicht umständlich und entsprechend langsam mit der alphabetischen Strategie ein solches Wort buchstabenweise laut vorlesen und ihm dann über das gehörte Lautbild eine Bedeutung zuordnen. Mit dem viel schnelleren ganzheitlichen Wiedererkennen von Morphemen und Wörtern haben sie die sogenannte *orthographische Strategie* entdeckt, die nach der unmittelbaren Alphabetisierung das Lesen-Lernen die ganze Grundschulzeit über bestimmt: Neue Wörter müssen etwa vier Mal bewusst erlesen werden, um aktiv in den Sichtwortschatz aufgenommen und künftig automatisiert wiedererkannt zu werden (HONIG 1996, LÉVY et al. 1995). Am Ende der Grundschule wird den Standards zufolge erwartet, dass die Kinder Texte im Rahmen des Grundwortschatzes flüssig, also in dieser automatisierten Weise, lesen können („Texte genau lesen", „Texte präsentieren: selbstgewählte Texte zum Vorlesen vorbereiten und sinngestaltend vorlesen").

Weiterführendes Lesen

Der „technische" Leselehrgang tritt nach der unmittelbaren Alphabetisierung in den Hintergrund; die Leseflüssigkeit entwickelt sich nun durch Üben weiter, das an Texten in den verschiedenen schulischen Sachfeldern gewissermaßen beiläufig praktiziert wird. Die Fähigkeit, auch komplexe Geschichten zu verstehen, und die Freude daran hat ein guter Grundschulunterricht auch in der Phase der unmittelbaren Alphabetisierung unabhängig vom Buchstabieren beispielsweise durch Vorlese-Geschichten, Lieder, Filme usw. unterstützt.

Fast alle Kinder sind bei Schuleintritt sehr motiviert, das Lesen zu lernen. Aber der Schritt vom verstehenden Hören schriftsprachlicher Texte zum eigenständigen Lesen ist anspruchsvoll, und die Kluft zwischen den Textverstehensfähigkeiten von Sechs-, Sieben- und noch Achtjährigen auf der einen Seite und ihren technischen Lesefähigkeiten auf der anderen bleibt groß. Man kann grob schätzen, dass sich diese Kluft etwa mit 9 Jahren, also in der dritten Klasse, schließt; dann können gute kindliche Leserinnen und Leser nämlich die Texte, die ihren intellektuellen Bedürfnissen entsprechen, auch selbstständig und genuss- bzw. interessenorientiert lesen.

Der Dechiffriervorgang der Zeichen ist nunmehr über weite Strecken automatisiert, sodass die „technische" Seite des Lesens, die Schriftentzifferung, müheloser und schneller geworden ist und mehr kognitive Ressourcen für die geistige Verarbeitung des Textes frei geworden sind, die die inhaltliche Beteiligung an Figuren und Handlungen in Geschichten eröffnen und das Lesen erst genussvoll machen. So kommt eine Dynamik zustande, bei der das intellektuelle und emotionale Engagement für das Gelesene bewirkt, dass mehr gelesen wird, was seinerseits bewirkt, dass besser gelesen wird, was wiederum dazu führt, dass noch mehr gelesen wird. Diese Dynamik mündet in die aus der Lesesozialisationsforschung bekannte Viellese-Phase in der späten Kindheit, die bis zur Pubertät anhält: In dieser Phase ist bei glückenden Verläufen der Lesesozialisation Lesen ein selbstbelohnender Zugang zur Welt geworden, die Kinder lesen auch in der Freizeit viel und gerne und sie entwickeln lesebezogene Interessen.

Typische Leseprobleme nach dem Anfangsunterricht
Das gilt aber nur für die Kinder, deren Leseentwicklung in den ersten Grundschuljahren gute Fortschritte macht. Ein erheblicher Teil von etwa 20 % verlässt dagegen gegenwärtig die Grundschule, ohne ausreichend Leseflüssigkeit erworben zu haben. Diese schlechten Leserinnen und Leser lesen auch beim Übergang in die weiterführende Schule zu langsam (nämlich nur etwa 100 Wörter pro Minute oder langsamer bei altersangemessenen Texten), sie lesen nicht ausreichend genau (nur 95 % der Wörter oder weniger werden genau gelesen), sie lesen nicht ausreichend automatisiert (immer wieder müssen Wörter einzeln erlesen werden, was sich am typischerweise stockenden Lesefluss zeigt) und sie sequenzieren schließlich die Sätze beim Lesen nicht sinnorientiert (was sich an Wort-für-Wort-Lesungen, unangemessenen Pausen und falscher Intonation beim Vorlesen zeigt) (vgl. ROSEBROCK/NIX 2008). Das

sind alles Merkmale mangelnder Leseflüssigkeit, das letztgenannte, die ungenügende sinnhafte Einteilung der Sätze, weist schon darauf hin, dass diese Kinder zu wenig auf das Textverstehen hin orientiert und zu stark mit dem Dechiffrieren beschäftigt sind. Sichtbar ist aber zunächst, dass sie insgesamt nicht ausreichend flüssig lesen, was sich als gravierendes Hindernis für das „reading engagement", also für die aktive Weiterverarbeitung des Gelesenen während des Leseprozesses, und damit für das Textverstehen insgesamt, erweist. Deshalb werden diese Kinder mit zunächst nur leicht verzögerter Leseentwicklung schnell von der Progression in allen Fächern abgehängt und sind in ihrer gesamten Lernentwicklung erheblich behindert. Statt sich beim Lesen auf die höheren mentalen Leistungen, nämlich auf die aktive Herstellung von Zusammenhängen, hin zu orientieren, vermeiden sie das Lesen, wo es geht, üben zu wenig und bleiben dann, wenn sie lesen müssen, notwendigerweise vor allem auf das Entziffern der Wörter konzentriert. Deshalb wachsen sie im Verlauf der Grundschulzeit auch nicht aus der oben genannten Diskrepanz heraus, die zwischen unzureichender Dechiffrierfähigkeit und entwickeltem Sprachverstehen besteht und die in der Schuleintrittsphase für alle Kinder gilt. Vielmehr bleibt das Dechiffrieren für diese schwachen Leser und Leserinnen so mühsam, dass sie zu den belohnenden Seiten dieser Anstrengung – der spannenden oder lustigen Geschichte, dem interessanten Sachgebiet – gar nicht vordringen. Zugleich werden die Texte, deren Verständnis von ihnen gefordert wird, länger und komplexer, und darüber hinaus werden Textsortenkenntnisse verlangt.

Auch in ihrer Freizeit lesen diese schwachen Leserinnen und Leser in der späten Kindheit wenig. Sie erfahren im außerschulischen Umfeld meist wenig Ermutigung und Unterstützung. Wenn sie lesen, sind die Texte wenig anspruchsvoll und kurz.

Zwischen den Extremen von glückenden und problematischen Verläufen beim Erwerb von Lesefähigkeit, wie sie hier kontrastiv entfaltet wurden, gibt es natürlich viele Zwischenstufen: Faktisch gibt es beispielsweise Kinder, die gute Lesefähigkeiten mit relativ wenig Lesepraxis erwerben, andere, bei denen auch intensives Üben nur langsam zu einer Verbesserung der Leseflüssigkeit führt; es gibt Kinder, die trotz eines anregenden, buchorientierten Unterrichts kaum zum eigenständigen Lesen motiviert sind, und solche, bei denen die Leseentwicklung rasch und scheinbar ohne äußere Unterstützung auf der Basis einer hohen Motivation vorankommt – jede Grundschullehrkraft weiß das.

Trotzdem mag es hilfreich sein, sich diese beiden Extreme der Leseentwicklung zu vergegenwärtigen, um daraus Unterrichtsprinzipien abzuleiten, die guten Leseunterricht die Grundschulzeit hindurch bestimmen. Das soll im folgenden Absatz Thema sein.

6.2.2 Merkmale eines kompetenzfördernden Unterrichts im Bereich *Lesen – mit Texten und Medien umgehen*

Guter Unterricht im Bereich Lesen in der Grundschule zeichnet sich durch folgende Merkmale aus:

1) Förderung von Leseflüssigkeit

Guter Unterricht schafft regelmäßig und häufig Situationen, in denen die „einfachen" Dechiffrierprozesse und das gute Laut-Lesen bei neuen Texten geübt werden.

Vor allem bei anspruchsvollen Texten mit neuen Wörtern und/oder vergleichsweise grammatisch komplexen Sätzen sollte – in allen Fächern – darauf geachtet werden, dass tatsächlich jedes Kind den Text möglichst mehrmals hintereinander laut liest. Das laute „Rundum-Lesen", bei dem ein Schüler jeweils ein Stück eines neuen Textes ungeübt vorträgt, während die anderen dieser Lesung zuhören sollen, ist nachweislich lesedidaktisch wirkungslos (OPITZ/RASINSKI 1998).

Dagegen ist zu empfehlen, dass die Lehrperson den Text zunächst gut laut vorliest, während die Schülerinnen und Schüler in ihrer eigenen Textfassung mit den Augen folgen. Wenn der Text länger als eine halbe Seite ist, sollte das abschnittweise erfolgen. Nach Hinweisen der Lehrperson auf besondere Leseschwierigkeiten (z. B. neue Wörter, besondere Betonungen, Sequenzierung bei komplexen Sätzen) liest sie den Text erneut laut vor, während alle Schülerinnen und Schüler chorisch (halb)laut mitlesen. Anschließend lesen die Kinder diesen Text abwechselnd ihrem Banknachbarkind vor, gegebenenfalls mehrmals, wobei das zuhörende und mitlesende Kind Fehler und falsche Betonungen bemerken und ggf. korrigieren muss. Nun können alle Schülerinnen und Schüler diesen Text flüssig und akzentuiert lesen, alle haben die neuen Wörter in ihren Sichtwortschatz aufgenommen. Ein Kind darf seine Lesung präsentieren, es wird gelobt und eventuelle kleine Lesefehler werden von den Zuhörern bemerkt. Eine Verlesung, auf die eine Selbstkorrektur folgt, ist prinzipiell kein Fehler!

Solche Routinen sollten mehrmals wöchentlich installiert werden. Sie mögen, weil sie die Veränderung von Unterrichtsgewohnheiten fordern, zunächst aufwändig erscheinen, sind aber lesedidaktisch außerordentlich wirkungsvoll: Die eben beschriebene „Fluency Development Lesson" als Programm zur Entwicklung von Leseflüssigkeit wurde in den USA als eindeutig und nachhaltig positiv evaluiert, was die Steigerung der Leseflüssigkeit und des Textverstehens betrifft (RASINSKI et al. 1994). Das gilt auch für verwandte lesedidaktische Unterrichtsroutinen zur Steigerung der Flüssigkeit, bei denen es immer darauf ankommt, dass ein Lese-Lerner den Text nicht einmalig, sondern mehrmals hintereinander (halb)laut vorliest und sich dabei auf ein kompetentes Lesemodell und/oder auf einen (gleichaltrigen) Tutor stützen kann. Das können auch einfache Lautleseverfahren sein, bei denen Schülertandems miteinander chorisch oder nacheinander neue Texte mehrfach erlesen (vgl. „Lautleseverfahren" in ROSEBROCK/NIX 2008). Die Effekte solcher Übungen für die Leseflüssigkeit sind, wie gesagt, vielfach belegt: Schon die überfällige Abschaffung des berüchtigten „round robin", des Reihum-Lesens eines neuen Textes, und dessen Ersatz durch die Installation einer Lautlese-Routine, bei der jedes Kind zum Zuge kommt, verspricht einen außerordentlichen Gewinn im Bereich des weiterführenden Lesens.

Lautlesungen sind einerseits wirkungsvolle Lernaufgaben zur Entwicklung von Leseflüssigkeit, sie bereiten aber auch die Fähigkeit zur Präsentation von Texten vor. Die Standards verlangen gutes Vorlesen, etwa mit den Forderungen „selbstgewählte Texte zum Vorlesen vorbereiten und sinngestaltend vorlesen" oder „bei Lesungen und Aufführungen mitwirken".

Guter Unterricht bietet entsprechend in ausreichendem Maß anregende Übungsphasen. Es gilt vor allem Anlässe für das (gute) Laut-Lesen zu schaffen. Das leistet z. B. das „Lesetheater" (NIX 2006), weitere Ideen finden sich beispielsweise in SPINNER (2006). Der Band bietet Unterrichtsmodelle, in denen es häufig um das gute Vorlesen von literarischen Texten geht, wie es die Standards auch einfordern: „Geschichten, Gedichte und Dialoge vortragen, auch auswendig".

2) Lesen als belohnenden Prozess erleben
Guter Leseunterricht zielt auf die Gratifikationen des Lesens. Diese Belohnungen stellen sich nur ein, wenn Erfolge des Lesens spürbar werden. Dafür muss das Leseinteresse der Kinder bewahrt und entwickelt werden, einerseits indem sie die Lernerfolge wahrnehmen, die eine ggf. anstrengende Lektüre gewährt, andererseits indem kontinuierlich genussorientierte Lesesituationen geschaffen werden. Leseinteresse hängt sowohl von der Beschaffenheit der Texte als auch von der Anregungsqualität des Unterrichts ab.

Textmerkmale, die für Grundschulkinder im fiktionalen Bereich Lesegenuss mit sich bringen, sind vermutlich jeder Lehrperson bekannt; trotzdem folgen hier einige Hinweise. Erzählende Texte sollten wunscherfüllende Themen inszenieren, also solche Motive und Szenarien, bei denen die Entwicklungsaufgaben von Kindern dieser Altersstufe erfolgreich gemeistert werden. Dabei geht es um kindliche Selbstständigkeit, um die Eingebundenheit in Freundschaften und Kindergruppen, um Bewährung angesichts von (großen) Aufgaben, oft bei Abwesenheit von Erwachsenen; auch die Vertauschung von „Oben" und „Unten" (Aschenputtel-Motiv) mit endlicher Belohnung kommt oft vor.

Wichtige Stilmerkmale sind
- Lustiges (Witze), Komisches, Verdrehtes
- Spannung, Geheimnisvolles, Rätselcharakter
- Wohl dosierte Fremdheit [Kinder aus anderen Ländern], Seltsames
- Die Wiederkehr von Figuren und Szenarien (vor allem bei Reihenliteratur)

Leseinteresse kann und muss auch unterrichtlich erzeugt werden. Das heißt z. B.,
- dafür zu sorgen, dass die Erfahrungen der Kinder und die Textpotenziale zueinander passen; eigene Erfahrungen der Schüler zum Thema oder Zusammenhang des Textes vorstellen zu lassen (Standard „die eigene Leseerfahrung beschreiben und einschätzen") und damit das Interesse am Text zu fördern;
- den Text unvollständig zu präsentieren, Vermutungen über den Fortgang/Ausgang des Geschehens äußern zu lassen (Standard „handelnd mit Texten umgehen: z. B. illustrieren, inszenieren, umgestalten, collagieren") und damit Neugier auf die Originallösung zu erzeugen;
- den individuellen Leseinteressen der Kinder ein Forum zu bieten (Standard „ein Kinderbuch selbst auswählen und vorstellen").

Gratifikation kann natürlich auch in der Befriedigung über Lernzuwachs bestehen, z. B. in dem Stolz, ein ganzes Buch eigenständig gelesen zu haben oder Lernfortschritte selbst zu erfahren.

3) Vorwissen und Strategiewissen stärken und beim Lesen zur Wirkung bringen

Guter Leseunterricht berücksichtigt den Zusammenhang zwischen „Kennen" und „Können" (KÖSTER 2008), er vermittelt also gezielt Vorwissen, mit dessen Hilfe anspruchsvolle Texte selbstständig bewältigt werden können, und Strategien, mit denen Verstehensprobleme ins Bewusstsein treten und überwunden werden können. Gute lesebezogene Aufgaben liefern oder aktivieren entsprechend zum einen das zum Text passende Vorwissen, zum anderen geben sie dem Kind Anregung, ein Verstehensproblem bewusst wahrzunehmen, und Hinweise, wie es zu überwinden ist. Im Unterricht geht es dabei um den Wechsel von Aufgabenbearbeitung und Gespräch. Das bedeutet: Guter Unterricht ist aufgabenbasiert und wertet Arbeitsergebnisse im Gespräch aus. Natürlich können Aufgaben auch aus dem Gespräch erwachsen.

Es gilt Aufgaben anzubieten, die mentale Strategien zur Texterschließung anregen. Im Grundschulalter kommen v. a. folgende Texterschließungsstrategien zum Tragen:
- sich der textgeforderten Vorkenntnisse bewusst vergewissern;
- vor diesem Hintergrund den Text genau lesen und

- den inhaltlichen Zusammenhang des Textes konstruieren (globale Kohärenz herstellen). Das ist einfach, wenn der Zusammenhang zwischen den Textteilen ein additiver ist und die Textteile keiner zwingenden Anordnung folgen müssen (z. B. bei Informationstexten über Tierpflege); das ist aber beispielsweise schwieriger bei Erzähltexten (weil es da sowohl um eine bestimmte Abfolge der Textteile geht als auch um Ursachen bestimmter Handlungen und Ereignisse sowie um Motive und Ziele der handelnden Figuren) oder bei argumentierenden Sachtexten;
- dabei z. T. sehr komplexe Schlussfolgerungen ziehen, indem Textinformationen mit Vorwissen verknüpft werden, Textinformationen zwischen den Abschnitten verknüpft werden, Leerstellen im Text mit Vorwissen gefüllt werden (z. B., dass der Ausschluss eines Lebewesens von der Wasserstelle den Tod bedeutet, siehe Aufgaben S. 127).

Schlussfolgerungen im Rahmen des Textverstehens sind umso komplexer, je mehr Informationen miteinander verknüpft werden müssen. Auch hier ist viel Üben erforderlich, damit die Notwendigkeit mentalen Engagements beim Lesen anerkannt wird und sich Geläufigkeit und Sicherheit einstellen.

Textverstehen erschöpft sich weder in der Ermittlung von Einzelinformationen noch in lebensweltlich gestützten Urteilen über Gelesenes. Textverstehen heißt in erster Linie: Sicherung des inhaltlichen Zusammenhangs (Herstellung globaler Kohärenz). Die Ermittlung von Einzelinformationen ist dabei unerlässlich, aber sie garantiert noch kein Globalverstehen. Auch die Kommentierung von Gelesenem ist nicht notwendig an ein Gesamtverständnis gebunden. Oft sind es erst Schülerkommentare, die der Lehrperson ein Nichtverstehen oder Missverstehen des Gesamtzusammenhangs signalisieren. Folglich kommt es darauf an, dass kompetenzorientierter Unterricht Aufgaben stellt, die auf Globalverstehen (Herstellung globaler Kohärenz) gerichtet sind. Folgende Standards lassen sich auf diesen wichtigen Bereich beziehen:
- „altersgemäße Texte sinnverstehend lesen",
- „zentrale Aussagen eines Textes erfassen und wiedergeben",
- „Texte mit eigenen Worten wiedergeben".

4) Ein breites Spektrum von Textsorten und verschiedene Lesehaltungen kennenlernen

Auf Textsortenkenntnis beziehen sich diejenigen Standards, die fordern, verschiedene literarische Gattungen und verschiedene Typen von Sachtexten auch in diversen weiteren Medien zu kennen: „verschiedene Sorten von Sach- und Gebrauchstexten kennen", „Erzähltexte, lyrische und szenische Texte kennen und unterscheiden", „Kinderliteratur kennen: Werke, Autoren und Autorinnen, Figuren, Handlungen".

Verschiedene Texte und Textsorten in verschiedenen Gebrauchszusammenhängen verlangen unterschiedliche Formen des mentalen Engagements: So macht es einen Unterschied, ob aus einem Text gelernt werden muss oder ob er zum Vergnügen konsumiert wird, ob seine Organisationsform einfach oder komplex, bekannt (wie z. B. beim klassischen Märchen) oder neu ist, ob ein Text überfliegend gelesen wird, um sich (zunächst) einen Überblick zu verschaffen, oder ob er auf eine Fragestellung hin gelesen wird. Entsprechend fordern die Standards z. B. unter dem Oberbegriff „Texte erschließen":

- „Verfahren zur ersten Orientierung über einen Text nutzen",
- „gezielt einzelne Informationen suchen",
- „Texte genau lesen" und
- „bei Verständnisschwierigkeiten Verstehenshilfen anwenden [...]".

Solche Lesehaltungen kann guter Unterricht explizit machen und einüben.

Generell ist Textsortenwissen ein erheblicher Teil von Lesekompetenz (siehe Abschnitt „Lesekompetenz"). Eine möglichst genaue Erwartung zu haben, wie ein Text aufgebaut ist, welche Elemente und Strukturen möglich und wahrscheinlich sind, bietet eine außerordentlich wirksame Unterstützung der konkreten Leseprozesse. Entsprechend hohen Wert legt guter Unterricht darauf, dass Kinder Strategien anwenden, die auf die Organisationsform von Texten gerichtet sind, beispielsweise das Gliedern durch Zwischenüberschriften. Zunächst ein Beispiel für gutes Textsortenwissen: Kinder im Grundschulalter kennen in der Regel Märchen und können ein ihnen unvollständig angebotenes unbekanntes Märchen meist mustergerecht zu Ende führen. Damit verfügen sie einerseits über textsortenspezifische Objektschemata (z. B. „böse Stiefmutter", „magisches Helfertier"), die in diesen Textsorten vorkommen und dort bestimmte Funktionen haben. Andererseits kennen sie auch sogenannte Ereignisschemata, im Beispiel die spezielle Handlungsabfolge beim Märchen (Exposition, Aufgabe für den Helden, Auszug, Bewältigung der Aufgabe, Heimkehr/Belohnung). Das Ereignisschema für beispielsweise realistische Geschichten (z. B. Kurzgeschichten) unterscheidet sich charakteristisch davon.

Solches Textsortenwissen lässt sich auch für andere Texttypen erwerben und z. B. über solche Schreibaufgaben stabilisieren, bei denen nach dem Muster eines Textes ein strukturell gleicher, aber thematisch anderer Text produziert wird. Bei den bekannten „Elfchen" geht man so vor. Geeignet ist der Aufgabentyp (nach einem gegebenen Textmuster schreiben) für alle Textsorten, auch aus dem Sachtextbereich (z. B.: Hier ist ein Text über Eisbären – Aussehen, besondere Fähigkeiten, Fortpflanzung, Lebensraum. Schreibe so einen Text über Mäuse! Informiere dich darüber folgendermaßen ...). Legitimiert wird das durch den Standard „nach Anregungen (Texte, Bilder, Musik) eigene Texte schreiben".

Es gibt überzeugende Gründe dafür, solche Strukturen von Textsorten explizit mit Grundschulkindern zu erarbeiten und anhand von einfachen Strukturschemata an der Tafel transparent zu machen: Ein Text, der nach dem Muster der Liste aufgebaut ist (additiv), lässt sich schematisch anders darstellen als einer, der einen zentralen Gegenstand anhand einer Anzahl von Eigenschaften beschreibt (z. B. der oben genannte Eisbären-Text), und wiederum anders als einer, der eine Reihenfolge als zeitliche (z. B. „Vom Ei zum fertigen Küken") oder kausale oder logische usw. beschreibt; narrative Texte dagegen folgen der „Story Grammar", wie sie oben für das Märchen skizziert wurde. Solche Schemata mit Kindern zu erarbeiten und die Rhetorik von Texten damit mit einfachen Mitteln ins Bewusstsein zu rücken und damit auch erwartbar zu machen, ist außerordentlich sinnvoll. (Für Beispielgrafiken und eine detaillierte Diskussion vgl. ROSEBROCK/NIX 2008, S. 74 ff.)

*5) Orientierungskompetenzen in der Welt der Schriftlichkeit
vermitteln*
Die Standards betonen besonders das „Verfügen über Leseerfahrungen": Abgesehen von verschiedenen Textsorten, deren Kenntnis in einer Anzahl von Standards gefordert wird, sollen die Schülerinnen und Schüler „Texte begründet auswählen", „sich in einer Bücherei orientieren", Angebote in den verschiedenen Medien „kennen, nutzen und begründet auswählen" und „Informationen suchen" können. Erworben werden solche Fähigkeiten durch Aufgaben, die allesamt über den engen Rahmen des Unterrichts hinausweisen: Unterricht, der hier aktiv ist, hält das Freizeit-Lese- und Medienverhalten der Schülerinnen und Schüler gewissermaßen „in Rufweite" des Deutschunterrichts. Er schafft viele Gelegenheiten, zu denen sich die Kinder mit Unterstützung oder selbstständig Texte und Bücher besorgen, über ihre lesebezogenen Vorlieben und Abneigungen sprechen, miteinander Bücher und Bewertungen austauschen, im Netz nach Informationen und Anregungen suchen. Er knüpft an Lese- und Medienerfahrungen aus dem außerschulischen Feld an und sucht aktiv solche Erfahrungen zu ermöglichen, etwa durch gemeinsame Theaterbesuche, Verabredungen zum Fernsehprogramm, Bezug auf populäre PC-Spiele usw. Kindliche Aktivität auf der Leseförder-Plattform „Antolin" wird beispielsweise schon vielerorts vonseiten der Grundschule gefördert.

Auch die Einführung von „Lesepässen", auf denen die Kinder alle selbst gelesenen Bücher mit einer kurzen Bewertung eintragen, ist sinnvoll; die Vielleser dokumentieren ihre Leistungen, und auch die anderen werden angeregt und in ihrer Lesesozialisation schulisch begleitet.

6.3 Ein Kompetenzmodell im Bereich Lesen – mit Texten und Medien umgehen

Die kognitionspsychologisch orientierten Kompetenzmodelle aus den großen Schulleistungsstudien der letzten zehn Jahre messen ausschließlich die Leseprozessleistungen, über die Schülerinnen und Schüler zu einem gegebenen Zeitpunkt verfügen. Über den Verlauf des Erwerbs, also die Entwicklung der Lesekompetenzen, können sie kaum Auskunft geben.

In der pädagogischen Praxis ist aber alltäglich zu erfahren, dass die Genese dieser gemessenen mentalen Leistungen – Wie schnell liest jemand?, Wie gut erfasst er die Gesamtthematik?, Wie gut reflektiert er? – in andere Persönlichkeitsdimensionen sozusagen verwickelt ist: Das sind insbesondere individuelle Faktoren auf der Ebene des einzelnen Subjekts, die seine Lesegeschichte prägen, also die Motivation, sich einem bestimmten Lesestoff zuzuwenden, die Bereitschaft, einerseits Vorwissen für die Leseprozesse zu aktivieren und den Text prozessbegleitend aktiv zu verarbeiten, andererseits sich vor allem bei literarischen Texten auch affektiv zu beteiligen und schließlich die reflexive Weiterverarbeitung des Textes aktiv zu betreiben. Solches mentale Engagement in der Lesegeschichte von Kindern ist vorausgesetzt, wenn in den Standards als Endleistung gefordert wird, „lebendige Vorstellungen beim Lesen und Hören literarischer Texte [zu] entwickeln": Die Vorgeschichte dieser Fähigkeiten hat die aktive Beteiligung der ganzen Person beim Lesen und bei der kommunikativen Verarbeitung des Gelesenen mit anderen gefordert.

Auf der Ebene des einzelnen Subjekts ist also ein entwicklungsbegleitendes Engagement für das Lesen erforderlich, um diese Prozessleistungen erbringen zu können. Weil Lesen ein hochgradig eigenständig gesteuerter mentaler Prozess ist, ist dieses Engagement nicht verzichtbar oder ersetzbar, sondern muss unabdingbar von jedem Schüler, jeder Schülerin aufgebracht werden. Solches Engagement ist aber auch über die Subjekt-Ebene hinaus für die soziale Ebene des Austauschs über Gelesenes wichtig, in der gegenseitige Anregung stattfindet und Vorbilder wirksam sind. Engagement für das Lesen auf allen drei genannten Ebenen ist ein Merkmal guten Unterrichts, ebenso wie es ein Aspekt des förderlichen familiären Umgangs mit Geschriebenem oder des unterstützenden kommunikativen Klimas in den Freundschaften der Kinder untereinander ist.

Entsprechend sind diese drei Ebenen in den Standards berücksichtigt, wie eingangs ausgeführt. Ein Kompetenzmodell des Lesens in didaktischer Absicht wird also alle drei Dimensionen – die Prozessebene, die subjektive und die soziale Ebene – angemessen berücksichtigen, um Empfehlungen für guten Unterricht formulieren zu können. Wir fassen zunächst ein Kompetenzmodell, das diese verschiedenen Ebenen des Lesens berücksichtigt, in einer Grafik zusammen. Im Anschluss daran formulieren wir Kompetenzstufen, die sich für die Lesedidaktik der Grundschule daraus ableiten lassen, und konkretisieren die Anforderungen jeder Kompetenzstufe durch inhaltliche Hinweise auf entsprechende Aufgaben.

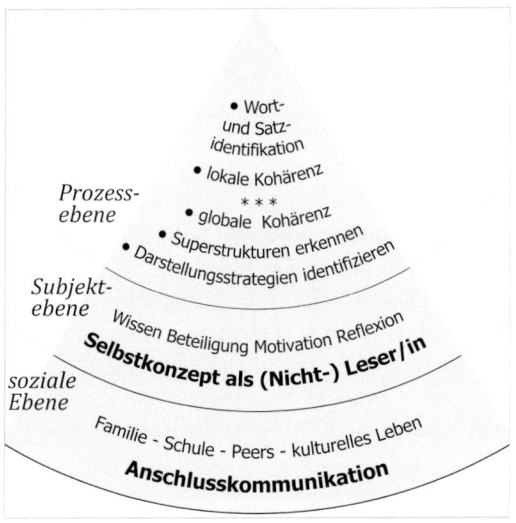

Abb. 1: Die verschiedenen Ebenen des Lesens (In: ROSEBROCK/NIX 2008, S. 16)

Die Prozessebene des Lesens ist durch die Kognitionspsychologie relativ gut erforscht. Die verschiedenen Leistungen, die während des Leseprozesses simultan erbracht werden müssen, sind diesen Modellen zufolge untereinander gestuft, d. h., sie bauen aufeinander auf in dem Sinn, dass die niedrigere Stufe Voraussetzung der folgenden ist. Von dieser Prozessebene des Lesens und von Aufgabenformaten, die gezielt einzelne Dimensionen dieser Prozessebene unterstützen, soll zunächst die Rede sein.

Leistungen und Aufgabentypen auf der Prozessebene: Level 1[1]
Auf dieser Ebene können Kinder *Wörter und Sätze* erlesen; wenn nach diesen Wörtern oder kurzen Sätzen gefragt wird, sind sie in der Lage, sie wieder aufzufinden, insbesondere, wenn es sich um Informationen an zentralen Stellen (nicht in der Mitte eines längeren Absatzes) handelt. Sie sind in der Lage, ein-

---

[1] Die folgende Beschreibung der Fähigkeiten auf den einzelnen Levels von Lesefähigkeit folgt der Modellierung von Kompetenzstufen in der letzten IGLU-Studie (vgl. Bos et al. 2007, S. 100 f.) und einem Entwurf von BREMERICH-VOS, A. vgl. BÖHME/BREMRICH-VOS/ROBITSCH 2009.

zelne konkrete Informationen wie Personen, Plätze, Gegenstände, Beträge, Handlungen, Eigenschaften zu erkennen und wiederzugeben, solange diese Informationen an leicht auffindbaren Stellen direkt gegeben werden. Dieser Level von Textverstehen ist im Unterrichtsgespräch mit den bekannten „W-Fragen" oder schriftlich gut mit Multiple-Choice-Aufgaben oder kleinen Schreibaufgaben zu überprüfen, wobei ein Wort zu schreiben ist oder auch ein Satz, der in annähernd gleicher Form im Text vorkommt. Die Kinder finden bei Aufgaben auf diesem Level solche Informationen wieder, die auf der Textoberfläche gegeben sind. Das gelingt auch den Kindern, die nicht über ausreichend Leseflüssigkeit verfügen bzw. die einzelne Gedanken und/oder den Gesamtzusammenhang des Textes nicht verstanden haben; auch sie können elementare Stichwörter aus dem Text wiedergeben.

Leistungen und Aufgabentypen auf der Prozessebene: Level 2
Das Herstellen von *lokaler Kohärenz* hat Level 1, also die Identifikation von manifest gegebenen Einzelinformationen, zur Voraussetzung. Kinder, die lokale Kohärenz herstellen können, können auch weniger offensichtliche Informationen entnehmen oder einfache Schlüsse ziehen; ihr Verstehen bezieht sich auf Informationen, die über einen oder zwei inhaltlich zusammenhängende Sätze gegeben werden, also noch nicht durchgängig auf den Gesamtzusammenhang des Textes. Die Kinder können in ihrer Lesefähigkeit auf dieser zweiten Stufe der Prozessebene nicht nur einzelne konkrete Informationen erkennen und wiedergeben, die isoliert und eindeutig aufzufinden sind, sondern sie verfügen außerdem über die Fähigkeit, zwei oder mehr Informationen zu lokalisieren und plausible, aber falsche (verwandte) Informationen auszuschließen. (Vor allem in Multiple-Choice-Aufgaben werden solche naheliegenden, aber falschen Antwortmöglichkeiten oft als Distraktoren verwendet.) Sie verfügen auf diesem Level über die Kompetenz, einzelne Informationen auch miteinander so in Beziehung zu setzen, wie der Text das vorgibt, z. B. eine Kausalbeziehung, die mit „weil" angezeigt ist, in anderer Formulierung (z. B. mit „denn") zu erkennen, solange sie sich nur auf ein bis zwei Sätze bezieht.

Dabei greifen sie ggf. auf verbreitetes und basales Weltwissen zurück und können damit beispielsweise Handlungsmotive von Figuren und Ursachen von Vorgängen angeben, die im Text deutlich angezeigt sind.

Auf diesem Level werden Aufgaben gestellt, deren Lösungen auf den inhaltlichen Zusammenhang zweier Sätze oder eines kleinen Abschnitts zielen. Die Formulierung in der Aufgabenstellung sollte auf diesem Level nahezu identisch sein mit der Formulierung der gesuchten Information. Eventuell können auch wenig leseflüssige Kinder solche Aufgaben noch bewältigen, indem sie eine kleine Passage des Textes fokussieren und isoliert bearbeiten.

Leistungen und Aufgabentypen auf der Prozessebene: Level 3
Auf der nächsten, der dritten Prozessebene wird „*globale Kohärenz*", also die Konstruktion eines den gesamten Text umspannenden inhaltlichen Verständnisses verlangt, dem die verschiedenen Einzelinformationen zugeordnet werden können (aber gegebenenfalls noch nicht sämtliche Detail-Informationen des Textes). Die Kinder können nun mehrere konkrete Informationen im Text erkennen, wiedergeben und der Thematik des Textes zuordnen. In Aufgaben auf diesem Level kann die Lokalisierung deutlich erschwert sein durch Verstreuung der gesuchten Informationen über den Text und den Ausschluss vieler konkurrierender Informationen in Multiple-Choice-Aufgaben. Unter Nutzung textbasierter Schlüsse und verbreiteten Weltwissens können Informationen miteinander verknüpft werden, obwohl sie ggf. im Text in verschiedenen Abschnitten stehen. Auf diesem Level verfügen die Kinder über die Fähigkeit, den inhaltlichen Gesamtzusammenhang des Textes zu verstehen und über seine zentralen Aspekte zu reflektieren sowie nicht explizit genannte, aber erschließbare Verhaltensweisen, Motive, Erklärungen usw. anzugeben. Auf diesem Level kann bereits angegeben werden, welchen „groben" Textsorten einzelne Texte angehören, welche Hauptintention ein Text hat (informieren, unterhalten, belehren, belustigen ....) und welches von mehreren genannten Textthemen das am ehesten zutreffende ist; die eigene Formulierung des globalen Textzusammenhangs wird hier noch nicht verlangt. Im Rahmen von Schreibaufgaben können auf wenigen Merkmalen basierende Gemeinsamkeiten und Unterschiede zwischen kurzen Texten erläutert werden. Es handelt sich insgesamt um Aufgaben, deren Lösung die Herstellung des inhaltlichen Gesamtzusammenhangs erfordert oder voraussetzt.

Leistungen und Aufgabentypen auf der Prozessebene: Level 4
Als das Herstellen von „*Superstrukturen*" wird in der Leseforschung die Art und Weise bezeichnet, in der die Organisationsform eines Textes verstanden und verarbeitet wird; man kann den Begriff grob mit Aufmerksamkeit für Gestaltungsformen von Sprache – etwa uneigentliche Rede – und mit Textsortenwissen umschreiben. Entsprechend bildet die Beherrschung der drei niedrigeren Kompetenzstufen die Grundlage, um über das Verstehen des Gesamtzusammenhanges hinaus den Text auch in seinen zentralen Strukturen und argumentativen Gängen erfassen zu können.

Die erfahrungsbasierte Kenntnis von formalen Merkmalen von Schriftsprache ermöglicht Schülerinnen und Schülern auf diesem Level, auch in relativ langen Texten wichtige Details zu erkennen, von konkurrierenden und weniger wichtigen Informationen zu unterscheiden und in den Zusammenhang einzuordnen. Sie verfügen über die Kompetenz zu textbasierten Schlüssen und können dazu textexternes Vorwissen heranziehen. Dabei können sie mehrere Informationen integrieren, wobei es nicht nur um Ähnlichkeiten und Unterschiede geht, sondern z. B. auch um Ursache-Wirkungs-Relationen, Problem-Lösungs-Beziehungen, zeitliche Beziehungen usw. Thematisches Vorwissen ist auf diesem Level erforderlich. Es handelt sich um Aufgaben, deren Lösung auch kategoriales Wissen voraussetzt: Es kann z. B. darum gehen, zu zeigen, warum ein Text keine Fabel, sondern eine Tiergeschichte ist. Die Kinder können sprachliche Mittel, die der Text einsetzt, in eigenen Texten variierend einsetzen, z. B. eine gegebene Beschreibung für einen anderen Gegenstand oder Zusammenhang formal imitieren.

Leistungen und Aufgabentypen auf der Prozessebene: Level 5
Die höchste Leistungsdimension, die *Identifikation von Darstellungsstrategien*, umfasst alle zuvor genannten und beinhaltet darüber hinaus, dass solche Informationen erschlossen werden können, die so indirekt gegeben sind, dass sie nur über die Zusammenschau von Form und Inhalt des Textes und durch den Einbezug von Vorwissen erkannt werden können.

Kinder, die sich auf diesem Level befinden, beherrschen mit hoher Wahrscheinlichkeit die Fähigkeiten der darunterliegenden Stufen. Darüber hinaus sind sie fähig, in wiederum relativ langen Texten komplexe vorwissensbasierte Informationen und Beziehungen auf abstrakter Ebene zu verstehen. Sie erfassen nicht nur den thematischen, sondern auch den pragmatischen Gesamtzusammenhang des Textes, d. h., sie können beispielsweise die unausgesprochenen Botschaften von Werbetexten oder Fabeln erkennen. Auf der Basis von thematischem Vorwissen und textuellen Erfahrungen erkennen sie auch dann, in welcher Absicht der Text geschrieben ist, wenn dies nicht expliziert wird. Sie können komplexe Schlüsse ziehen, ihre Reflexion mit ihrem Vorwissen in Beziehung setzen und somit Aussagen, die den Text als ganzen betreffen, selbst erzeugen (z. B. eine Zusammenfassung, ein Textthema oder eine textbasierte Bewertung formulieren). Die in den Aufgabenstellungen auf diesem Level gesuchten Informationen bzw. die geforderten Verknüpfungen von Informationen sind „abstrakt", also nicht im Text selbst genannt, sie können von den Leserinnen und Lesern aufgrund ihrer Befähigung zum Abstrahieren, Verallgemeinern, Kategorisieren und Bewerten aber erkannt und dargestellt werden. Manchmal geht es z. B. darum, einen Text auf Informationen hin abzusuchen, die ein nicht ausdrücklich genanntes, sondern zu erschließendes Merkmal gemeinsam haben.

So weit die Stufung der Prozessebene des Lesens. Die Basis der auf dieser Ebene beschriebenen Leistungen sind eigenständige und reflektierte Erfahrungen mit Schriftsprache. Lernaufgaben zum Erwerb dieser Kompetenzen müssen entsprechend auf anderen Ebenen, auf der des kindlichen Subjekts und der kommunikativen Interaktionen im Unterricht, beschrieben werden.

Aufgabentypen auf der Subjektebene und auf der sozialen Ebene
Die Kompetenzen auf der subjektiven und auf der sozialen Ebene des Lesens sind natürlich schwieriger formal zu testen als die verschiedenen Verstehensleistungen auf Prozessebene; die standardisierten Lesetests und Vergleichsarbeiten für die Grundschule erfassen fast nur diese Prozessebene. Aber für die Lernwege, also für den Erwerb von Kompetenzen auf der Prozessebene, sind, wie bereits gezeigt, die anderen beiden Ebenen zentral, sie sind in den Standards auch angesprochen.

Der subjektiven Ebene sind beispielsweise die folgenden Standards zuzuordnen:
- „lebendige Vorstellungen beim Lesen und Hören literarischer Texte entwickeln",
- „die eigene Leseerfahrung beschreiben und einschätzen",
- „bei der Beschäftigung mit literarischen Texten Sensibilität und Verständnis [...] zeigen",
- „eigene Gedanken zu Texten entwickeln [...]",
- „handelnd mit Texten umgehen: z. B. illustrieren, inszenieren [...]".

Mit dem letzten Standard sind bereits die handlungs- und produktionsorientierten Verfahren der Literaturdidaktik genannt, mit deren Aufgabentypen generell die Vorstellungsgenauigkeit beim (literarischen) Lesen und das Engagement dafür gefördert werden sollen. Denn handlungsorientierte Aufgaben vermeiden prinzipiell das abstrakte Reden „über" den Text, sie verlangen von den Schülerinnen und Schülern vielmehr ein mentales Sichbewegen in den Textwelten. Solche Aufgaben spielen im Unterricht der Grundschule eine zentrale Rolle, weil sie die genaue Lektüre und die eigenständige Weiterverarbeitung insbesondere beim Umgang mit literarischen Texten herausfordern.

Viele der handlungs- und produktionsorientierten Verfahren fördern neben dieser intensiven Bezugnahme auf das Subjekt der Lektüre zugleich Kompetenzen auf der Prozessebene, indem sie beispielsweise die genaue Wieder-Lektüre von Textpassagen einfordern; außerdem sind viele der Verfahren integrativ in den verschiedenen Bereichen des Deutschunterrichts wirksam. Das sind beispielsweise all die Umgangsformen mit Texten, für die Schreiben verlangt wird: das Restaurieren und Antizipieren von Text(teil)en, wobei beispielsweise ausgelassene Wörter, Sätze oder Text-Enden hinzugefügt werden müssen, oder das Zusammenfügen eines zerlegten Textes oder das Transformieren von Texten, also beispielsweise eine Fortsetzung oder Vorgeschichte von Texten schreiben, Briefe an Figuren schreiben, Paralleltexte verfassen, die Erzählerposition verändern, eine Hörszene schreiben usw. Verschiedene Bereiche des Deutschunterrichts werden auch bei Aufgaben aus den verschiedenen Verfahren im Bereich „Szenische Gestaltung", durch visuelle Umsetzung oder durch das Herstellen von Hörfassungen von Texten integriert – insbesondere der Bereich „Sprechen und Zuhören".

Mit diesen handlungsorientierten Verfahren wird generell auf Texterfahrungen mit unterschiedlichen Textsorten, auf ihre Vertiefung und Reflexion gezielt. Insofern sind dies Lernaufgaben zum Textverstehen auf einem mittleren Level.

Die Lese- und Textverarbeitungskompetenzen auf der sozialen Ebene sind womöglich noch unschärfer auf singuläre Kompetenzen und Standards zu beziehen und noch schwerer objektivierend zu überprüfen. Die Standards benennen hier zum einen den Bereich „Texte präsentieren", im Einzelnen:

- „Texte [...] sinngestaltend vorlesen",
- „Geschichten, Gedichte und Dialoge vortragen, auch auswendig",
- „ein Kinderbuch selbst auswählen und vorstellen",
- „verschiedene Medien für Präsentationen nutzen" und
- „bei Lesungen und Aufführungen mitwirken".

Mit dieser Ebene von Lesekompetenz ist die sogenannte Anschlusskommunikation angesprochen, also all die Situationen, in denen eben nicht gelesen, sondern über Gelesenes gesprochen wird. Es ist sinnvoll, sich zu vergegenwärtigen, dass das die Ebene ist, auf der Unterricht prinzipiell stattfindet; man kann sogar die ganze Schule als Institution zur Inszenierung von Anschlusskommunikation an Texte beschreiben.

Der Standard „eigene Gedanken zu Texten entwickeln, zu Texten Stellung nehmen und mit anderen über Texte sprechen" benennt die erwarteten Kompetenzen auf der sozialen Ebene am deutlichsten. Hier Aufgabentypen zu benennen, wäre banal; es geht um Gespräche im Unterricht und an dessen Rand, in denen Texten noch einmal neue und weitere Dimensionen abgewonnen werden und in denen andere als Leserinnen und Leser erfahrbar werden. Es geht aber auch um Lesevorbilder, um kompetente andere, die den Schülerinnen und Schülern dabei helfen, ihre u. U. unklaren Texterfahrungen zum Ausdruck zu bringen. Diese Vorbilder präsentieren im Gespräch auch ihre eigenen Annahmen zum Thema des Textes, zu seinen Gestaltungsmitteln und seinen Intentionen, sodass die kindliche Texterfahrung erweitert und differenziert werden kann.

Schließlich geht es um Beiläufiges wie die diffuse, aber wichtige allgemeine Wertschätzung von Büchern und Geschriebenem, die Integration des Lesens in die alltäglichen Verrichtungen und Umgangsformen miteinander, die anregenden materiellen Bücher-Umwelten.

6.4 Kompetenzentwickelnde Unterrichtsaufgaben

6.4.1 Aufgaben zu einer Unterrichtsreihe zum Thema „Zirkus"

Die im Folgenden vorgestellten Aufgaben beziehen sich auf zwei Gedichte von FRIEDRICH HOFFMANN. Es werden zwei Aufgabenblöcke vorgestellt. Der zweite Block muss nicht notwendig bearbeitet werden, er setzt aber die Bearbeitung des ersten Blocks voraus. Anders als in Text 2 gibt es in Text 1 kein Geschehen im Sinn einer Erzählhandlung. Text 1 stellt die Figur Starzaremba nur vor.

Text 1: Starzaremba	Text 2: Der falsche Räuber
Starzaremba ist Jongleur, hebt Gewichte, überschwer,	Starzaremba ähnelt leider Stazzeram, dem Halsabschneider.
trägt an jeder Schnurrbartspitze zwanzig Kilo, ohne Witze!	Das Unglaubliche passiert, Starzaremb wird abgeführt.
Reitet Rondo; wenn er lacht, lacht er, dass das Zeltdach kracht.	Ins Gefängnis! Aus Versehn! Doch nun ist es mal geschehn.
Zärtlich liebt er Bratenhühnchen, sonntags züchtet er Kaninchen.	Ach, da steht er, tobt, und jeder zweifelt, ob er's ist. Entweder
Und auch wenn er sonst nichts ist, ist er Aushilfspolizist.	ist der Richtige noch frei, oder ob er's dennoch sei?
	Selbst der Wärter Wullebein nickt und spricht: „Es kann ja sein."
FRIEDRICH HOFFMANN	FRIEDRICH HOFFMANN

Aufgaben für die Lernsituation:

Aufgabenblock 1
Präsentation von Text 1 im Kontext einer Unterrichtsreihe zu einem Thema wie „Zirkus" oder „Berufe". Die Lehrperson liest das Gedicht vor.

1) Malt ein Bild zum Gedicht.

   Intendierte Standards:
   - In erster Linie geht es darum, „lebendige Vorstellungen beim Lesen und Hören literarischer Texte [zu] entwickeln".
   - Vorausgesetzt ist der Standard: „handelnd mit Texten umgehen: z. B. illustrieren, inszenieren, umgestalten, collagieren".

2) Vergleicht eure Bilder: Stellt fest, was jeder gemalt hat. (Sicher haben alle Starzaremba gemalt. Aber mit welchen Merkmalen und Requisiten? Wird eine räumliche Umgebung – Zirkuszelt, Kaninchenställe – gezeichnet?)

   Intendierter Standard:
   - „Aussagen mit Textstellen belegen"; dieser Standard setzt voraus, dass die Schüler „gezielt einzelne Informationen suchen", mit denen sie dann die Merkmale und Requisiten in ihren Bildern auf den Text zurückführen.

3) Vergleicht eure Bilder und stellt fest, was nur auf wenigen Bildern zu sehen ist. Hat das einen Bezug zum Gedicht?
   Es geht darum, durch Vergleich der Zeichnungen zu ermitteln, was nur wenige Schüler visualisiert haben. Es gilt zu überprüfen, was auf den Text zurückgeführt werden kann, also auf genaue Lektüre verweist, und was auf der Vorstellung der Leser beruht.

   Intendierter Standard:
   - „gezielt einzelne Informationen suchen", die schwieriger zu finden sind

4) Es ist anzunehmen, dass etliche Schüler in ihren Bildern auf das Merkmal „Aushilfspolizist" eingegangen sind. Darüber sollte gesprochen werden. Was ist ein Aushilfspolizist? Gibt es den überhaupt? Was befähigt Starzaremba zu dieser Aufgabe?

   Intendierter Standard:
   - „eigene Gedanken zu Texten entwickeln, zu Texten Stellung nehmen und mit anderen über Texte sprechen"

5) Frage an die Schüler: Falls jemand Starzarembas Schnurrbartspitzen mit etwas Schwerem oder Gewichten belastet hat, dann wäre zu diskutieren, ob die Gewichte oder schweren Gegenstände tatsächlich an den Schnurrbartspitzen hängen sollen. Wenn das niemand gemacht hat, aber der Schnurrbart markant gestaltet wurde, dann wäre nach der Bedeutung der Verse 3 und 4 zu fragen.
   Man könnte auch selbst ein Bild anbieten, auf dem Starzaremba so dargestellt ist. Es geht um die Frage, ob diese Formulierung wörtlich zu verstehen ist oder ob es sich um ein sprachliches Bild handelt, einen verkürzten Vergleich.

   Intendierter Standard:
   - „über Verstehens- und Verständigungsprobleme sprechen"

6) Eine Leserin meint: Starzaremba ist ein Kraftmeier ohne Herz und Gemüt. Stimmt ihr dem zu? Es geht darum zu überprüfen, ob die Textsignale in den Versen 7 und 8 auf Herz und Gemüt schließen lassen. Was bedeutet es, wenn einer Kaninchen züchtet? Lässt das auf Gutmütigkeit schließen? Werden Kaninchen zum Verzehr oder als Schmusetiere gezüchtet? Die sprachliche Gestaltung („zärtlich", „-hühnchen" und die Erwähnung von „Kaninchen") verweist auf Gemüt und Gemütlichkeit.
Bei dieser Diskussion sollen sowohl der Text als auch die Vorstellungen der Schüler berücksichtigt werden. Es gibt nicht eigentlich eine richtige oder falsche Lösung.

Intendierte Standards:
- Grundlegend ist der Standard „zentrale Aussagen eines Textes erfassen und wiedergeben". Im Unterschied zu Standard „gezielt einzelne Informationen suchen" geht es hier um Sinnzuschreibungen, die ein Gesamtverständnis des Textes (Herstellung globaler Kohärenz) voraussetzen.
- Darüber hinaus zielt die Aufgabe darauf, „eigene Gedanken zu Texten [zu] entwickeln, zu Texten Stellung [zu] nehmen und mit anderen über Texte [zu] sprechen".

7) Der Text eignet sich gut zum Vortragen. Er kann sowohl bewundernd (Lob) als auch werbend (Werbung für das Zirkusprogramm) vorgetragen werden. Der Vortrag kann auch durch mehrere Schüler (z. B. pro Schüler eine Strophe) realisiert werden. Gerade der listenförmige Charakter des Textes legt das nahe.

Intendierter Standard:
- „Geschichten, Gedichte und Dialoge vortragen, auch auswendig"

Aufgabenblock 2
In Text 2 wird eine Geschichte erzählt. Starzaremba wird verhaftet und kommt ins Gefängnis. Der Grund dafür ist seine Ähnlichkeit mit dem Halsabschneider Stazzeram. Worin diese Ähnlichkeit besteht, wird nicht gesagt. Lediglich die Namensähnlichkeit ist offenkundig.
Es empfiehlt sich, diesen zweiten Text heranzuziehen und auch den zweiten Aufgabenblock zu bearbeiten, wenn man anspruchsvollere Fähigkeiten auf höherem Niveau entwickeln will.

8) Präsentation von Text 2 durch die Lehrperson. Die Überschrift kann auch weggelassen werden.
Aufgabe: Wovon erzählt das Gedicht? Schreibt auf, was passiert ist.

Intendierter Standard:
- „Texte mit eigenen Worten wiedergeben"

Während die Wiedergabe von Text 1 lediglich die Reihung einzelner Merkmale verlangt, stellt die Bildung globaler Kohärenz in Text 2 höhere Anforderungen. Auf höchstem Kompetenzniveau bringen Schülertexte zum Ausdruck, (1) dass Starzaremba aufgrund seiner Ähnlichkeit mit Stazzeram ins Gefängnis kommt, (2) dass es sich um ein Versehen, d. h. eine Verwechslung, handelt und (3) dass zugleich Zweifel entstehen, ob Starzaremba nicht doch der gesuchte Halsabschneider ist. In diesem Zusammenhang muss die Bedeutung von „Halsabschneider" geklärt werden (Standard „bei Verständnisschwierigkeiten Verstehenshilfen anwenden: nachfragen, Wörter nachschlagen"). Bei Schülern, die nur (1) anführen, ist die Fähigkeit, den inhaltlichen Zusammenhang eines Textes zu sichern, weniger ausgeprägt als bei Schülern, die auch (2) bzw. (3) anführen.

9) Wenn die Mehrheit der Schüler entweder nur (1) nennt oder die Ähnlichkeit zwischen beiden Figuren nur auf den Namen zurückführt, dann wird sich die Textarbeit auf den Grund für die Verhaftung bzw. Verwechslung richten. Frage: Wird im Text erklärt, warum Starzaremba abgeführt wird? Explizit wird nur erwähnt, dass Starzaremba dem Halsabschneider Stazzeram ähnelt. Zu fragen wäre, um welche Ähnlichkeiten es sich handelt.

Intendierte Standards:
- „gezielt einzelne Informationen suchen"
- „eigene Gedanken zu Texten entwickeln, zu Texten Stellung nehmen und mit anderen über Texte sprechen"

10) Wie findet ihr Starzaremba? Begründet eure Einschätzung.

Intendierte Standards:
- „eigene Gedanken zu Texten entwickeln, zu Texten Stellung nehmen und mit anderen über Texte sprechen"
- „bei der Beschäftigung mit literarischen Texten Sensibilität und Verständnis für Gedanken und Gefühle und zwischenmenschliche Beziehungen zeigen"

11) Wie erklärt ihr euch, dass die Leute und Wärter Wullebein zweifeln, ob Starzaremba nicht doch der gesuchte Halsabschneider ist?

Intendierter Standard:
- „eigene Gedanken zu Texten entwickeln, zu Texten Stellung nehmen und mit anderen über Texte sprechen"

12) Was spricht dagegen, dass Starzaremba der Halsabschneider ist? Gibt es Hinweise im Text?

Intendierter Standard:
- „zentrale Aussagen eines Textes erfassen und wiedergeben"

13) Was würdet ihr vor Gericht sagen, um Starzaremba zu verteidigen?

Intendierte Standards:
- „bei der Beschäftigung mit literarischen Texten Sensibilität und Verständnis für Gedanken und Gefühle und zwischenmenschliche Beziehungen zeigen"
- „eigene Gedanken zu Texten entwickeln, zu Texten Stellung nehmen und mit anderen über Texte sprechen"

14) In beiden Gedichten spricht ein Erzähler. Zeigt er eher Sympathie für Starzaremba oder steht er ihm gleichgültig gegenüber?

Intendierte Standards:
- „zentrale Aussagen eines Textes erfassen und wiedergeben"
- „bei der Beschäftigung mit literarischen Texten Sensibilität und Verständnis für Gedanken und Gefühle und zwischenmenschliche Beziehungen zeigen"

6.4.2 Integrative Aufgaben zum Bereich *Lesen – mit Texten und Medien umgehen*

Im Zusammenhang einer Unterrichtseinheit zum Thema „Wasser" werden ein nichtkontinuierlicher Informationstext und ein literarischer Erzähltext angeboten. Die darauf bezogenen Beispielaufgaben für das 4. Schuljahr integrieren die Kompetenzbereiche *Sprechen und Zuhören* und *Schreiben*. Sie sind an das oben entwickelte Kompetenzmodell rückgebunden und nehmen auf die Standards Bezug. Erwerbsaufgaben sollten immer in Präsentation und Gespräch münden. Häufig erwachsen sie auch aus der Gesprächssituation. Anders als in der Leistungssituation spielt Anschlusskommunikation – und damit die soziale Ebene – in der Lernsituation eine überaus wichtige Rolle.

Im Zentrum des Textverstehens steht die Sicherung des inhaltlichen Zusammenhangs. Diese Fähigkeit ist Voraussetzung für die Reflexion eines Textes und für die Auseinandersetzung mit ihm. Deshalb ist der Erwerb dieser Kompetenz ein entscheidendes Ziel des Unterrichts zum Kompetenzbereich *Lesen – Umgang mit Texten und Medien*. Im Folgenden soll auf der Basis einer Grafik und eines fiktionalen Erzähltextes der Erwerb zentraler Prozesskompetenzen durch Beispielaufgaben konkretisiert werden.

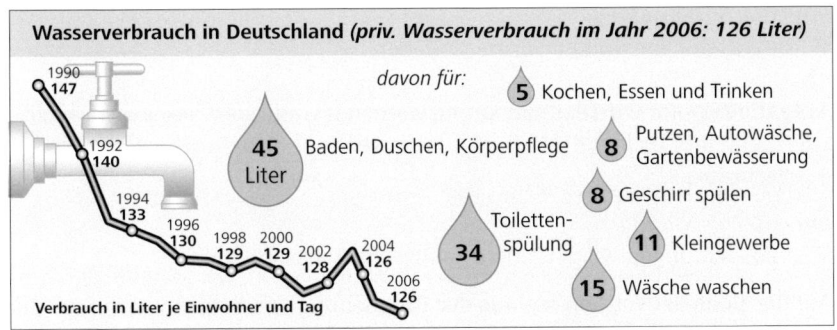

Abb. 2: Quelle: Bundesverband für Energie und Wasserverbrauch © Globus.

Bei der Arbeit mit der Grafik geht es um das Verstehen eines diskontinuierlichen Texts, seine Diskussion und Weiterverarbeitung. Vor der Präsentation der Grafik soll das Wissen der Schüler über die Bedeutung und Verwendung von Wasser aktiviert werden. Es gilt in erster Linie Bereiche der Wasserverwendung zu benennen. Da es hier sowohl um Wissen als auch um Beteiligung geht, besteht eine enge Verknüpfung zwischen der subjektiven und der sozialen Ebene. Der Schwerpunkt des Kompetenzerwerbs liegt deutlich im Bereich des Textverstehens, aber auch Sprechen, Zuhören und Schreiben werden einbezogen.

Aufgabe 1: Tauscht euch über euere Erfahrungen mit Wasser aus.
In welchen Lebensbereichen spielt Wasser eine Rolle?

Intendierte Standards:
- „Inhalte zuhörend verstehen"
- „Begründungen und Erklärungen geben"

Folgende Aufgabe schafft einen alternativen Zugang:
Erstelle einen Cluster zum Thema „Wasser". Vergleicht eure Cluster in der Tischgruppe und haltet gemeinsame Punkte fest.

Intendierte Standards:
- „über Lernerfahrungen sprechen und andere in ihren Lernprozessen unterstützen"
- „Begründungen und Erklärungen geben"
- „Lernergebnisse präsentieren und dabei Fachbegriffe benutzen"

Im Anschluss an das Gespräch über die Bereiche der Wasserverwendung können die Kinder Vermutungen anstellen, wofür das meiste und wofür das wenigste Wasser verbraucht wird.

Intendierter Standard:
- „Begründungen und Erklärungen geben"

Aufgabe 2: Wofür wird das meiste und wofür das wenigste Wasser verbraucht? Was meint ihr? Ordnet die Verwendungszwecke des Wassers nach der Menge des Verbrauchs.

Intendierter Standard:
- „Beobachtungen wiedergeben; Sachverhalte beschreiben"

Auf der Folie der Ergebnisse aus der Bearbeitung der Aufgaben erhalten die Kinder die Grafik „Unentbehrliches Wasser".

Aufgabe 3: Vergleicht die Grafik mit euren Vermutungen.

Intendierter Standard:
- „Unterschiede und Gemeinsamkeiten von Texten finden"

Aufgabe 4: Ordnet die Bereiche des Wasserverbrauchs nach Lebenswichtigkeit.

Intendierter Standard:
- „zentrale Aussagen eines Textes erfassen und wiedergeben"

Das Auswertungsgespräch dürfte Einstimmigkeit in den Bereichen Kochen, Trinken – Körperpflege – Geschirr spülen – Wäsche waschen ergeben. Zu Toilettenspülung, Baden, Duschen, Auto waschen und Garten bewässern werden sich unterschiedliche Positionen ergeben.

Entscheidendes Ergebnis des Gesprächs sollte sein, dass Lebenswichtigkeit und Verbrauchsmenge nicht zusammenfallen. Lebenswichtig sind Trinken, Kochen und Körperpflege.

Intendierter Standards:
- „Begründungen und Erklärungen geben"
- „Lernergebnisse präsentieren und dabei Fachbegriffe benutzen"

Vor dem Hintergrund der Lebenswichtigkeit von Wasser wird die Erzählung von Nasrin Siege eingeführt. Es geht darum, einen komplexen fiktionalen Erzähltext zum Thema „Wassermangel" und „Sozialverhalten" so zu verstehen, dass der inhaltliche Zusammenhang gesichert und aus lebensweltlicher Perspektive bewertet wird. Das schließt ein, dass die Erzählung nicht als vorbildhaftes Modell verstanden wird, sondern zur Schärfung der Sensibilität für Sozialverhalten beiträgt.

Mangel an Wasser

„Immer wieder gibt es Zeiten der Dürre, in der die Pflanzen und Bäume gelb werden, Flüsse, Seen und Wasserlöcher austrocknen und die Hitze die Luft zum Flimmern bringt. Dann machen sich die Bewohner des Waldes und der Steppe auf die Suche nach Wasser, und viele von ihnen finden dabei einen qualvollen Tod.
Diese Geschichte berichtet von einer großen Trockenheit, während der die Tiere beschlossen, sich selbst zu helfen. Alle, bis auf Kalulu, kamen sie, und gemeinsam gruben sie so lange ein tiefes Loch, bis sie endlich auf Wasser stießen.
„Da Kalulu uns nicht geholfen hat, soll er auch nicht aus diesem Wasserloch trinken", entschieden sie, und der König der Tiere, der Löwe, befahl der Hyäne, die Wasserstelle zu bewachen. Kalulu, der von diesem Verbot wusste, kam am nächsten Tag zum Wasserloch und grüßte die Hyäne mit Respekt.
„Mein Freund", sagte er, „ich habe hier etwas zu essen dabei und möchte es mit dir teilen." „Oh, wie gut!", lachte die Hyäne erfreut, „ich habe einen großen Hunger, da ich seit heute morgen nichts gegessen habe."
„Wenn ich mit dir mein Mahl teile, gibst du mir auch Wasser zu trinken?", fragte Kalulu. „Wie soll ich dir das verbieten?", meinte der Brunnenwächter und aß dabei gierig von dem Honig des Hasen. Kalulu ging nun zum Wasserloch, löschte seinen Durst und füllte den mitgenommenen Wasserbehälter. Als die anderen Tiere ihn damit auf seinem Heimweg trafen, wurden sie böse, und sie forderten, dass jemand anderes als die Hyäne den Brunnen bewachen sollte.
„Lasst mich der neue Wächter sein", bat die Schildkröte. „Wie willst du, die du so klein und langsam bist, unser Wasserloch bewachen, wenn selbst die Hyäne das nicht geschafft hat?", fragten die anderen Tiere und lachten sie aus. „Lasst es mich versuchen!", bat die Schildkröte noch einmal, und die Tiere willigten ein.
Die Schildkröte ging zu einem bestimmten Baum, ritzte seinen Stamm an, bis eine klebrige Flüssigkeit daraus herausfloss, und bestrich sich damit den Panzer. Dann machte sie sich auf den Weg zum Wasserloch und wartete.
Gegen Abend hoppelte Kalulu heran, schaute sich um, und da er keinen Brunnenwächter sah, machte er sich daran, von dem Wasser zu trinken. Während er trank, fiel sein Blick auf die Schildkröte, die er für einen Stein hielt. „Oh, wie bequem", jauchzte er und setzte sich obendrauf. Nach einer Weile wollte er sich wieder nach vorne beugen, um etwas mehr Wasser zu trinken. Doch, oh weh! Er klebte mit dem Hintern fest. Erschrocken betrachtete er seine Unterlage etwas genauer und erkannte schließlich die Schildkröte und die Falle, die sie ihm gestellt hatte.
„Lass mich los, oder ich werde dich verhauen!", schrie er böse und versuchte, die Schildkröte mit seinem Kopf zu schlagen. Aber, oh weh! Auch der Kopf klebte nun fest. Schließlich klebte er überall auf der Schildkröte und vermochte sich nicht mehr vom Fleck zu rühren. Als die anderen Tiere zum Wasserloch kamen, sahen sie, wie die Schildkröte den Hasen am Kopf festzuhalten schien. „Das hast du gut gemacht", lobten sie sie. Sie schlugen Kalulu und schreiend und heulend rannte dieser zurück nach Hause. Seit diesem Tage ist die kluge Schildkröte die Königin im Reich der Tiere."

Quelle:
Nasrin Siege (2007): Mangel an Wasser.
In: Dies., Kalulu und andere afrikanische Märchen (3. Auflage). Frankfurt/M: Brandes und Apsel. S. 51–52.

Je nach Klassenstufe und (technischer) Lesefertigkeit kann der Text auf unterschiedliche Weise präsentiert und bearbeitet werden.

Während Aufgaben 5a und 5b (s. u.) davon ausgehen, dass die Schüler einen gewissen Grad an Leseflüssigkeit erreicht haben, den Standard „sinnverstehend lesen" erfüllen und auf Anschlusskommunikation als Ausweis dieser Fähigkeit gerichtet sind, geht es in den Aufgaben 7 bis 14 um unterschiedliche Varianten des Erwerbs der Kompetenz „Globalverstehen" (Texte sinnverstehend lesen/zentrale Aussagen eines Textes erfassen).

Aufgabe 6 zielt auf die Problematisierung der in der Erzählung dargestellten Verhaltensweisen.

Aufgabe 5a: Lies den Text und male im Anschluss ein Bild zum Text.

Aufgabe 5b: Lies den Text und wähle ein Tier aus, über das du in der Kleingruppe sprechen möchtest.

Diese Aufgabe setzt die Fähigkeit zur Herstellung globaler Kohärenz voraus. Im Rahmen der Auswertung sollten 4 bis 5 unterschiedliche Bilder oder 3 bis 4 unterschiedliche Optionen vorgestellt werden. Dabei muss die Wahl des Bildmotivs bzw. des Tiers erklärt werden. Folglich liegt der kompetenzerzeugende Effekt nur zum Teil in der Aufgabe und zum größeren Teil im Auswertungsgespräch, das sich an die Präsentation anschließt. Erst im Verbund mit den Begründungen geben die Visualisierungen bzw. Optionen der Schüler darüber Auskunft, ob und in welchem Maß ein Globalverständnis entwickelt wurde.

Die Aufgabe kann natürlich auch zu diagnostischen Zwecken genutzt werden: um herauszufinden, wer Probleme hat, lesend den inhaltlichen Zusammenhang dieser Erzählung zu sichern.

Intendierte Standards:
- „altersgemäße Texte sinnverstehend lesen"
- „lebendige Vorstellungen beim Lesen und Hören literarischer Texte entwickeln"
- „verschiedene Medien für Präsentationen nutzen"
- „Begründungen und Erklärungen geben"

Damit die Schüler zu Texten Stellung nehmen (Prozessebene) und zugleich Sensibilität und Verständnis für zwischenmenschliche Beziehungen zeigen können (subjektive Ebene), bietet sich folgende Frage an:

Aufgabe 6: Findet ihr es richtig, wie die Tiere mit Kalulu umgehen?

Intendierte Standards:
- „eigene Gedanken zu Texten entwickeln, zu Texten Stellung nehmen und mit anderen über Texte sprechen"
- „bei der Beschäftigung mit literarischen Texten Sensibilität und Verständnis für Gedanken und Gefühle und zwischenmenschliche Beziehungen zeigen"

Wenn die Fähigkeit zur Herstellung globaler Kohärenz im 4. Schuljahr noch nicht hinreichend ausgeprägt ist, dann bieten sich folgende Erwerbsaufgaben (7 und 8) an:
Der Text wird in ungeordneten Abschnitten angeboten. Je mehr Textteile, desto schwieriger die Aufgabe.

Aufgabe 7: Lest die Textteile und fügt sie so zusammen, dass eine sinnvolle Geschichte entsteht.

Intendierte Standards:
- „altersgemäße Texte sinnverstehend lesen"
- „zentrale Aussagen eines Textes erfassen und wiedergeben"
- „handelnd mit Texten umgehen: z. B. illustrieren, inszenieren, umgestalten, collagieren"

Auch hier ist es für den Kompetenzerwerb im Bereich des Globalverstehens ganz entscheidend, dass die Schülerlösungen präsentiert und besprochen werden. Wenn es Schwierigkeiten mit dem sinnvollen Zusammenfügen der Teile gibt, dürfte das vor allem an Problemen mit der Leseflüssigkeit liegen. Denn wer stockend liest, kann sich nicht auf den Zusammenhang des Gelesenen konzentrieren.

Intendierte Standards:
- „Sprechbeiträge und Gespräche situationsangemessen planen"
- „Anliegen und Konflikte gemeinsam mit anderen diskutieren und klären"

Leichter wird der Auftrag, wenn man den Anfang der Erzählung vorliest (Zeilen 1–7), dann die Kinder Vermutungen über den Fortgang anstellen lässt und vor diesem Hintergrund den weiteren Text still lesen lässt.

Aufgabe 8: Wie könnte die Geschichte wohl weitergehen?

Intendierte Standards:
- „altersgemäße Texte sinnverstehend lesen"
- „handelnd mit Texten umgehen: z. B. illustrieren, inszenieren, umgestalten, collagieren"

Das Auswertungsgespräch zu Aufgabe 8 sollte zwischen zwei Schlussvarianten unterscheiden: Gelingt es den Tieren, Kalulu vom Wasser fernzuhalten, oder gelingt es nicht? Welche Mittel werden eingesetzt, um das Ziel zu verfolgen?

Diese Antizipations- bzw. Weiterführungsaufgabe dient vor allem der Erzeugung von Lesemotivation und ist folglich der subjektiven Ebene zuzurechnen. Darüber hinaus sensibilisiert sie die Leser für die „Geschichtengrammatik" (Ausgangssituation, Problem, Problembewältigung und Lösung).

Je weniger ausgeprägt die Fähigkeit zur Sicherung des inhaltlichen Zusammenhangs (Globalverstehen) ist, desto schlichter müssen die Texte beschaffen sein. Das betrifft den Umfang und die Komplexität der Texte.

Ein grundlegender Erwerbsschritt könnte sich im 2. und 3. Schuljahr auf den ersten Abschnitt (Zeilen 1 bis 4) beziehen. Der Abschnitt lässt sich in fünf Sätze zerlegen, die den Schülern auf einzelnen Papierstreifen vorgelegt werden:

A Flüsse, Seen und Wasserlöcher trocknen aus.
B Dann machen sich die Bewohner des Waldes und der Steppe auf die Suche nach Wasser.
C Immer wieder gibt es Zeiten der Dürre, in der die Pflanzen und Bäume gelb werden.
D Viele von ihnen finden dabei einen qualvollen Tod.
E Die Hitze bringt die Luft zum Flimmern.

Aufgabe 9: Bringt die Sätze in eine sinnvolle Reihenfolge.

Intendierte Standards:
- „Texte genau lesen"
- „altersgemäße Texte sinnverstehend lesen"
- „Begründungen und Erklärungen geben"
- „Lernergebnisse präsentieren und dabei Fachbegriffe benutzen"

Entscheidend ist, dass die Schüler Satz B an vierter Stelle platzieren. Die Sätze A, C, E können variabel angeordnet werden, obwohl sich Satz C durch den verallgemeinernden Anfang von A und E unterscheidet.

Wenn Schüler Satz D an Satz C anschließen und diese Verknüpfung begründen, dann verweist das auf eine gewisse Kompetenz im Bereich der Sicherung eines (kleinen) inhaltlichen Zusammenhangs. Sie haben dann „qualvollen Tod" auf Pflanzen und Bäume bezogen. Allerdings passen dann Satz A und B nicht mehr bruchlos, und Satz B stellt kein befriedigendes Ende dar.

Die Diskussion unterschiedlicher Anordnungen und der jeweiligen Begründungen stellt eine anregende Übung im Bereich „Globalverstehen" dar.

Kompetenzentwickelnde Unterrichtsaufgaben 133

Schülerinnen und Schüler, die die Aufgabe 9 bewältigen, können mit der Anforderung konfrontiert werden, den gesamten Text aus mehreren durcheinandergewürfelten Teilen zusammenzusetzen. Die Schüler erhalten Briefumschläge, in denen – je nach Schwierigkeitsgrad – vier bis acht Textteile enthalten sind. Da Textmusterwissen dabei hilfreich ist, empfiehlt es sich, den letzten Satz, der deutlich als Schluss zu erkennen ist, isoliert anzubieten: „Seit diesem Tage ist die kluge Schildkröte die Königin im Reich der Tiere."

Aufgabe 10: Setzt die Textteile so zusammen, dass eine zusammenhängende Geschichte entsteht.

Diese Aufgabe ist sehr anspruchsvoll, weil eine relativ große Textmenge gelesen werden muss und es zwei aufeinanderfolgende Wächterhandlungen zu unterscheiden gilt.

Einfacher wird die Aufgabe, wenn man den ersten Abschnitt (Zeilen 1 bis 7) vorgibt und die Schüler, was den Fortgang betrifft, immer zwischen zwei Angeboten wählen lässt.

Eine weitere vereinfachende Variante besteht darin, im Anschluss an den Lesevortrag durch die Lehrkraft Überschriften für die einzelnen Abschnitte durcheinandergewürfelt vorzugeben:

Aufgabe 11: Bringt die elf Sätze in die der Geschichte entsprechende Reihenfolge.

A Die Hyäne wird als Wächterin des Brunnens bestellt.
B Alle Tiere außer dem Hasen machen beim Brunnenbau mit.
C Die Schildkröte verwirklicht einen listigen Plan.
D Die Tiere machen die Schildkröte zu ihrer Königin.
E Die Hyäne ist bestechlich und übt das Wächteramt nicht richtig aus.
F Wassermangel ist lebensgefährlich.
G Der Hase gerät in die Falle und die Tiere verhauen ihn.
H Die Tiere verlangen eine andere Wache und geben der Schildkröte eine Chance.
I Der Hase kommt zum Brunnen.
J Der Hase kommt wieder zum Brunnen und trinkt daraus.
K Die Tiere vereinbaren, den Hasen von der Brunnenbenutzung auszuschließen.

Entweder erhalten die Schüler die Überschriften als Papierstreifen oder sie bringen die Buchstaben in die richtige Reihenfolge. Entscheidend ist, dass die Ergebnisse vorgestellt und diskutiert werden.
Im Anschluss kann auf dieser Basis Aufgabe 7 angeboten werden.

Aufgabe 12: Sucht die Textabschnitte, die zu den Sätzen aus Aufgabe 11 passen.

Intendierter Standard:
- „altersgemäße Texte sinnverstehend lesen"

Schwieriger wird die Aufgabe, wenn man den Text in seiner ursprünglichen Gestalt lesen lässt und folgenden Auftrag anschließt:

Aufgabe 13: Ordnet die Überschriften den einzelnen Abschnitten zu.

Intendierter Standard:
- „zentrale Aussagen eines Textes erfassen und wiedergeben"

Die sachlich zutreffende Wiedergabe der Erzählung mit eigenen Worten ist der Ausweis der Fähigkeit zum Globalverstehen. Die eigenständige Textproduktion (mündlich oder schriftlich) setzt den Erwerb dieser Fähigkeit/Kompetenz voraus. Die Fähigkeit, den inhaltlichen Zusammenhang nicht nur zu sichern, sondern auch darzustellen, muss geübt werden. Die mündliche oder schriftliche Darstellung ist aber nicht zu verwechseln mit der Fähigkeit zur Herstellung des inhaltlichen Zusammenhangs.

Wenn die Fähigkeit des Globalverstehens unabhängig von der Leseflüssigkeit geschult werden soll, dann empfiehlt es sich, den Text vorzulesen und die Kinder ein zum Text passendes Bild malen zu lassen (eventuell als Hausaufgabe).

Intendierter Standard:
- „lebendige Vorstellungen beim Lesen und Hören literarischer Texte entwickeln"

Bei der Präsentation der Bilder und im Gespräch über das präsentierte Bild wird deutlich, was die einzelnen Schüler (als zentral oder bedeutsam) wahrgenommen haben, ob sie ein geistiges Modell des Dargestellten gebildet haben und ob das Modell der Textinformation entspricht. Das Gespräch über die Schülerbilder gibt der Lehrkraft Hinweise auf
- den Grad des Globalverstehens,
- den Grad des Detailverstehens,
- die Art der Vorstellungsbildung.

Es steht zu erwarten, dass die Schüler unterschiedliche Elemente bzw. Situationen der Erzählung visualisieren. Erwartet werden können Visualisierungen
- der Tiergesellschaft (deren Beratung),
- der Tiere beim Graben des Wasserlochs,

- der Hyäne als (erfolglose) Wächterin,
- der Schildkröte beim Ritzen des Baumes,
- des Hasen am Wasserloch,
- des auf der Schildkröte klebenden/sitzenden Hasen.

Wenn unterschiedliche Situationen visualisiert wurden, kann man folgende Aufträge geben:

Aufgabe 14: Welches Tier ist die Hauptperson? Begründe deine Entscheidung.

Intendierte Standards:
- „zentrale Aussagen eines Textes erfassen und wiedergeben"
- „Begründungen und Erklärungen geben"

Diese Aufgabe befördert ebenfalls die Fähigkeit zur Sicherung des inhaltlichen Zusammenhangs. Indem die Schüler einen Kandidaten auswählen und ihre Wahl begründen, müssen sie den inhaltlichen Zusammenhang gesichert haben oder ihn aufgrund von Nachfragen sichern.

Folgt man dem hier vorgestellten Kompetenzmodell, dann ist die Fähigkeit zum Globalverstehen auf der dritten von fünf Kompetenzstufen (auf der Prozessebene) angesiedelt. Die selbstständige sachgemäße Wiedergabe eines Textes entspricht dann Kompetenzstufe 5, da hier die Schüler selbst text- und vorwissensgestützt Informationen erzeugen.

Man sollte aber zwischen der kognitiven Fähigkeit zur Sicherung des inhaltlichen Zusammenhangs und der Fähigkeit zur Darstellung dieses Zusammenhangs unterscheiden. Der Erwerb beider Fähigkeiten muss nicht synchron verlaufen. Die Beschaffenheit des Textes dürfte dabei eine wichtige Rolle spielen.

Die oben modellierten Kompetenzstufen 1 und 2 bleiben unterhalb der Ebene des Globalverstehens und beziehen sich sowohl auf die Wort- und Satzerkennung als auch auf die Sicherung des Zusammenhangs zwischen zwei (Teil-) Sätzen bzw. auf Abschnittsebene. Der entsprechende Standard lautet: „gezielt einzelne Informationen suchen" (obwohl das auch auf der Basis des Globalverständnisses geschehen kann). Dafür eignen sich die Zeilen 5 bis 7 der vorliegenden Erzählung. Auch hier werden die (Teil-)Sätze auf einzelnen Papierstreifen angeboten.

Aufgabe 15: Bringt die folgenden Zeilen in eine sinnvolle Reihenfolge.
A und gemeinsam gruben sie so lange ein tiefes Loch,
B während der die Tiere beschlossen, sich selbst zu helfen.
C Diese Geschichte berichtet von einer großen Trockenheit,

D bis sie endlich auf Wasser stießen.
E Alle, bis auf Kalulu, kamen sie,

Anders als beim ersten Abschnitt (Zeilen 1 bis 4) geht es hier um den Zusammenhang von Teilsätzen, also um die Ebene lokaler Kohärenzbildung (um den inhaltlichen Zusammenhang auf Satzebene) bei Satzreihe und Satzgefüge. Hier helfen Pronomen, Konjunktionen und auch die Satz(schluss)zeichen. Die Bildungsstandards unterscheiden nicht zwischen der Herstellung lokaler und globaler Kohärenz. Deshalb geht es immer um den Standard „altersgemäße Texte sinnverstehend lesen".

Aufgaben, die die Fähigkeit zur Herstellung lokaler Kohärenz trainieren oder überprüfen sollen, fragen nach konkreten relevanten Informationen und nach Handlungsmotiven in der gesamten Erzählung:

Stufe 1: Richtet sich vor allem auf die Wort- und Satzerkennung an leicht auffindbarer Stelle:
– Was passiert in Zeiten der Dürre mit der Natur?
– Was beschließen die Tiere während einer großen Trockenheit?
– Warum beschließen die Tiere, sich selbst zu helfen?
– Vor wem soll das Wasserloch gehütet werden?
– Welche Bitte äußert die Schildkröte?
– Kalulu erkennt die Schildkröte nicht. Wofür hält er sie?

Stufe 2: Richtet sich auf die Verknüpfung von mehreren Informationen, die über den Text verteilt sind:
– Im Text ist von den „Tieren" die Rede. Einige Tiere werden genauer bezeichnet. Nenne sie.
– Wer bewacht den Brunnen?
– Warum soll Kalulu nicht aus dem Wasserloch trinken?
– Was macht die Schildkröte, um das Wasserloch erfolgreich zu bewachen?
– Was macht die Schildkröte, um Kalulu eine Lehre zu erteilen?

In der Unterrichtssituation können solche Fragen auch die Basis bilden, um entweder im Plenum oder in Kleingruppen den Handlungsverlauf zu rekonstruieren und in Stichworten festzuhalten.

Typischer für die Lernsituation sind Fragen nach Ort und Zeit der Handlung und nach den handelnden Figuren. Was tun oder unterlassen sie? Was geschieht mit ihnen? Aus welchen Gründen und mit welcher Absicht? Auf Stufe 2 bezieht sich folgender Auftrag zur Informationsermittlung:

Aufgabe 16): Erstellt ein Porträt von Kalulu und berücksichtigt dabei die Tierart, das Geschlecht, die Vorlieben, besondere Fähigkeiten, besondere Merkmale, die körperliche Kraft.

Intendierter Standard:
- „gezielt einzelne Informationen suchen"

Die Aufgabe ist anspruchsvoll, weil eine ganze Reihe von Informationen zu suchen ist. Sie kann aber gelöst werden, ohne den Text in seiner Gesamtheit verstanden zu haben. Ein entsprechendes Porträt kann auch von der Schildkröte erstellt werden.

Demgegenüber wäre der folgende Vergleichsauftrag mit deutlich höheren Anforderungen verbunden.

Aufgabe 17: Vergleicht Kalulu und die Schildkröte und erstellt für beide Tiere einen Steckbrief.

Hier müssen die Vergleichspunkte selbst gefunden und an den Text herangetragen werden. Aufgrund der erforderlichen Abstraktionsleistung und der Notwendigkeit, Informationen selbst zu erzeugen, wäre diese Aufgabe nur bei sehr hoher Lesekompetenz zu lösen.

Ebenfalls anspruchsvoll und auf die Zuordnung von Textteilen zu einem im Text nicht genannten Begriff gerichtet (Stufe 4) sind folgende Aufgaben für den 4. Jahrgang. Sie setzen die Sicherung des inhaltlichen Zusammenhangs voraus und trainieren reflexives Lesen (Superstrukturen):
- Im Text werden zwei Probleme gelöst. Nenne die Probleme.
- Worin besteht die Lösung des zweiten Problems? Erzähle die Lösung mit eigenen Worten.
- Was meinst du, warum sich Kalulu nicht am Brunnenbau beteiligt?
- Gibt der Text Hinweise auf einen Grund, warum sich Kalulu nicht beteiligt?
- Ordnet die im Text genannten Tiere nach ihrer Klugheit.
- Ordnet die im Text genannten Tiere nach ihrem Gemeinschaftssinn.

Literatur

Bos, W./Valtin, R./Voss, A./Hornberg, S./Lankes, E.-M. (2007): Konzepte der Lesekompetenz in IGLU 2006. In: Bos, W./Hornberg, S./Arnold, K./Faust, G./Fried, L./Lankes, E.-M./Schippert, K./Valtin, R. (Hrsg.): IGLU 2006. Lesekompetenzen von Grundschulkindern in Deutschland im internationalen Vergleich. Münster u. a.: Waxmann, S. 81–108.

Böhme, K./Bremerich-Vos, A./Robitzsch, A. (2009): Lesekompetenzdiagnostik.

Honig, B. (1996). Teaching our children to read: The role of skills in a comprehensive reading program. Thousand Oaks/CA: Corwin Press.

Köster, J. (2008): Lesekompetenz im Licht von Bildungsstandards und Kompetenzmodellen. In: Bremerich-Vos, A./Granzer/D./Köller, O. (Hrsg.): Lernstandsbestimmung im Fach Deutsch. Gute Aufgaben für den Unterricht. Weinheim und Basel: Beltz, S. 162–183.

LEVY, B. A./CAMPSALL, J./BROWNE, J./COOPER, D./ WATERHOUSE, C./WILSON, C. (1995). Reading fluency: Episodic integration across text. Journal of Experimental Psychology, 21 (5), 1169–1185.

NIX, D. (2006): Das Lesetheater. Integrative Leseförderung durch das szenische Vorlesen literarischer Texte. Praxis Deutsch, 33 (199), S. 23–29.

OPITZ, M. F./RASINSKI, T. (1998): Good-bye Round Robin: 25 Effective Oral Reading Strategies. Portsmouth: NH: Heinemann.

RASINSKI, T./PADAK, N./LINEK, W./STURTEVANT, E. (1994): Effects of fluency development on urban second-grade readers. Journal of Educational Research, 87 (3), 158–165.

REICHEN, J. (2001): Hannah hat Kino im Kopf. Die Reichen-Methode „Lesen durch Schreiben" und ihre Hintergründe für LehrerInnen, Studierende und Eltern. Hamburg, Zürich.

ROSEBROCK, C./NIX, D. (2008): Grundlagen der Lesedidaktik und der systematischen schulischen Leseförderung. Baltmannsweiler: Schneider Hohengehren.

SPINNER, K. H. (Hrsg.) (2006): Lesekompetenz erwerben, Literatur erfahren. Berlin: Cornelsen Scriptor.

7 Sprache und Sprachgebrauch untersuchen

Ingelore Oomen-Welke/Peter Kühn

7.1 Zu diesem Kompetenzbereich

7.1.1 Grundlegendes in den „Standards"

In den „Bildungsstandards im Fach Deutsch für den Primarbereich" (KMK 2005, S. 9) wird der Kompetenzbereich *Sprache und Sprachgebrauch untersuchen* folgendermaßen beschrieben:
„Anknüpfend an ihre Spracherfahrungen entwickeln die Kinder ihr Sprachgefühl weiter und gehen bewusster mit Sprache um. In altersgemäßen, lebensnahen Sprach- und Kommunikationssituationen erfahren und untersuchen die Kinder die Sprache in ihren Verwendungszusammenhängen und gehen dabei auf die inhaltliche Dimension und die Leistung von Wörtern, Sätzen und Texten ein. Sie sprechen auch über Erfahrungen mit anderen Sprachen. Sie verfügen über ein Grundwissen an grammatischen Strukturen, einen Grundbestand an Begriffen und Verfahren zum Untersuchen von Sprache."

Demnach enthält der Kompetenzbereich *Sprache und Sprachgebrauch untersuchen* nicht nur den Bereich der Grammatik und der Grammatikarbeit, sondern er umfasst den Bereich des Wortschatzes und der Wortschatzarbeit mit der Wortbildung und Redensarten; er reicht bis auf die Textebene.

Ausgangspunkt sind die Spracherfahrungen und das Sprachgefühl der Kinder. Entwickelt werden soll die Fähigkeit, bewusster mit Sprache umzugehen. Ziel sind der Aufbau von Sprachbewusstheit und die Lust, sich mit Sprache auseinanderzusetzen. Dabei gilt es als besonders erstrebenswert, Verbindungen zwischen der eigenen Sprache und fremden Sprachen herzustellen („Sie sprechen auch über Erfahrungen mit anderen Sprachen."). Dieser Aspekt wird in der didaktischen Forschung auch als *Language-Awareness-Konzept* bezeichnet.

Die Sprachbewusstheit betrifft die Sensibilisierung für Sprachen in Bezug auf Formen und Funktionen, insbesondere die Sensibilisierung für
- sprachliche Auffälligkeiten, die man interessant findet und vielleicht auch spontan bewertet (affektive Domäne),
- den Zusammenhang der Sprachverwendung mit sozialen Faktoren (z. B. bei Soziolekten und Dialekten, beim Sprachgebrauch in Genderperspektive, bei Mehrsprachigkeit),

- die Angemessenheit von Äußerungen im Hinblick auf Ausdruck, Darstellung und Appell,
- die Verbesserung der eigenen Sprachfertigkeiten, z. B. für die Textproduktion oder -rezeption,
- Aspekte der Sprache als System und für Beziehungen von Formen und Funktionen (vgl. GNUTZMANN 1997).

Im Kompetenzbereich *Sprache und Sprachgebrauch untersuchen* wird den lexikalischen und grammatischen Inhalten und Funktionen gegenüber den Formen ein eindeutiger Vorzug eingeräumt („[die Kinder]... gehen dabei auf die inhaltliche Dimension und die Leistung von Wörtern, Sätzen und Texten ein"). Dies stärkt die Kompetenzorientierung des Wortschatz- und Grammatikunterrichts und bedeutet eine Absage an einen traditionellen formalen und sprachsystematischen Grammatikunterricht. Im Sinne eines funktionalen Wortschatz- und Grammatikunterrichts müssen die sprachlichen Formen im Hinblick auf ihre Funktionen im Satz, im Text und in der Kommunikation untersucht werden. Dabei ist zu berücksichtigen, dass sich solche Funktionen nicht an isolierten Formen festmachen lassen, sondern immer situativ und text(sorten)abhängig bestimmt werden müssen.

Der Schwerpunkt des Kompetenzbereichs liegt in der Untersuchung des Sprachgebrauchs in „altersgemäßen, lebensnahen Sprach- und Kommunikationssituationen", es geht um die Untersuchung von Sprache „in ihren Verwendungszusammenhängen". Damit ist dieser Kompetenzbereich mit den übrigen Kompetenzbereichen des Deutschunterrichts vernetzt („integrativer Grammatikunterricht").

Es gelten folgende Grundsätze (vgl. GORNIK 2003, KÜHN 2008):
- Der Kompetenzbereich *Sprache und Sprachgebrauch untersuchen* erfordert eine Vernetzung der Grammatik- und Wortschatzarbeit mit den übergeordneten Kompetenzbereichen *Sprechen und Zuhören*, *Lesen* und *Schreiben* einschließlich Rechtschreiben.
- Authentische und schülergemäße Sprech- und Schreibanlässe sowie mündliche und schriftliche Texte sind Ausgangspunkt, Gegenstand und Ziel jeglicher Spracharbeit.
- Grammatik und Wortschatz dürfen nicht zum Selbstzweck unterrichtet werden, sie haben vielmehr sprachfördernde Funktionen: Die Schülerinnen und Schüler erwerben diejenigen Kompetenzen, die geeignet sind, ihre mündliche und schriftliche, produktive und rezeptive Sprachhandlungsfähigkeit zu entwickeln, aber auch ihre metasprachliche Aufmerksamkeit und Bewusstheit zu fördern.

Zur Verständigung über die Sprache und den Sprachgebrauch bedarf es eines terminologischen und operationalen Werkzeugs, das in Qualität und Quantität auf die Zielsetzungen des Kompetenzbereichs bezogen ist („Grundwissen an grammatischen Strukturen, einen Grundbestand an Begriffen und Verfahren"). Der Erwerb des deklarativen grammatischen Begriffswissens – z. B. des Wissens, woran man ein Nomen erkennen kann – soll also kein Selbstzweck, sondern für die Verständigung über Sprachliches nützlich sein. Zum deklarativen Wissen müssen prozedurale Fähigkeiten und Fertigkeiten hinzukommen. Auf dieses „Wissen, wie" (knowing how) wird in den Bildungsstandards besonderer Wert gelegt (vgl. jüngst GORNIK/ GRANOW-EMDEN 2008).

7.1.2 Die Bedeutung des Kompetenzbereiches Sprache und Sprachgebrauch untersuchen für die Kinder der Primarstufe

Im Kompetenzbereich *Sprache und Sprachgebrauch untersuchen* gewinnen die Schüler Distanz zu dem, was viele von ihnen in der Praxis bereits mehr (Sprechen und Zuhören) oder weniger (Schreiben und Lesen) beherrschen und worüber sie auch schon von Fall zu Fall reflektiert haben. Damit ist der Grundstein für die Entwicklung von Sprachbewusstheit gelegt. Jetzt wird die Sprachbetrachtung ein Stück abstrakter. Die Sprachmittel werden aus der Situation herausgelöst – dekontextualisiert – und für sich betrachtet. Wörter, größere Teile von Sätzen, Sätze und Äußerungen werden im Hinblick auf ihre Bedeutung und ihre Form angeschaut. Die Kinder hantieren und experimentieren mit Sprache; dabei gewinnen sie Erkenntnisse über die sprachlichen Mittel und benennen diese mit Fachtermini. So erwerben sie das methodische Rüstzeug für die Arbeit an Sprache. Was sie anhand des Deutschen als Standardsprache lernen, können sie auf ihre Dialekte oder auf andere Sprachen beziehen. So können sie zunehmend aufmerksamer auf Sprachliches werden. Die Untersuchung von Sprache und Sprachgebrauch ist damit ein (re-)konstruktiver Prozess: Die Schüler beobachten, vergleichen, kategorisieren, beschreiben, begründen oder bewerten ihren Gebrauch, das System der deutschen Sprache und Aspekte des Gebrauchs und der Systeme anderer Sprachen. Dabei nutzen sie zunächst die sprachlichen Mittel, die ihnen zu Gebote stehen; erst allmählich kommen die schulgrammatischen Begriffe ins Spiel. Die Untersuchung von Sprache und Sprachgebrauch wird so mit dem Sprachhandeln der Schüler verknüpft, prozedurales und deklaratives Wissen verbinden sich, und es werden Ressourcen erarbeitet, welche die Schülerinnen und Schüler für die Lösung sprachlicher Probleme in anderen Bereichen, d. h. beim Lesen, Zuhören, Sprechen und Schreiben, nutzen können. Insofern trägt der Unterricht gerade in diesem Bereich dazu bei, dass sich die Schülerinnen und Schüler „eine grundlegende sprachliche Bildung" aneignen können, „damit sie in gegenwärtigen und zukünftigen Lebenssituationen handlungsfähig sind. Deshalb fördert der Deutschunterricht in der Grundschule die sprachlichen Fähigkeiten jedes einzelnen Kindes so umfassend wie möglich und führt zum selbstständigen Lernen hin." (KMK 2005, S. 6)

7.2 Kompetenzaufbau im Unterricht

7.2.1 Kompetenzerwartungen beim Schuleintritt der Kinder

Kinder sind beim Schuleintritt keine „unbeschriebenen Blätter", sie bringen vielmehr eine Reihe von sprachlichen und metasprachlichen Kompetenzen mit.

- Von schulischer Seite wird z. B. erwartet,
  - dass Kinder sich über ihre Welt und ihre Fragen verständigen können;
  - dass sie schon gelernt haben, die Laute und Lautkombinationen ihrer Sprache, gegebenenfalls ihres Dialekts, annähernd korrekt zu hören und zu bilden;
  - dass sie über einen aktiven Wortschatz von 3 000 bis 5 000 Wörtern verfügen und einen passiven Wortschatz im Umfang von etwa 20 000 Wörtern kennen;
  - dass die Basisgrammatik der Wortformen (Flexion, Wortbildung) und des Satzbaus praktisch erworben ist;
  - dass sich die Kinder in pragmatischen Kontexten (verbale Interaktion, Dialoge) situationsabhängig mitteilen, dass sie appellieren und argumentieren können;
  - dass die Kinder Erlebnisse und Geschichten in mehreren Sätzen erzählen können und Vergangenheitstempora verstehen;
  - dass sie altersgemäße Geschichten verstehen können;
  - dass sie unterschiedliche Sprachen und Sprechweisen unterscheiden können und
  - dass sie Vorstellungen von der Schrift und ihrer Verwendung haben. Solche grundlegenden Kompetenzen werden auch Basisqualifikationen genannt (vgl. EHLICH 2005).

Manche Kinder haben jedoch Probleme in einem oder mehreren dieser Bereiche, wie man seit einigen Jahren im Rahmen von Sprachstandsdiagnosen vor der Einschulung festgestellt hat. Die kontinuierliche und unaufdringliche Bearbeitung dieser Bereiche im Deutschunterricht wirkt sprachfördernd, da sie Anstöße zum Nachdenken und Daten zum Wissenserwerb liefert. In manchen Fällen wird Förderung in Kleingruppen oder Einzelförderung unaus-

weichlich, besonders wenn im Lebensumfeld eines Kindes wenig gesprochen oder wenn die deutsche Sprache nicht oder nur ungenügend beherrscht wird.
- Eine oft unterschätzte Kompetenz vieler Kinder ist die schon angebahnte metasprachliche Bewusstheit und die Sprachendifferenzkompetenz. Viele Kinder haben vorläufige Vorstellungen bzw. Präkonzepte von den Sprachen, von Sprachähnlichkeiten, Sprachnormen und davon, was Wörter oder Reden sind, wie man Sprachen lernt, ob Tiere sprechen usw. Sie haben auch ästhetische Vorstellungen („dass es sich reimt", „damit es sich schön anhört", „ein blödes Wort"). Sie sind aufmerksam auf Sprache und Sprechen und kommentieren für sie relevante Aspekte. Damit sind sie schon auf dem Wege zu metasprachlichen Reflexionen im weitesten Sinne. Diese metasprachlichen Reflexionen werden im Kompetenzbereich *Sprache und Sprachgebrauch untersuchen* gefördert, während der Ausbau der Sprache selbst (Wortschatz, Satzbau und Stil) vornehmlich in den Kompetenzbereichen *Sprechen und Zuhören, Lesen* und *Schreiben* seinen Platz hat.
- Eine Kompetenz, die einige Kinder mitbringen, ist die Beherrschung einer anderen Sprache als Deutsch. Dass dies eine Kompetenz ist, wird in der Schule möglicherweise nicht genügend wahrgenommen. In den „Standards" heißt es dagegen mit Recht (KMK 2005, S. 6): „Für viele Kinder ist die deutsche Sprache nicht die erste und nicht die Familiensprache. Sie verfügen dadurch z. T. über andere sprachliche Erfahrungen und Kompetenzen als einsprachige Kinder. Der Deutschunterricht sollte dies auch für eine interkulturelle Erziehung aller Kinder nutzen." (Vgl. besonders OOMEN-WELKE 2003)

7.2.2 Zur Entwicklung von Schülerkompetenzen im Bereich *Sprache und Sprachgebrauch untersuchen*

Die Bildungsstandards nennen vier Bereiche, in denen die Kinder während der Grundschulzeit bei der Untersuchung von Sprache und Sprachgebrauch ihre sprachpraktischen, sprachanalytischen und sprachreflektorischen Kompetenzen entwickeln: (1) „sprachliche Verständigung untersuchen", (2) „an Wörtern, Sätzen, Texten arbeiten", (3) „Gemeinsamkeiten und Unterschiede von Sprachen entdecken", (4) „grundlegende sprachliche Strukturen und Begriffe kennen und verwenden".

Die Standards zielen damit (1) auf den Sprachgebrauch, (2) auf sprachsystematische und -funktionale Aspekte, (3) auf Variation, Kontakt und Vergleich in und von Sprachsystemen, (4) auf die Ebene der Begrifflichkeit, Hilfsmittel und Arbeitstechniken.

(1) Der Teilbereich „Sprachliche Verständigung untersuchen" rückt pragmatische Aspekte in den Vordergrund, die auf die Lebenspraxis der Kinder bezogen sind und auf ihre Kommunikationspraxis rückwirken sollen. Es geht um Sprachzeichen im Gebrauch und damit auch um Standards aus den anderen Kompetenzbereichen („Gespräche führen", „zu anderen sprechen", „verstehend zuhören"; „Texte verfassen"; „Texte erschließen"). Die Kinder betrachten unterschiedliche kommunikative Situationen, z. B. Gespräche zwischen Kindern, zwischen Kindern und Erwachsenen, zwischen Erwachsenen, innerhalb und außerhalb von Institutionen, eher privat oder eher öffentlich, medial vermittelt oder nicht.

Einige typisierte Beispiele mündlichen Sprachgebrauchs:
– In der vertrauten, familiären Situation tauschen Kinder sich untereinander frei darüber aus, was sie gern essen;
– in Anwesenheit der Eltern reden sie über dieses Thema womöglich bereits anders, weil die Eltern die Einhaltung bestimmter Sprech- und Gesprächsnormen erwarten;
– in der institutionellen Situation Schule ist das Thema in einen Lehr-/Lernkontext (Ernährung) oder eine Verhaltensvorschrift (nicht im Unterricht essen, keine Süßigkeiten usw.) eingebunden;
– in einem Fernsehspot werben Kinder in einer bestimmten Weise für ein Essprodukt und fordern direkt oder indirekt zu seinem Kauf auf.

Die Kinder in der Grundschule entwickeln ihre Untersuchungskompetenz, indem sie nach und nach verschiedene Typen von Kommunikationssituationen betrachten. Im sprechenden Austausch finden sie direkt geäußerte Absichten und Wirkungen heraus, später auch indirekt geäußerte, und sie erkennen, wie diese mit dem Symbolsystem Sprache und vielleicht auch durch Nonverbales realisiert werden. Anfangs sind die Absichten und Wirkungen klar und relativ eindeutig, mit der Zeit werden sie komplexer, und auch Indirektheit spielt eine Rolle, z. B. beim Auffordern („Würdest du bitte …") oder Verbieten („Eigentlich sollte man …").

Die Kinder unterscheiden die Rollen des Sprechenden/Schreibenden und Hörenden/Lesenden und überlegen, ob diese im dialogischen Wechsel eingenommen werden können oder nicht und warum das so ist (beim Gespräch prinzipiell ja, beim Vortrag oder in der Klasse nach bestimmten Regeln, beim Briefschreiben mit größerer, bei E-Mail-Kontakten mit geringer Verzögerung, beim Umgang mit Medien nur in seltenen Fällen wie beim Höreranruf, Leserbrief usw.).

Daraus ergeben sich Unterschiede von gesprochenem, geschriebenem und medialem Sprachgebrauch und innerhalb des medialen Bereichs konzeptionelle Modifikationen, nach deren Spezifik die Sprachmittel ausgewählt werden: Konzeptionell mündlich sind meist familiäre und informelle Gespräche, aber auch medial schriftliche Texte wie Mails, Chats, Kassiber und teils private Briefe abgefasst; konzeptionell schriftlich abgefasst sind z. B. formelle Schreiben und Berichte, doch auch viele medial mündliche Texte wie Vorträge, politische Gespräche und Interviews, Fernseh- und Radionachrichten. Die Kinder lernen zu beurteilen, wie die Sprache gebraucht wird, um Intentionen zu realisieren, und abzuwägen, ob die intendierten Wirkungen damit wohl erreicht werden können.

Die angebotenen Situationen enthalten oft auch das Potenzial für das Verstehen von Verständigungsproblemen. Im Besprechen solcher Probleme vollziehen die Kinder einen Lernschritt zur vertiefenden Anwendung, wenn sie erkennen, in welchem der oben genannten Teilbereiche das Problem situiert ist, und gegebenenfalls Vorschläge machen, wie es zu lösen wäre. Das Problem kann in den verschiedenen Horizonten der Kommunikationspartner, z. B. dem unterschiedlichen Welt- oder Sachwissen, den sozialen Vorstellungen und Normen oder in der kulturellen Sensibilität liegen, es kann in der Fehleinschätzung der Absichten durch den Rezipienten oder in uneindeutigem Sprachgebrauch begründet sein, aber auch in zu eindeutigem und daher unhöflichem Sprachgebrauch. Bei der Bearbeitung vieler verschiedener Kommunikationssituationen werden, je nach Lernfortschritt, mehr und mehr Komponenten berücksichtigt, sodass sich auch dadurch die Kompetenz, sprachliche Verständigung zu untersuchen, weiterentwickelt.

Wichtig in diesem Zusammenhang ist auch der Bezug zum eigenen Sprachgebrauch. Die Schülerinnen und Schüler müssen Ressourcen und Kompetenzen entwickeln, die es ihnen erlauben,
– unterschiedliche lexikalische, grammatische, syntaktische, textuelle Mittel zu gebrauchen, um das eigene Textverstehen und die eigene Textproduktion zu optimieren und zu reflektieren,
– in unterschiedlichen Situationen ihre kommunikativen Absichten sprachlich angemessen zu realisieren und darüber zu reflektieren,
– ihre kommunikativen Absichten mündlich oder schriftlich in unterschiedlichen Sprecher- und Hörerrollen umzusetzen und einzuschätzen und
– eigene Verstehens- und Verständigungsprobleme in der Kommunikation zu reflektieren, zu artikulieren und zu kommunizieren.

(2) Der Teilbereich „an Wörtern, Sätzen und Texten arbeiten" hat den systematischen Zusammenhang im Blick. Er umfasst die sprachliche Arbeit im engeren Sinne, die größtenteils in die kommunikationsorientierte und inhaltliche Arbeit des ersten Teilbereichs integriert ist, aber gelegentlich auch separat stattfinden kann, je nach Fragestellung.

Der kindliche Wortschatz verdoppelt sich ungefähr im Laufe der Grundschulzeit, er wird ausgebaut durch die neue Sprachgebrauchssituation Schule, durch das Lesen von Sachliteratur und fiktionaler Literatur, durch das schriftsprachliche Register, durch den Sachunterricht – also durch neue Inhaltsbereiche.

Im Kompetenzbereich *Sprache und Sprachgebrauch untersuchen* geht es bei der Arbeit am Wortschatz vor allem um das Sammeln, Ordnen und Nutzen von Wörtern, also um klassische Strukturierungstätigkeiten des Sprachunterrichts. Da Wörter als bilaterale Zeichen eine Ausdrucks- und eine Inhaltsseite aufweisen, lassen sie sich nach ausdrucksseitigen und inhaltsseitigen Gesichtspunkten ordnen und strukturieren:

Die ausdrucksseitige Ordnung des Wortschatzes hat eine lange Schultradition; hier werden Wörter nach Lautung und Form strukturiert. Die Ordnung bezieht sich auf

- die Lautung
  - Reimwörter und Alliterations-Wörter
  - weitere Wörter mit gleichen Lauten und Lautgruppen (*finster, Finger, finden; lau, belauern, erlauben ...*)
- die alphabetische Struktur
  - Strukturierung nach dem ersten, zweiten, dritten usw. Buchstaben
  - rückwärtsalphabetisch
  - Abkürzungen
  - Wortlänge
- die morphematische Struktur
  - Wortfamilien mit gleichem Wortstamm (*das Bad, die Bäder, baden, ausbaden, der Bader, der Bademantel, die Badewanne, das Vollbad, das Schwimmbad ...*)
  - Wortbildung (Komposition *Grundschule*, Derivation *schulisch*, Konversion *das Lernen* usw.)
  - Sprachenverwandtschaft (Lehnwörter wie *fenestra – fenêtre – Fenster*, Fremdwörter, Internationalismen usw.)
- die grammatische Struktur
  - Wortarten
  - Deklination
  - Konjugation
  - Komparation/Steigerung

Die inhaltsseitige Ordnung des Wortschatzes ist durch die aktuelle Diskussion kognitivistischer, konstruktivistischer und lernpsychologischer Ansätze neu akzentuiert worden: Hier geht es insbesondere darum, wie die Schülerinnen und Schüler Wörter lernen, behalten, erinnern und abrufen können und wie die Wörter in unserem Kopf gespeichert sind. Im Mittelpunkt dieser Diskussion steht die Modellierung des mentalen Lexikons, in dem der Wortschatz netzartig strukturiert ist. Der Kerngedanke ist, dass die einzelnen Wörter des Gesamtwortschatzes weder linear aufgelistet noch flächenhaft verteilt in logisch-systematisierten Wortfeldern strukturiert, sondern eher in einem mehrdimensionalen Netz miteinander verknüpft sind. Die Knoten des Netzes bilden dabei die Wörter. Solche Wortnetze sind von unterschiedlicher Qualität (vgl. KÜHN 2007):

- In **Sachfeldern** wird der Wortschatz unter enzyklopädischem und soziokulturellem Aspekt vernetzt, wobei verschiedenenartige Subnetze denkbar sind: räumliche, zeitliche usw. *Flughafen, Startbahn, Landebahn, Flugafengebäude, Hangar, Tower* bilden beispielsweise ein Sachfeld. Bei sachfeldartigen Vernetzungen können Sprach- und Weltwissen miteinander in Einklang gebracht werden.
- Äußerst effektiv ist die **Vernetzung** von Wörtern in **Ablaufschemata**, auch „Frames" oder „Scripts" genannt. In lexikalischen Schemata spiegeln sich unsere lebensweltlichen Wahrnehmungen, Erfahrungen und Interpretationen über Personen und Personenkonstellationen sowie über Sachkonstellationen und Handlungsabläufe. Die schemaorientierte Vernetzung zeigt sich im Wortschatz beispielsweise an Ablaufreihen wie *mit dem Flugzeug fliegen: das Flugzeug rollt auf die Startbahn, startet, hebt ab, steigt auf, fliegt, stürzt ab, kreist über [der Stadt, dem Flughafen], setzt zur Landung an, landet, rollt zum Hangar* usw. Im Fremdsprachenunterricht nutzt man solche lexikalischen Ablaufschemata schon seit langem.
- In **Kollokationsfeldern** werden Wörter miteinander in Beziehung gesetzt, die in Rede und Schrift aufgrund semantisch-syntaktischer Beziehungen gewohnheitsmäßig häufig gemeinsam vorkommen oder weil sie feste Verbindungen eingehen. Typisch sind die sogenannten lexikalischen Solidaritäten *(Katzen miauen)*, aber auch charakteristische Verb-Substantiv-Verbindungen *(einen Flug buchen, ein Flugzeug chartern)*, Adjektiv-Substantiv-Verbindungen *(ein angenehmer, ruhiger, unruhiger, turbulenter Flug)*, Wortbildungen *(Flugreise, Flugroute, Flugzeit)* oder Phraseologismen *(Redensarten) ([wie] im Flug)*. Kollokationsnetze entlasten die Schüler vor allem beim Schreiben und Reden. In Beobachtungen zum Spracherwerb (z. B. in Wortassoziationsexperimenten) wird immer wieder herausgestellt, dass Kinder ihren Wortschatz vor allem syntagmatisch vernetzen *(Flugzeuge fliegen)*, während Erwachsene eher paradigmatische Strukturen bevorzugen *(Flugzeug – Schiff)*.
- In **Wortfeldern** werden die einzelnen Wörter wortartenbezogen nach sprachspezifischen Bedeutungsmerkmalen vernetzt und geordnet. Wortfeldvernetzungen liegen vor als Synonyme *(Flugzeug – Flieger)*, Anto-

nyme *(starten – landen)*, Hyponyme *(Flugzeug: Düsenflugzeug – Propellerflugzeug – Segelflugzeug)*. Wortfeldnetze bauen sich allerdings erst im Schulalter auf.

- In **Bewertungsnetzen** sind die Wörter auf der Basis ihres konnotativen Gebrauchs verknüpft: *Flugzeug – Kiste/Mühle*; Bewertungsnetze sind oft bei jüngeren Schülern stark ausgeprägt, da besonders die Kindersprache durch eine starke Affektivität gekennzeichnet ist (z. B. wird mit *Feuer* immer Gefahr konnotiert).

- In **Assoziationsnetzen** wird der Wortschatz besonders unter den Aspekten Eigenerfahrung und -wahrnehmung zu einem Stimuluswort gruppiert: *Ferien – Sonne, Spanien, schlafen, Ski fahren, Eis essen, schwimmen* usw.

Wichtig ist es, herauszustellen, dass jedes Wort gleichzeitig Element verschiedener Netze ist oder sein kann. Daraus folgt zwangsläufig, dass mit dem Umfang des Wortschatzes auch die Vielfältigkeit seiner Vernetzung zunimmt. Für die Wortschatzarbeit muss hieraus die Schlussfolgerung gezogen werden: Je mehr Wörter ein Schüler kennt, umso einfacher ist es, neue dazuzulernen, gemäß der Devise: Ein Wort gibt das andere. Neue Wörter werden also nicht einfach irgendwo hinzugefügt, sondern ordnen sich an verschiedenen Stellen in das bereits vorhandene Wörternetz ein. Schwierig ist es, isolierte und einzelne Wörter zu behalten und zu erinnern, einfach ist es, viele Wörter in Netzen zu verknüpfen und damit zu lernen, zu behalten und zu gebrauchen. Nach der kognitivistisch-lernpsychologischen Perspektive ist die Wortschatzarbeit ein kreativer Konstruktionsprozess, in dem der Lerner keine rein rezeptive, sondern eine aktive Rolle spielt.

Wörter kommen zumeist nicht einzeln vor, sondern in Sätzen und Texten. Der Weg der Betrachtung geht meist von der kleineren Einheit „einfacher Satz" zur größeren Einheit „Text". Die Schüler erproben, dass sich Sätze gliedern lassen, indem sie nach und nach die bekannten operationalen Verfahren anwenden.

- **Umstellen und Ersetzen.** Dabei überprüfen die Schüler den Erhalt, die Modifikation oder die Veränderung der Bedeutung eines Satzes oder Satzglieds (im Unterricht am besten aus einem Text): *Maria ruft ihren Hund. – Ihren Hund ruft Maria. – Sie ruft ihren Hund. – Du rufst deinen Hund. – Deinen Hund rufst du. – Rufst du deinen Hund? – Wer ruft seinen Hund?* Sie erkennen die Personalform des Verbs je nach Subjektperson, das Possessivum (besitzanzeigendes Fürwort) je nach Bezugsperson/Besitzer und das Phänomen, dass *wer* ein Satzglied ersetzt und so eine Frage einleitet usw. Die operationalen Verfahren machen also das Zusammenspiel der Wörter und Wortgruppen im Satz sichtbar.

- Weiterarbeiten können sie mit der Operation des **Ergänzens**, die ihnen den Ausbau von Sätzen zeigt: *Maria ruft ihren folgsamen/großen/struppigen Hund. – Sie ruft ihren Hund laut/immer wieder/auf der Wiese. – Wer ruft seinen Hund und sein Pferd?* sowie
- mit der Operation des **Weglassens**, die ihnen die sprachliche Minimalausstattung vor Augen führt: *Sie ruft (ihn). Wer ruft?*

Texte (lat. textum „Gewebe", „Geflecht") sind einerseits Einheiten der Verständigung, denn der Autor eines Textes hat bestimmte Absichten und will beim Leser oder Hörer gewisse Wirkungen erzielen. Diese pragmatische Dimension des Textes ist Gegenstand der Kompetenzbereiche *Schreiben* bzw. *Lesen*. Texte zeichnen sich andererseits durch ihre besondere Struktur aus: Das Bild des Textes als Gewebe weist darauf hin, dass Texte durch sprachliche Mittel zusammengehalten werden – ähnlich wie das Gewebe durch Fäden. In der Forschung ist die Rede von Kohäsions- und Kohärenzmitteln. Ohne Kohäsion und Kohärenz kommt kein Text zustande.

Verweisstrukturen garantieren den thematischen roten Faden in einem Text. Zu solchen Verweismitteln zählen Pronomen/Stellvertreter (*das Mädchen – es*), Artikelwörter wie ein possessiver/besitzanzeigender Begleiter (*das Mädchen trug in seinem Körbchen ...*) und Pro-Wörter (*der Hund – das Tier*). Dabei sind verschiedene Verweisarten zu beachten: Vorwärtsverweise (*Sein Durst trieb ihn ... Der Fuchs ...*) oder Rückwärtsverweise (*Ein Fuchs kam zu einem Fluss. Er ...*).

Solche Verweise können auch in der Grundschule untersucht werden, z. B. im Bereich des Genus: *Es war einmal ein kleines Mädchen, **das** hatte jedermann lieb, vor allem aber **seine** Großmutter; **die** wusste gar nicht, was alles **sie** dem Kinde geben sollte ...* Inhaltlich geht es um ein weibliches Kind, nämlich das Rotkäppchen – dafür stehen am Anfang des Märchens die Nomen *Mädchen* und *Kind* mit Genus Neutrum / „sächlichem" Geschlecht. Die Kinder erkennen *Mädchen* als Verkleinerungsform, alle *-chen*-Wörter sind Neutra. Ein Ersatzwort (Pronomen) für *Mädchen* ist *das*, wiederum neutral, und auch der Begleiter des Besitzes (possessiver Begleiter) *seine* zeigt kein „weibliches Geschlecht". Dadurch weiß der Leser/Hörer besser, ob sich ein Ausdruck auf *die Großmutter* oder *das Kind* bezieht. Experimentell können die Kinder den Text geschlechtskonform umschreiben und ihn auf Klarheit und Klang beurteilen. Textarbeit dieser Art kann gelegentlich oder regelmäßig in die anderen Kompetenzbereiche integriert werden. Sie erlaubt viel selbstständige Arbeit und Beurteilung sowie reflektierende Gespräche und stärkt so die Kinder und deren Arbeitswillen.

Verknüpfungen verdeutlichen den Zusammenhang zwischen Satzteilen, Sätzen, Abschnitten oder Textteilen, indem ihr inhaltliches Verhältnis ausgedrückt wird. Es lassen sich dabei eine Vielzahl inhaltlicher Verhältnisse unterscheiden, z. B.:

- In einer Aufzählung werden mehrere Aussagen in eine lineare Ordnung gebracht *(Er ist groß **und** schlank)*.
- In einer Hinzufügung wird herausgestellt, dass noch eine Aussage hinzukommt *(Sie kannte das Aschenputtel, **aber auch** Dornröschen)*.
- Gegensätze betonen die Unterschiedlichkeit von Gedanken oder Aussagen *(**Während** die eine Mannschaft ..., hat die andere ...)*.
- In Vergleichen werden zwei Aussagen oder Gedankengänge gegenübergestellt *(**zum einen** ..., **zum anderen** ...)*.
- Die Abfolge verknüpft Sachverhalte oder Ereignisse in ihrem zeitlichen Nacheinander *(**am Morgen – eine Stunde später – dann – danach – gegen Mittag** ...)*.
- Durch Begründungen werden Motive, Hintergründe, Ursachen deutlich gemacht *(Sie liest das Buch, **weil** sie ein regelrechter Bücherwurm ist)*.
- Ereignisse oder Handlungen werden verständlicher, wenn man den Zweck oder die Absicht angibt, warum jemand etwas macht *(Sie tat alles, **um ... zu** ...)*.
- Allgemeine Gesetzmäßigkeiten, Regeln und natürliche Zusammenhänge werden oft in einem Bedingungsgefüge ausgedrückt *(**Wenn** du dich nicht verletzen willst, musst du einen Helm aufsetzen)*.

Wichtig ist in diesem Zusammenhang, dass die einzelnen Verknüpfungen durch unterschiedliche grammatische oder lexikalische Mittel ausgedrückt werden können. So lassen sich folgende Möglichkeiten für Begründungen unterscheiden: Konjunktion *(Er konnte sich alles kaufen, **denn** er war sehr reich)*, Subjunktion *(**Weil** er sehr reich war, konnte er sich alles kaufen)*, Konjunktionaladverb *(Er konnte sich alles kaufen, er war **nämlich** sehr reich)*, Konjunktionalpronomen *(Er war sehr reich, **deshalb** konnte er sich alles kaufen)*, W-Wort *(Er war sehr reich, **weshalb** er sich alles kaufen konnte)*, Partikel *(Er konnte sich alles kaufen. Er war **ja** sehr reich)*, Präposition *(**Wegen** seines Reichtums konnte er sich alles kaufen)*, lexikalischer Ausdruck *(Er war sehr reich. **Aus diesem Grunde** konnte er sich alles kaufen)*. Der Gebrauch dieser unterschiedlichen Mittel ist nicht synonym, sondern textsorten- und/oder stilbedingt. Dies macht die Arbeit mit textuellen Verknüpfungen besonders wichtig. In diesem Sinne lassen sich folgende Aufgabenfelder und entsprechende Aufgabentypen unterscheiden, die vor allem die Teilbereiche „Untersuchung der sprachlichen Verständigung" und „Arbeit an Wörtern, Sätzen und Texten" betreffen:

a) Rezeptive Wortschatzarbeit

In Verbindung mit dem Lesen und Hören von Texten erwerben die Schüle-

rinnen und Schüler die Fähigkeit, die Bedeutung von Wörtern aus dem Kontext zu erschließen und die Bedeutungen zu erklären (z. B. über Beispiele, Synonyme, Paraphrasen). Diese Art der Wortschatzarbeit gehört zum textnahen Lesen. Die Schüler müssen sich konzentriert und intensiv mit dem Text beschäftigen, um die Wortbedeutungen aus dem Zusammenhang erschließen zu können (detailliertes Lesen).
b) Produktive Wortschatzarbeit
Die produktive Wortschatzarbeit steht in Verbindung mit dem Schreiben und Sprechen. Hier müssen die Schülerinnen und Schüler in unterschiedlichen Texten und Textsorten sowie entsprechenden Situationen den Wortschatz angemessen und zielgerichtet gebrauchen: treffende Wortwahl, typische Wortverknüpfungen, abwechslungsreicher Ausdruck, intentionsspezifische Wortwahl usw.
c) Rezeptive Grammatikarbeit
Die rezeptive Grammatikarbeit steht im Dienste des Textverstehens. Schülerinnen und Schüler lernen Texte besser und genauer zu verstehen, wenn sie Textbezüge herstellen (z. B. Vor- und Rückwärtsverweise bestimmen, pronominale Verkettungen differenzieren) oder wenn sie Beschreibungen oder Charakterisierungen von Personen über grammatisch-syntaktische Mittel herausarbeiten (z. B. über die Bestimmung und Auflösung von Adjektivattributen, Präpositionalattributen, Relativsätzen, Wortbildungen usw.).
d) Produktive Grammatikarbeit
Die produktive Grammatikarbeit ist mit dem Sprechen und Schreiben vernetzt. Hier geht es darum, diejenigen grammatisch-syntaktischen Mittel auszuwählen, die unter dem Aspekt einer operationalen Grammatik zur Realisierung bestimmter sprachlicher Handlungen geeignet und angemessen sind: z. B. grammatische Mittel für Begründungen (z. B. *wenn, dann, deshalb, wegen* usw.), Bedingungen (z. B. *wenn ..., dann ...; falls* usw.), Vermutungen (z. B. *vermutlich, wahrscheinlich, meinen* usw.) oder für zeitliche Strukturierungen (z. B. *zunächst, anschließend, dann, zum Schluss* usw.).

(3) Der Teilbereich „Gemeinsamkeiten und Unterschiede von Sprachen entdecken" betrifft eine Frage, die Kinder immer wieder stellen: Warum sind die Sprachen verschieden, und was ist an ihnen verschieden? Den zweiten Teil der Frage wird man am besten mit den Kindern gemeinsam untersuchen, indem alle Kinder aus ihren Dialekten, Familien- und Fremdsprachen Beispielwörter oder -sätze zu einem Problem beisteuern. Kinder tragen gern spontan oder auf Nachfrage bei, was ihnen an Unterschieden zwischen den Sprachen auffällt:

- gleiche Lautformen wie *„Bär* das ist Kasachisch *gib mir"*, „Russisch *rot* heißt ja *Mund"*, „Englisch und Deutsch sind schon ähnlich, nämlich *garden – Garten, house – Haus*, aber was verschieden ist: *flower –* Blume";
- Dialektwörter und Standardwörter wie *Erdappel – Erdapfel – Kartoffel – K/Grummbiere* usw., bis zu *pomme de terre*, dem die Vorstellung von *Erdapfel* zugrunde liegt. Die Kinder wissen, dass es innerhalb derselben Sprache verschiedene Ausdrücke für eine Sache gibt *(Kartoffel, Erdapfel)* und dass Dialekt und Standard teils verschiedene Wörter für dieselbe Sache haben.
- Sie erkennen zwischen den Sprachen Verwandtschaften *(garden – Garten, Meer –* frz. *mer)*, aber auch sogenannte falsche Freunde, das sind Wörter mit ähnlicher Lautform und verschiedener Bedeutung wie in den Beispielen oben *Bär* und *rot* oder dt. *mehr*, frz. *mère, maire, mer* (Mutter, Bürgermeister, Meer).
- Ständige Aufmerksamkeit auf die Sprachen, die sich auf das gesamte Sprachlernen auswirkt, wird dadurch erreicht, dass die Kinder zum Vergleichen sprachlicher Beispiele ermutigt werden, weil ihre Überlegungen willkommen sind. Wenn die Kinder kleine deutsche Beispielsätze aus dem Unterricht in andere Sprachen übertragen und Wort für Wort vergleichen, erkennen sie, dass es Sprachen mit und ohne Artikel gibt oder dass die Subjektpronomen in manchen Sprachen nicht als eigenes Wort ausgedrückt werden müssen: *der Fels – kaya; die Moschee – cami; ich spreche – parlo – habla.*

Der erste Teil der Kinderfrage, wie die Sprachen entstanden und warum sie so verschieden sind, lässt sich zunächst weniger operational erarbeiten. Es fehlen auch grundschulgerechte Materialien für diesen Bereich. In der Fachdidaktik Deutsch findet er erst allmählich Interesse. Überlegungen mit den Kindern könnten von Tiersprachen ausgehen.

Fremdwörter sind ein Ergebnis des Austausches zwischen den Sprachen. Eine Sprache entlehnt einzelne oder viele Wörter aus einer anderen, oder viele Sprachen entlehnen dieselben Wörter aus einer Gebersprache, sodass diese Wörter international werden: *Ozean, protestieren, Computer...* Die entlehnten Wörter nehmen oft, aber nicht immer Formmerkmale der neuen Sprache auf, z. B. müssen entlehnte Nomen im Deutschen ein Genus erhalten und in die Fälle gesetzt werden *(der Computer, des Computers, die Computer; der/ das Joghurt)*, und Verben brauchen eine Verbendung *(lamentieren, booten)*. Das Verstehen, Sammeln, Ordnen und Gliedern von Fremdwörtern ist ein Gebiet, in dem Grundschüler selbstständig zu arbeiten und über Sprache nachzudenken üben können.

(4) Die sprachlichen Strukturen wie Wortarten, Satzarten, Satzglieder sowie Textverweise und -verknüpfungen sollen gesichert werden und verwendbar sein. Sie alle sind in den oben beschriebenen Kontexten dargestellt; sie werden allmählich an vielen Texten und Situationen erarbeitet und bekommen dann einen terminologischen Namen, einen Terminus. Damit sind sie aus der prozeduralen Arbeit entwickeltes Wissen. Prozedurales Können und deklaratives Wissen gehören bei der Sprachanalyse zusammen, auf der Basis größeren Wissens sind Prozeduren, Methoden, Techniken besser einsetzbar. Die Benennung durch einen Terminus ist das kognitiv gesicherte Ergebnis der sprachanalytischen Arbeit.

7.2.3 Merkmale eines kompetenzfördernden Unterrichts im Bereich *Sprache und Sprachgebrauch untersuchen*

- Ein Deutschunterricht, der Kompetenzen der Kinder fördern will, erkennt ihre schon vorhandenen Kompetenzen (vgl. Kap. 7.2.1) an, baut auf sie und nutzt sie.
- Ein kompetenzfördernder Unterricht berücksichtigt die verschiedenen Lebenspraxen, Erfahrungen und Sprachen der Kinder, versteht die Verschiedenheit als normal, erkennt sie an und widersteht Homogenisierungswünschen. Differenz der Beteiligten ist eine Grundbedingung der Schule, sie wird im Deutschunterricht fruchtbar gemacht in konstruktiver Auseinandersetzung mit den Sprachen und Dialekten und Sprachvorstellungen, die die Kinder äußern dürfen. Der Deutschunterricht richtet sich daher an alle Kinder und bezieht viele Sichtweisen ein, sodass interkulturelle Perspektivenwechsel regelmäßig vorkommen.
- Die Verständigungssprache ist Deutsch. Andere Sprachen kommen als Gegenstand der Aufmerksamkeit bzw. als Unterrichtsgegenstand vor; über sie wird gesprochen, aus ihnen stammen Sprachbeispiele. In diesem Sinne verfahren die *Language-Awareness-Konzepte*. Sprachen können im Prinzip auf zwei Arten zum Gegenstand des Sprachunterrichts werden: (a) indem den Lernenden von der Lehrperson Wörter oder Texte verschiedener Sprachen (Sprachen Europas, Sprachen der Welt) angeboten werden, mit denen sie sich kognitiv auseinandersetzen sollen; (b) indem die Lernenden selbst ihre Sprachen, Dialekte und darauf bezogene Beobachtungen und Hypothesen in den Unterricht einbringen.
- Vielfach treffen die Kinder selbst kooperativ Methodenentscheidungen, die gleichzeitig als Schritte auf dem Weg zu Lernbewusstheit und zu Lernerautonomie anzusehen sind, und sie leisten dabei Methodenreflexion. Sie erhalten und geben (wechselseitig) Hilfestellung bei der Selbst- und Fremdbeurteilung.
- Die Arbeit im Bereich *Sprache und Sprachgebrauch untersuchen* ist problemorientiert, bezieht sich auf bedeutsame Inhalte, wählt Erfahrungen

und Fragen der Lernenden als Basis und führt zu Orientierungswissen in den Teilgebieten Sprachgebrauch in Situationen, Sprachsystem und Sprachvergleich.

7.3 Aspekte eines Kompetenzmodells im Bereich *Sprache und Sprachgebrauch untersuchen*

In den Bildungsstandards der KMK werden die folgenden vier Teilbereiche von Sprachreflexion unterschieden:
- „sprachliche Verständigung untersuchen",
- „an Wörtern, Sätzen, Texten arbeiten",
- „Gemeinsamkeiten und Unterschiede von Sprachen entdecken" und
- „grundlegende sprachliche Strukturen und Begriffe kennen und verwenden".

Traditionell werden im Deutschunterricht der Grundschule der zweite und vierte Teilbereich am intensivsten bearbeitet, Auf diese Bereiche bezieht sich ein Modell von Kompetenzniveaus, das im Rahmen eines großen Leistungstests entstanden ist (BREMERICH-VOS/BÖHME 2009). In diesem Modell werden fünf Kompetenzniveaus unterschieden.

Auf **Niveau 1** können Schülerinnen und Schüler z. B. Aufgaben lösen, bei denen es um Ober- und Unterbegriffe geht. Es gibt eine Reihe von Konkreta, und „falsche Freunde", die nicht in die Reihe gehören, sollen gestrichen werden.

Ein Teil der Aufgaben, die auf **Niveau 2** gelöst werden können, hat auch mit Ober- und Unterbegriffen zu tun. Diesmal geht es aber nicht um „falsche Freunde", sondern darum, dass man zu einer Reihe von Konkreta den gemeinsamen Oberbegriff aufschreiben soll. Außerdem kann man hier Reimwörter erkennen oder auch selbstständig ergänzen und zu vorgegebenen Singulardie jeweiligen Pluralformen bilden.

Auf **Niveau 3** gelingt es den Schülerinnen und Schülern, in Texten und einzelnen Sätzen Exemplare der im Grundschulunterricht zentralen Wortarten Nomen, Verb und Adjektiv zu identifizieren. So lautet eine Aufgabe: „Zu welcher Wortart zählen die unterstrichenen Wörter? Trage ein: N für Nomen, A für Adjektive, V für Verben!" Es werden auch einige Aufgaben zur Ableitung (Derivation) und zur Beugung (Flexion) von Verben gemeistert; z. B. kann bei einer Aufgabe wie *Da weiß die Lehrerin keinen Rat. Sie ist* _____ das geforderte Wort hingeschrieben oder es können die richtigen Präsens- und Präteritumformen von vorgegebenen Infinitiven in einen Text eingesetzt werden.

Auf **Niveau 4** meistern die Schülerinnen und Schüler u. a. Aufgaben, die mit der Wortbildung zu tun haben. So sollen z. B. – Stichwort „Wortfamilien" – aus Verben, Adjektiven und Nomen Wörter anderer Wortarten gebildet oder auch Vorsilben (Präfixe) richtig zugeordnet werden.

Den Kern der Anforderungen auf dem höchsten, dem **5. Niveau**, machen Aufgaben aus, für deren Lösung man vor allem syntaktisches Wissen braucht, u. a. Aufgaben zu Satzgliedern. So soll man z. B. in einem Satz wie *Im Winter schlafen die Bären in geschützten Höhlen* die einzelnen Satzglieder mit Strichen voneinander abgrenzen oder unter den Satz *Heute geht Anna gerne in die Schule* die Anzahl der Satzglieder schreiben.

Verortet man die Ergebnisse in einem Modell des Sprachgebrauchs, in dem grammatische und funktional-pragmatische Aspekte integriert sind, dann wird deutlich, dass hier nur ein Teil dieser Aspekte erfasst ist.

Dass Aufgaben zur Vereinbarkeit der lexikalischen Bedeutungen von Konkreta leicht gelöst werden können (Niveau 1), kann erwartet werden. Die Bedeutungen sind aus dem mentalen Lexikon „direkt" abrufbar und ihre Zahl ist überschaubar, d. h. leicht im Arbeitsgedächtnis zu halten. Auch die relative Einfachheit von Aufgaben, die auf die Einheit Silbe, speziell auf den Reim, bezogen sind, überrascht nicht (Niveau 2). Zwar muss zunächst gelesen werden, dann geht es aber nur noch um die Ermittlung von Gleichheit auf der lautlichen Ebene. Für die Lösung von Aufgaben zu Wortarten, die für Niveau 3 charakteristisch sind, waren keine auf die Syntax bezogenen Überlegungen nötig, wie das z. B. bei Nominalisierungen der Fall gewesen wäre. Daraus, dass Aufgaben zur Ableitung bzw. zu Wortfamilien primär erst auf Niveau 4 gelöst werden, obwohl es sich um häufige Wörter bzw. Stämme handelt, kann man schließen, dass Umfang und Struktur des Wortschatzes der Kinder ausbaubedürftig sind. Bei den Satzgliedbegriffen schließlich (Niveau 5) handelt es sich um funktionale Größen, die als solche schwerer zugänglich sind.

Für die Teilbereiche „sprachliche Verständigung untersuchen" und „Gemeinsamkeiten und Unterschiede von Sprachen entdecken" liegen entsprechende Untersuchungen zu unterschiedlichen Niveaus von Kompetenzen zurzeit noch nicht vor. Insbesondere der Teilbereich 3 „Gemeinsamkeiten und Unterschiede von Sprachen entdecken" ist, bis auf die Untersuchung von Fremdwörtern, neu im Deutschunterricht und erfordert daher an dieser Stelle besondere Aufmerksamkeit. Dazu das Folgende als tastender Versuch:

In einer mehrfach, auch in anderen europäischen Ländern, replizierten Interviewstudie mit Kindern und Jugendlichen im Schulalter[1] wurden deren Sprachwissen und Spracheinstellungen durch Leitfadeninterviews erhoben. Einige der Ergebnisse sollen hier beispielhaft vorgestellt werden[2].

---

[1] OOMEN-WELKE 2002, OOMEN-WELKE u. a. 2003/2004, OOMEN-WELKE 2008

[2] Steigende Intonation /; fallende Intonation \; Pause unter 0,5 Sek.*

- **Teilbereich Standardsprache – Dialekt:** In den Interviews beschreiben die 7- bis 8-Jährigen den Dialekt gegenüber der Standardsprache als „ist anders; man tut das ein ganz kleines bisschen verändern". Die 9-bis 11-Jährigen bringen Dialektwörter als Beispiele – „ik, geschnieen, uf guat Badisch" – und nennen als Veränderungstechnik „hinten noch was dranhängen; so mit -le". Die 12- bis 14-Jährigen betonen die unterschiedliche Lautung und Lexik in Standardsprache und Dialekt – „alles so langziehen; *Semmel* statt *Brot*" – sowie die regionale Gebundenheit: „Bei uns in Irak gibt's auch Dialekte\ ganz ganz komisch ist das\ Arabisch/ Kurdisch – und dann Türkisch und Kurdisch\ aber – und hier gibt es das Deutsch/Bayerisch und – ich versteh kein Wort\ also als ich damals in Bayern war\hab ich kein Wort verstanden\ die fangen an irgendeinen Unsinn zu reden\." Bei den Einstellungen zu Standardsprache und Dialekt reproduzieren sich die bekannten Haltungen Erwachsener: Der eigene Dialekt wird als warm und bequem erlebt, fremde Dialekte als unangenehm und unschön, die Standardsprache als niveauvoller: „Meine Oma spricht einen breiten Dialekt und wenn ich dort bin rede ich auch ein bißchen\ aber meine Mutter hat das nicht so gerne\"; „so ganz komisch (sind andere Dialekte)\"; „Das Badische (gefällt mir besser)\Da kann man einfach drauflosrede\" (Grundschülerinnen und Grundschüler); „wenn ich jetzt z. B. ein Vorstellungsgespräch hab oder so\ da mit so höheren Personen red/ also dann versuche ich net Badisch z rede sondern mehr normal\ so Hochdeutsch so mehr\ damit das net so dumm ankommt\" (Realschülerin). Dialekt ist ein für die Schülerinnen und Schüler relevantes Thema, zu dem sie viele Beiträge liefern können und wollen.
- **Teilbereich Sprachähnlichkeit:** Allgemein bemerken die Kinder der 3. und 4. Klassen, dass geografische Nähe oft auch Sprachverwandtschaft bedeutet, nämlich Deutsch und Holländisch, Deutsch und Schwyzerdütsch, Deutsch und Österreichisch. Es gebe auch Ähnlichkeiten mit dem Englischen, z. B. *dog – Dogge*. Die 12-Jährigen bringen mehr Vergleiche mit Englisch als verwandter Sprache *(garden – Garten, house – House, school – Schule, the lamb – Lamm, good morning – good night;* dagegen *flower – Blume)*, sehen aber auch, dass Englisch eine Weltsprache ist und Internationalismen generiert: „Heute kommen jetzt auch noch ins Deutsche noch englische Wörter dazu\": *patient – Patient* usw. Auch zwischen Italienisch und Französisch wird eine Verwandtschaft festgestellt, „Zigeunisch" und Albanisch sogar für fast gleich gehalten. Diese kindlichen Befunde machen sich am Wortschatz fest, wie ja Wörter mit ihrer Lautung und Bedeutung generell die Fänger der kindlichen Sprachaufmerksamkeit sind. Die Zweisprachigen vergleichen gern Deutsch mit ihrer Familiensprache und benutzen ca. ab Klasse 4 dazu ihre entstehende deklarative Sprachbeschreibungskompetenz: „Wir haben kein *W* und kein *Y*/ dafür aber mehr

Zischlaute" (kroatisch); „Es unterscheidet sich völlig\viele *Üs* drin\" (türkisch); „*ja* schreibt man russisch я – das wissen in der Klasse schon alle\ dieses ganze *ja* ist nur ein Buchstabe\" (russisch). Die letzte Äußerung belegt, dass das Sprechen über die Familiensprachen der Kinder in der Regelklasse einen Stellenwert haben kann.

■ **Teilbereich Sprachenlernen:** Ab Klasse 3 unterscheiden die Kinder die drei Typen des Sprachenlernens genau: Spracherwerb in der Muttersprache, Zweitsprachenlernen und Fremdsprachenunterricht. Letzterer ist mit der Institution Schule und ihren mehr oder weniger spielerischen Methoden verknüpft: „Die Lehrerin macht das an der Tafel vor/ und dann müssen wir das schreiben\"; „Wir singen dann oder spielen was vor\". Der Erstspracherwerb wird als das natürliche Ergebnis des Aufwachsens betrachtet: „Das kann ich von meinen Eltern\"; „Von ganz alleine\" (im Sinne von „ohne größeren Aufwand"). Die Zweisprachigen beschreiben ihren Deutscherwerb meist als Ergebnis langen Zuhörens und der Interaktion mit Deutschsprachigen: „Und dann haben immer alle mit mir geredet/ und ich hab zugehört* und wieder und wieder* und ich hab das nachgesprochen bis ich das konnte\." Das Sprechen über das Sprachenlernen bahnt Sprachlern-bewusstheit als Teil der Methodenkompetenz an. Es kristallisieren sich folgende Sprachpräferenzen heraus, hier Beispiel Russisch: „Eigentlich Deutsch\ weil das ist ja auch die Sprache die wir reden müssen\ weil wir sind ja in Deutschland/ nicht in Russland\" gegenüber „Deutsch ist sozusagen der Alltag* und bei manchen Wörtern aus Russland kommen mir doch ein paar Erinnerungen manchmal\" und „Russisch/ ich spreche sie gerne* weil ich sie nicht vergessen will wenn ich mal wieder nach Russland fliege\". Viele zweisprachige Kinder würden gern in ihrer Familiensprache lesen und schreiben lernen und haben zum Teil damit angefangen. Einsprachig deutsche Kinder im 4. Schuljahr geben an, gern andere Sprachen zu lernen mit dem Ziel der Kommunikation in Urlaubsländern – „Damit man in Spanien dann auch mit den Leuten reden kann\" – oder haben ausgefallenere Sprachlernwünsche wie „Zigeunerisch", „wie die Leute in der Zukunft reden", Bauchsprache, Tiersprache.

Diese Äußerungen geben Einblick in das Denken und Wissen von Grundschülerinnen und Grundschülern. Sie liefern Anknüpfungspunkte für den Deutschunterricht im Kompetenzbereich *Gemeinsamkeiten und Unterschiede von Sprachen entdecken*. Aus der zitierten Feldstudie ist zu entnehmen, dass die Zweitsprachler dazu viele Beiträge leisten können, teils vielfältigere als die Einsprachigen, und dass der Austausch darüber fruchtbar ist. Das wurde selbst für Teilthemen wie „Dialekt" festgestellt, bei denen man vermutet hätte, sie könnten die Einsprachigen begünstigen. Vgl. auch Mitschnitte aus dem Deutsch- und Sachunterricht 2., 3. und 4. Schuljahr:

A) Sachunterricht Regelklasse, Thema Haustiere.
Vasiliki (8 J. gr./dt.): Wenn ich griechisch Katze sage, dann heißt das „setz dich".
Daniel (8 J. dt.): Und was heißt dann griechisch „Katze"?

Beide Kinder richten ihre Aufmerksamkeit auf ein Wort. Vasiliki stellt eine für sie alltägliche Sprachbeobachtung an, deren metasprachlicher Gehalt darin besteht, an einem Beispiel bei gleicher Lautform verschiedene Bedeutungen in den Sprachen Deutsch und Griechisch zu konstatieren. Solche Bemerkungen sind in der Grundschule häufig, sie bedürfen (noch) keiner Terminologie. Daniel versteht, dass die Lautform *Katze* im Griechischen besetzt ist, sodass die Bedeutung „Katze" eine andere Lautform braucht. Er zieht also den einfachen metasprachlichen Schluss: Die Bedeutung „Katze" muss im Griechischen anders heißen (ausgedrückt werden) als im Deutschen. Das zeigt, dass das deutsche Kind im Kontakt mit anderen Sprachen spontan Anlässe findet, sprachstrukturelles Denken anzubahnen.

B) Nebengespräch Internationale Vorbereitungsklasse 3 mit 7- bis 11-Jährigen.
Anton aus Kasachstan muss während des Unterrichts häufig auf die Toilette. Als er wieder einmal geht, ruft ihm Koffi (9 J. aus Togo, Ewe/frz.) nach: „Du sollst Antoilette heißen besser!"

Dieses spontan vorgebrachte Sprachspiel belegt hohe Sprachaufmerksamkeit im phonologisch-semantischen Bereich. Koffi spielt mit dem Vornamen *Anton* und dem vom frz. Korrespondens *Antoine* abgeleiteten Vornamen *Antoinette*. Mit Letzterem wird, ausgelöst durch extraverbale Ereignisse, ein Minimalpaar mit der Opposition [n : l] gebildet. Solche Sprachwitze gelingen bei hoher Sprachaufmerksamkeit und Sprachbewusstheit.

C) Gespräch über Wörter und ob man „Haus" und „Stuhl" einfach gegeneinander austauschen könne; vgl. PETER BICHSEL: Ein Tisch ist ein Tisch.
Boris (9 J., russ./dt.): Das Haus beziehungsweise die Schule ist innen hohl und man kann hineingehen\ aber man kann ja nicht in den Stuhl hineingehen\ weil man kann zwar unter den Stuhl und auf den Stuhl und neben den Stuhl/ aber man kann ja nicht in den Stuhl\ Also irgendwann hat **jemand den Wörtern einen Namen gegeben** \ vielleicht zum Beispiel* kennt jemand das Restaurant *Bistro* weil als die russischen Soldaten vorbeikamen/ haben sie alle gesagt an den Baren *bistre bis-tro** und das heißt *schnell schnell* und so entstand* eben dieser Name und dann hatte jemand die Schule/ auch so wie dieses Bistro entdeckt sozusagen und jetzt gilt es\

Boris operiert kognitiv auf der Metaebene der Sprachtheorie. Es fehlt ihm zwar noch die Terminologie, dennoch beschreibt er die Semantik von *Haus* und *Stuhl* als unterschiedlich. Seine zentrale Aussage in der Mitte ist allgemeingültig, sie beschreibt die Verbindung von Ausdruck und Bedeutung durch Konvention der Benutzer, auch wenn ihm hier wieder die Mittel zum metasprachlichen Ausdruck fehlen („Jemand hat den **Begriffen** einen Namen gegeben."). Boris belegt diese Erkenntnis an einem passenden Beispiel (das übrigens auch in Frankreich bekannt ist) und überträgt sie auf Wörter des Deutschen. Er leistet damit selbstständig einen Transfer, wohl die höchste Niveaustufe in diesem Kompetenzbereich.

Themen, die diesen Kompetenzteilbereich erschließen können, sind neben dem Sprechen über Dialekt und Sprachen(lernen) auch Geheimsprachen und Tiersprachen, ferner kleine Textvergleiche in verschiedenen Sprachen und Dialekten sowie lebensweltlich orientierte Themen mit sprachpragmatischem Aspekt wie Höflichkeit oder Körpersprache in verschiedenen Ländern, Namenstraditionen usw[3]. Über die **Kompetenzniveaus** haben wir noch keine empirisch gesicherten Erkenntnisse aus einer Aufgabentestung. Es lässt sich aber ziemlich sicher sagen, dass die spontane Sprachaufmerksamkeit vom Wort ausgeht und Lautung oder Bedeutung erfasst, vgl. die Beispiele oben. Größere Spracheinheiten zu betrachten, braucht in der Regel Anleitung durch Unterricht.

Mit aller Vorsicht seien die folgenden drei Niveaus zur Diskussion gestellt:

Niveau 1: Verstehen des sprachlichen Zusammenhangs und des Problems auf einer ersten, sachbezogenen Ebene; dazu kriteriengeleitetes Sammeln von Spracheinheiten/Wörtern; Überlegungen, bezogen auf eine Ebene des alltäglichen Sprachgebrauchs.

Beispiele: Ähnlichkeit von Namen in verschiedenen Sprachen; Unterschiede der Form; Höflichkeitsfloskeln, deren wörtliche und pragmatische Bedeutung usw.

Niveau 2: Methodische Überlegungen zur Lösung eines sprachlichen Problems; bekannte Verfahren und Routinen als Schritte zum Ergebnis. Metasprachliche Überlegungen in Bezug auf Verfahren und Ergebnisse.

Beispiele: Sätze, kleine Texte oder Sprichwörter in verschiedenen Sprachen vergleichen, Überlegungen zum Wort-für-Wort-Vergleich, zur Sprachstruktur (z. B. Artikel oder nicht) und zur gemeinten Textaussage usw.

Niveau 3: Selbstständige Anwendung der Verfahren im Hinblick auf ein Problem/eine Fragestellung; eigenständige Lösungsansätze. Meta-Reflexionen und Beurteilungen von Problemstellung und Verfahren.

---
[3] Neben verstreuten Einzelmaterialien sei verwiesen auf die Reihe „Der Sprachenfächer", die sprachvergleichende Themen mit Öffnung für die Sprachen der Lernenden anbietet (Arbeitsblätter und Kommentare).

7.4 Integrative Aufgaben – Vernetzung der Kompetenzbereiche

7.4.1 Kompetenzentwickelnde Unterrichtsaufgaben zum Bereich *Sprache und Sprachgebrauch untersuchen*

7.4.1.1
Thema: Kasper und der Zauberer Petrosilius Zwackelmann
Standard: Sprachliche Verständigung untersuchen

- Wörter in Zusammenhängen zuordnen
- Sprechintentionen erkennen
- Wirkungen von Sprache einschätzen
- Sprachliche Mittel, experimentell und spielerisch mit Sprache umgehen
- Andeutungen sprachlich aus dem Text herauslesen

Es werden alternative Aufgabenformate vorgeschlagen, die geschätzten Anforderungsbereiche werden vermerkt.

„Was ich soll?", fragte Kasperl. „Ich soll ... – Ja zum Kuckuck, was soll ich denn? Eben hab ich's noch genau gewusst. Aber jetzt ... - Augenblick mal, ich glaube, jetzt ist es mir wieder eingefallen!"
Kasperl schob sich den Seppelhut aus der Stirn.
„Ich soll erstens sechs Eimer Kartoffeln zersägen, spalten und aufstapeln, zweitens drei Klafter Holz schrubben, drittens den Fußboden in der Küche schälen und kleinschnippeln für das Abendbrot, viertens ..."
„Halt ein!", rief der große Zauberer Zwackelmann. „Aufhören mit dem Quatsch, auf der Stelle aufhören!"
Kasperl machte ein überraschtes Gesicht.
„Wieso aufhören?", fragte er.
„Weil du alles verwechselst und durcheinanderbringst! Fang noch einmal von vorne an!"
„Sehr gern, großer Zauberer Reprozilius Fackelspan! Ich soll erstens sechs Eimer Kartoffeln umstechen, zweitens den Fußboden in der Küche zersägen, spalten und aufstapeln, drittens im Kräutergarten die leeren Beete schrubben, und viertens Was war doch das Vierte gleich?"

Aufgaben

Schritt 1:
Dies ist ein Auszug aus dem Buch „Der Räuber Hotzenplotz" von OTFRIED PREUSSLER.
Kasper ist beim Zauberer Zwackelmann gefangen und muss für ihn arbeiten. Welche Arbeiten verlangt der Zauberer von Kasper?
Schreibe jede Tätigkeit in eine neue Zeile.

Sache	Tätigkeit
sechs Eimer Kartoffeln	schälen
	kleinschnippeln (für das Abendbrot)
drei Klafter Holz	zersägen
	spalten
	aufstapeln
den Fußboden in der Küche	schrubben
im Kräutergarten die leeren Beete	umstechen

Lösung: sechs der Zuordnungen richtig

Schritt 2:
Warum sagt der Zauberer: „Aufhören mit dem Quatsch!"? (Klassengespräch)
Mögliche Lösung (Mehrfachantworten möglich):

Weil Kasper alles verwechselt und durcheinanderbringt.
Weil Kasper die falschen Tätigkeiten sagt.
Weil die Sache und das, was damit gemacht werden soll, nicht zusammenpassen.
Weil der Zauberer fürchtet, dass Kasper Sachen kaputtmacht oder Unheil anrichtet.

Schritt 3:
Warum redet Kasper Quatsch? (Klassengespräch oder Gruppengespräch)
Voraussetzung ist, dass die Figuren bekannt sind.

Mögliche Lösung (Mehrfachantworten möglich):

Weil er dumm ist.
Weil er sich so viele Arbeiten nicht merken kann.
Weil er etwas kaputtmachen und so den Zauberer ärgern will.
Weil er sich dumm stellt, um die Arbeiten nicht tun zu müssen.
Weil er den Zauberer um den Verstand bringen will.
Weil er hofft, dass der Zauberer ihn bald hinauswirft.

Schritt 4:
Habt ihr Ideen, wie Kasper beim Zauberer Zwackelmann noch mehr Unsinn reden könnte? Sucht Nomen für die Sachen und passende Verben für die Tätigkeiten und schreibt auf, was er sagen könnte. (Klassengespräch oder Gruppenarbeit)

Mögliche Lösung:

Der Zauberer befiehlt:			Kasper wiederholt:	
Lampe	anzünden		Käse	bügeln
Hose	bügeln		Geschirr	anzünden
Suppe	kochen	➔	Lampe	kochen
Geschirr	spülen		Bleistift	spülen
Käse	schneiden		Hose	schneiden
Bleistift	anspitzen		Suppe	anspitzen

Schritt 5:
Welche Hinweise findet ihr in der Geschichte, dass Kasper den Zauberer verwirren will?

Mögliche Lösung:
Kasper bringt alles durcheinander (und ähnliche Wiederholungen).
Kasper hat den Seppelhut auf.
Kasper nennt den Zauberer Petrosilius Zwackelmann „Reprozilius Fackelspan".

7.4.1.2
Thema: Wortkombination – Sprachvergleich
Standard: Wörter untersuchen und strukturieren, sprachliche Operationen nutzen, mit Sprache experimentell umgehen, Deutsch und andere Sprachen vergleichen

Die Aufgabe arbeitet mit fremden Zahlwörtern, daran entwickelt sie das Verständnis dafür, wie aus einer begrenzten Zahl von Einheiten viele Ausdrucksmöglichkeiten für Bedeutungen entstehen können. Im Klassengespräch oder in Gruppen gleichen die Kinder ihre methodischen Ideen ab und bilden die Zahlen.

Die Aufgabe ist durch Nachdenken lösbar, es handelt sich um eine motivierende Knobeltätigkeit.

- Um die Zahl 6 zu bilden, zerlegen die Kinder sie in die Summanden 5 + 1 und drücken das sprachlich aus. Ebenso bei den weiteren Zahlen bis 9. Dies wiederholt sich später bei den Zahlen von 11 bis 19 und nach dem Mehrfachen von Zehnern (21 – 29, 31 – 39 usw.). Als Kombinationen sind Reihenfolgen wie im Deutschen möglich: siebzehn oder wie im Französischen *dix-sept*. WOLOF stellt das zu Addierende nach rechts.

Bei der Zahl 20, die als 10 + 10 oder 2 × 10 einfach zu zerlegen ist, taucht ein neues Problem auf, nämlich die Stellung bei den Zehner-Kombinationen. Wenn man 10 + 10 sagt, wie heißen dann 40, 90? Heißt 40 etwa *fuuk fuuk fuuk fuuk*? Das wäre unpraktisch gegenüber der einfachen Möglichkeit 2 × 10 oder 10 × 2.

Zählen in WOLOF

WOLOF ist eine westafrikanische Sprache; man spricht WOLOF in Senegal, Gambia und in angrenzenden Gebieten. Es gibt in derselben Region aber noch viele andere Sprachen.

Das Zahlensystem des WOLOF, das die *Hand* zugrunde legt, könnt ihr sicher verstehen und ergänzen! Mehr als diese Zahlwörter gibt es nicht unter hundert.

Zahlensystem des WOLOF

1	bene	10	fuuk
2	ŋaar	11	
3	ŋiat	12	
4	ŋient	13	
5	juroom	15	
		18	
6		20	
7		21	
8		23	
9		27	
30 fan wer *(Ausnahme!)*			
34		40	
39		46	
52		66	
77		81	
99		100	temer

Knobelzeit ca. 15 Minuten, möglichst zu zweit oder in kleinen Gruppen. Vielleicht gibt es nicht nur eine Lösungsmöglichkeit?

Begründet eure Lösung.
Wie habt ihr *plus*, wie habt ihr *mal* geregelt?

Das Problem der Stellung der Elemente ist durch Konfrontation mit 12 *fuuk ŋaar* (evtl. auch *ŋaar fuuk*; s. o.) zu lösen, denn 20 darf nicht mit 12 verwechselbar sein.

Die Kinder ziehen den Schluss, dass der Mutiplikator eine andere Stellung haben muss als der Summand: *ŋaar fuuk* mit dem Multiplikator „zwei" links (oder, falls vorher der Einer-Summand nach links gestellt wurde, heißt es hier *fuuk ŋaar*). Dann kann weitergezählt werden.

Logisch sind beide Stellungsvarianten richtig, auch wenn WOLOF *fuuk ŋaar* sagt. Niveau II ist erreicht, wenn Kinder mit einem „kleinen Schubs", z. B. einer Rückspiegelung ihrer Äußerung („Dann hieße 40 auf WOLOF fuuk fuuk fuuk fuuk?") oder einer Nachfrage („Meinst du ...") eine Lösung finden, die eindeutig ist.

■ Über das Niveau II hinaus erarbeiten die Kinder die Lösung selbstständig.

Außerdem können sie ihre Reflexionen zu den Alternativen äußern („Wenn ich die dazugezählten Teile hinter 5 oder 10 gestellt habe, dann müssen die malnehmenden Teile vor den Zehnern stehen, damit es keine Verwechslung gibt.").

Sie stellen sich evtl. die Frage, ob das auch schon für 2 × 5, also für 10 gilt, also 10 *ŋaar juroom*. Sie schätzen die Konsequenzen eines solchen Vorgehens ein. 20 wäre dann 4 × 5, *ŋient juroom* usw.

Sie formulieren allgemeine Erkenntnisse über das Funktionieren komplexer sprachlicher Ausdrücke („Wenn man eine kleine Anzahl Wörter hat, kann man sie immer neu ordnen, dann drücken sie etwas anderes aus, was damit zusammenhängt.")

7.4.1.3
Thema: Internationale Wörter vergleichen
Standards: Wörter sammeln und ordnen, Möglichkeiten der Wortbildung erkennen, gebräuchliche Fremdwörter untersuchen

■ Es ist günstig, wenn kleine Wörterbücher für die Sprachen der Schülerinnen und Schüler und für die Schulfremdsprachen in der Klasse verfügbar sind.
■ Es ist möglich, nicht alle Felder einer Spalte ganz in jeweils einer Sprache auszufüllen, sondern die Sprachen zu mischen und hinter die einzelnen Wörter einen Vermerk zu machen wie engl., frz., tk. usw. Dann genügt das Arbeitsblatt auf S. 166.
■ Wenn die Aufgabe von der Klasse gemeinsam gelöst wird (Variante a), kann die Lehrperson eine OHP-Folie im Querformat auflegen, die Spalten für mehrere Sprachen enthält, s. S. 165. Es sollten Spalten für die Schulfremdsprachen sowie für die Herkunftssprachen/Familiensprachen der Schülerinnen und Schüler vorgesehen werden.

Sprache: Deutsch	Sprache:	Sprache:	Sprache:
der Ozean			
der Kaffee			
die Toilette			
das Ballett			
dirigieren			
der Atlas			
das Kostüm			
protestieren			

■ Das Arbeitsblatt ist auch in Gruppenarbeit lösbar (Variante b). Es kommt auf die sprachliche Zusammensetzung der Gruppe an, ob nach Variante a oder b verfahren wird.

Aufgaben
■ internationale Wörter finden und in die Tabelle eintragen
■ vergleichen, andere Schreibung und Endungen markieren
■ Wörter anderer Sprachen aussprechen (Schulfremdsprachen)
■ Wörter anderer Erstsprachen aussprechen (nur Mehrsprachige)
■ Wörter anderer Erstsprachen aussprechen (nicht eigene Muttersprache)
■ den Höreindruck anderer Wörter im Vergleich mit dem Deutschen präzise beschreiben (z. B. „Da gibt es solche *sch*-Laute, die wir im Deutschen nicht haben.")
■ Vergleiche zwischen Sprechen und Schreiben (z. B. „Im Russischen gibt es einen Buchstaben я, der als mehrere Laute gesprochen wird.")

Internationale Wörter vergleichen

In vielen Sprachen gibt es Fremdwörter mit ähnlichem Klang und ähnlicher Bedeutung. Man nennt sie internationale Wörter. Die Schreibung kann aber unterschiedlich sein.

Finde internationale Wörter in Sprachen, die du kennst.

Sprache: Deutsch	Sprache:	Sprache:
der Ozean		
der Kaffee		
die Toilette		
das Ballett		
dirigieren		
der Atlas		
das Kostüm		
protestieren		

Kennzeichne mit Farbe,
- wo entsprechende Wörter verschieden geschrieben werden,
- wo die Endungen verschieden sind.

Wie werden die Wörter ausgesprochen?
Klingen sie ähnlich wie im Deutschen oder anders?

7.4.1.4
Thema: grundlegende sprachliche Strukturen und Begriffe; Häufigkeit von Wörtern; Wortarten und Wortformen
Standards: grundlegende sprachliche Strukturen und Begriffe, Wörter ordnen und strukturieren, Wörter richtig schreiben

Die häufigsten Wörter der deutschen Sprache sind Strukturwörter (Funktionswörter/Synsemantika). Diese häufigen Wörter, die überwiegend Artikel, Pronomen oder Konjunktionen und Präpositionen sind und den Schülerinnen und Schülern aufgrund ihrer Abstraktheit häufig Schwierigkeiten bereiten, werden spielerisch bearbeitet und bereiten dabei Wortarten- und Wortformenwissen vor.

Strukturwörter sind für sich semantisch unbedeutend und werden in Aufgaben meist wenig berücksichtigt. Besonders Kinder mit schriftsprachlichen Problemen müssen diese Wörter immer wieder neu erlesen und probierend schreiben. Eine bewusste Automatisierung entlastet die Technik des Schreibens und Lesens dieser Wörter.

■ Den Hintergrund der Aufgabe bilden Überlegungen zur Sprachökonomie: Es gibt wenige häufige Elemente (Struktur- oder Funktionswörter), die wenig Inhalt haben und immer wieder verwendet werden, und außerdem andere Elemente (Inhaltswörter), die im Sprachinventar groß an Zahl sind, aber als Einzelne nur selten vorkommen.

■ Am Anfang steht eine nicht zu umfangreiche Einführung, entweder als antizipierende Frage (Alternative 1) oder als Voruntersuchung anhand nicht zu langer Texte (20 Zeilen, Alternative 2 und 3), deren Wortschatz in Gruppenarbeit ausgezählt wird. Damit sind die Kinder für das Folgende sensibilisiert, und die Frage nach den häufigsten Wörtern einer Sprache wird auch spannend.

■ Die Fragen werden nacheinander bearbeitet, in Gruppen oder im Klassenverband. Suchaufgaben können auch als Einzelarbeit aufgegeben werden. Ein Wörterbuch mit Wortvarianten kann hilfreich sein. Am Ende eines Arbeitsschritts steht meist die Ergebnissicherung in der Klasse.

Die Kinder können an dieser Aufgabe Ansätze zum Verstehen sprachsystematischer Zusammenhänge erfahren, wie sie auch in den vorigen Aufgaben dieses Kapitels angelegt waren. Sie brauchen ihr Wortartenwissen, es wird im Ausknobeln wiederholend angewandt und gefestigt. Über diesen Vorschlag hinaus können aus dem Material auf Wunsch auch weitere Wortarten erarbeitet werden, am besten in Verbindung mit Texten, s. z. B. Alternative 1: Häufig sind Wörter wie *zu, in, auf, nach* ... Warum? Ein Terminus könnte nachgeschoben werden.

Schritt 1: Antizipation und Textarbeit

Alternative 1	Alternative 2	Alternative 3
Problemfrage: Was meint ihr: Welches Wort kommt im Deutschen am häufigsten vor? Was bedeutet es?	*Texte untersuchen:* (2–3 verschiedene Texte aus Kinderbüchern) Welche Wörter kommen in allen drei Texten häufig vor? Was bedeuten sie?	*wie Alternative 2, aber am PC die Suchfunktion nutzen*

Schritt 2:

Hier findet ihr die 100 häufigsten Wörter des Deutschen, die als Pyramide dargestellt sind.

Die 100 häufigsten Wörter

die

der und

zu in ein den das

nicht von sie ist des

sich mit dem dass er es ich

auf so eine auch als an nach wie im für

man aber aus durch wenn nur war noch werden

bei hat wir was wird sein einen welche sind oder um

haben einer mir über ihm diese einem ihr uns da zum zur

kann doch vor dieser mich ihn du hatte seine mehr am denn

nun unter sehr selbst schon hier bis habe ihre dann ihnen seiner alle

wieder meine Zeit gegen vom ganz einzelnen wo muss ohne eines können sei

Integrative Aufgaben – Vernetzung der Kompetenzbereiche 169

---

a) Was für ein Wort ist das häufigste Wort im Deutschen? Wie viele Wörter dieser Wortart findet ihr unter den zehn häufigsten Wörtern? Gibt es Probleme bei der Antwort? Welche?

b) Sucht in Texten, ob die häufigsten Wörter darin enthalten sind. Macht Listen, wie häufig sie vorkommen. Jedes Kind ist für drei oder vier Wörter zuständig.

Beispiel:

ihr	die	aus
l	⊞	

c) An wievielter Stelle steht das häufigste Verb? ... und das zweithäufigste? An wievielter Stelle steht das häufigste Nomen/Namenwort? An wievielter Stelle steht das häufigste Adjektiv?

d) Von welchen Wörtern stehen zwei oder mehrere Formen in der Pyramide? Wie gehören sie zusammen, was ist an ihnen verschieden? Markiere es farbig!

e) Überlegt, warum wohl manche Wörter im Deutschen sehr häufig sind.

f) Kennt ihr vielleicht Sprachen, in denen eine Wortart gar nicht vorkommt, die im Deutschen häufig ist?

Lösungen:

a) Es genügt nicht, das Wort *die* zu nennen, sondern die Wortart „bestimmter Artikel" gehört dazu. Die Artikel *die*, *der*, *den*, *das* und *ein* gehören zu den zehn häufigsten Wörtern/Wortformen. Evtl. wird *ein* als „unbestimmter Artikel" nicht hinzugerechnet, sondern als andere Wortart betrachtet.

b) Die Texte der Alternative 2 (s. S. 167) oder andere kurze Texte können durchgesehen werden. Die Kinder vergleichen ihre Statistiken.

c) Das häufigste Verb *ist* steht an 12. Stelle, *war* steht an 37. Stelle. Es folgen *sein, werden* und *hat, haben*. Das häufigste Nomen *Zeit* steht an 90. Stelle. Das häufigste Adjektiv *einzelnen* steht an 94. Stelle, sofern *welche* (an 47. Stelle) nicht berücksichtigt wird.

d) Hier kann man eine kleine Tabelle anlegen:

Artikel	Nomen	Verb	Adjektiv	Pronomen
die 1.	Zeit 90.	ist …	…	…
der 2.		war …		
den 7.		…		
das 8.				
ein 6.				

Die zusammengehörigen Artikel unterscheiden sich durch Bestimmtheit/ Unbestimmtheit, durch die Fälle und das grammatische Geschlecht. Die zusammengehörigen Verben unterscheiden sich durch die Personalform und die Zeitform bzw. den Infinitiv.
Nomen könnten sich durch Singular/Plural und die Fälle unterscheiden, Adjektive durch Endungen. Die Pronomen (die Kinder werden am ehesten definite Personalpronomen kennen) unterscheiden sich durch Singular/ Plural und die Fälle.

e) Manche Wörter sind im Deutschen häufig, weil sie wegen der Grammatik immer stehen müssen (Artikel beim Nomen) oder weil sie als Stellvertreter vorkommen (Pronomen). (Von diesen Wörtern gibt es nur wenige, von den Nomen gibt es dagegen sehr viele.)
Dass die Funktion von *sein, haben* und *werden* als Hilfsverben erwähnt wird, ist dagegen nicht zu erwarten.

f) Artikel gibt es in vielen Sprachen nicht, z. B. im Russischen, im Türkischen oder im Ungarischen.
(In vielen Sprachen gibt es auch keine Hilfsverben oder keine Gleichsetzung mit *ist*.)

7.4.2. Integrative Aufgaben

Das Konzept eines integrativen Deutschunterrichts verlangt, wie oben dargestellt, eine inhaltliche Vernetzung des Kompetenzbereichs *Sprache und Sprachgebrauch untersuchen* mit den übergeordneten Kompetenzbereichen *Lesen – mit Texten und Medien umgehen, Schreiben* sowie *Sprechen und Zuhören*. Hieraus ergeben sich zwei Grundsätze:
1. Ausgangspunkt, Gegenstand und Ziel der Untersuchung von Sprache und Sprachgebrauch ist die mündliche und schriftliche Sprachhandlungsfähigkeit der Schülerinnen und Schüler.

2. Im Zentrum des Kompetenzbereichs *Sprache und Sprachgebrauch untersuchen* steht die Arbeit mit authentischen mündlichen und/oder schriftlichen Texten.

Im Vordergrund stehen somit rezeptive und produktive Grammatik- und Wortschatzkompetenzen: Die Schüler sollen diejenigen lexikalischen, grammatischen und syntaktischen Kategorien und Regeln aktivieren und anwenden, die für das Verstehen und Produzieren von Texten wichtig und nützlich sind. In diesem Sinne lassen sich folgende Aufgabenfelder und entsprechende Aufgabentypen unterscheiden, die vor allem die Teilbereiche „Untersuchung der sprachlichen Verständigung" und „Arbeit an Wörtern, Sätzen und Texten" betreffen:

7.4.2.1 Rezeptive Wortschatzarbeit

In Verbindung mit dem Lesen und Hören von Texten erwerben die Schüler die Fähigkeit, die Bedeutung von Wörtern aus dem Kontext zu erschließen und die Bedeutungen zu erklären (z. B. über Beispiele, Synonyme, Paraphrasen). Diese Art der Wortschatzarbeit gehört zum textnahen Lesen. Die Schüler müssen sich konzentriert und intensiv mit dem Text beschäftigen, um die Wortbedeutungen aus dem Zusammenhang erschließen zu können (detailliertes Lesen).

Thema: Wortbedeutungen aus dem Kontext entschlüsseln
Standards: Beziehung zwischen Absicht – sprachlichen Merkmalen – Wirkungen untersuchen; Texte genau lesen
Klassenstufe: 4
Lernform: Einzel- oder Partnerarbeit
Anforderungsbereich: III
Quelle: Deutsch 2005a, S. 254

Das Entschlüsseln und Semantisieren wichtiger und/oder unbekannter Wörter und Formulierungen aus dem Kontext zählt zu den Basisfertigkeiten des Textverstehens. Auf der Basis des Kontextes müssen die Schülerinnen und Schüler in die Lage versetzt werden, bestimmte Textstellen detailliert zu lesen. Die folgende Aufgabe stammt aus dem Roman „Emil und die Detektive" von ERICH KÄSTNER. Es handelt sich um eine Dialogszene zwischen Emil und Gustav, die vor allem durch umgangssprachliche (z.B. *Der nimmt ihn hopp, Mausehaken*) oder Redewendungen (z. B. *durch die Lappen gehen, mit von der Partie sein*) gekennzeichnet ist. Durch die Semantisierung wichtiger Textstellen erkennen die Schülerinnen und Schüler, was sich zwischen den Gesprächspartnern (Emil und Gustav) abspielt und wie sich die Beziehung dieser beiden Personen entwickelt. Diese standardisierte Aufgabe zur rezeptiven Wortschatzarbeit (im Multiple-Choice-Format) steht damit im Dienste des Textverstehens. Die Schülerinnen und Schüler müssen ausgewählte Textstellen genau lesen und dabei die Kompetenz unter Beweis stellen, die Bedeutung von Wörtern und Formulierungen aus dem Kontext zu erschließen und die Bedeutungen erklären zu können:

Emil bekommt unerwartete Hilfe ...

Plötzlich hupte es dicht hinter Emil! Er sprang erschrocken zur Seite, fuhr herum und sah einen Jungen stehen, der ihn auslachte. „Na Mensch, **fall nur nicht gleich vom Stühlchen (1)**", sagte der Junge.
„Wer hat denn eben hinter mir gehupt?", fragte Emil.
„Na Mensch, ich natürlich. Du bist wohl nicht aus Wilmersdorf, wie? Sonst wüsstest du längst, dass ich 'ne Hupe in der Hosentasche habe. Ich bin hier nämlich bekannt wie 'ne Missgeburt."
„Ich bin aus Neustadt. Und komme grade vom Bahnhof."
„So, aus Neustadt? Deswegen hast du so'nen doofen Anzug an."
„Nimm das zurück! Sonst **kleb ich dir eine (2)**, dass du scheintot hinfällst."
„Na Mensch", sagte der andere gutmütig, „bist du böse? Das Wetter ist mir zum Boxen zu vornehm. Aber von mir aus, bitte!"
„Verschieben wir's auf später", erklärte Emil, „ich hab jetzt keine Zeit für so was." Und er blickte nach dem Café hinüber, ob Grundeis noch dort säße.
„Ich dachte sogar, du hättest viel Zeit! Stellt sich mit Koffer und Blumenkohl hinter die Zeitungsbude und spielt mit sich selber Verstecken! Da muss man doch glatt **zehn bis zwanzig Meter Zeit übrig haben. (3)**"
„Nein", sagte Emil, „ich beobachte einen Dieb."
„Was? Ich verstehe fortwährend: Dieb", meinte der andre Junge, „wen hat er denn beklaut?"
„Mich!", sagte Emil und war direkt stolz darauf.
„Na Mensch, das ist ja großartig!", rief der Junge.
„Das ist ja wie im Kino! Was willst du nun anstellen?"
„Keine Ahnung. Immer hinterher. Weiter weiß ich vorderhand nichts."
„Sag's doch dem Schupo (Polizist) dort. Der **nimmt ihn hopp. (4)**"
„Ich mag nicht. Ich habe bei uns in Neustadt was **ausgefressen (5)**. Da sind sie nun vielleicht scharf auf mich. Und wenn ich ..."
„Verstehe, Mensch!"

Lies den Text. Was bedeuten die **fett** *gedruckten Ausdrücke?*
Kreuze die richtige Bedeutung an.

(1) „Na Mensch,"
 a) ☐ hau doch ab,
 b) ☐ fall nicht aus der Rolle,
 c) ☐ geh mir aus dem Weg,
 d) ☐ schau nicht so überrascht,

(2) „Sonst"
 a) ☐ gebe ich dir eine Ohrfeige, ...
 b) ☐ trete ich dir gegen das Schienbein, ...
 c) ☐ halte ich dir den Mund zu, ...
 d) ☐ streite ich mit dir, ...

(3) „Da muss man doch glatt"
 a) ☐ in Eile sein.
 b) ☐ sehr viel Zeit haben.
 c) ☐ noch zehn bis zwanzig Sekunden Zeit haben.
 d) ☐ keine Zeit haben.

(4) „Der"
 a) ☐ hilft ihm.
 b) ☐ verprügelt ihn.
 c) ☐ verhaftet ihn.
 d) ☐ verjagt ihn.

(5) „Ich habe bei uns in Neustadt"
 a) ☐ etwas Verbotenes getan.
 b) ☐ etwas aufgegessen.
 c) ☐ etwas vergessen.
 d) ☐ etwas vor.

Die Schülerinnen und Schüler sollen zuerst den Ausschnitt aus der Detektivgeschichte „Emil und die Detektive" lesen und ihn in den Handlungsablauf des Romans einordnen. Anschließend semantisieren sie die hervorgehobenen wichtigen Textpassagen, indem sie die adäquaten Wortbedeutungen bestimmen bzw. ankreuzen. Der Schwierigkeitsgrad der Aufgabe lässt sich durch das Weglassen der im Multple-Choice-Format vorliegenden Bedeutungserläuterungen erhöhen.

7.4.2.2 Produktive Wortschatzarbeit

Die produktive Wortschatzarbeit steht in Verbindung mit dem Schreiben und Sprechen. Hier müssen die Schüler in unterschiedlichen Texten und Textsorten sowie entsprechenden Situationen den Wortschatz angemessen und zielgerichtet gebrauchen: treffende Wortwahl, typische Wortverknüpfungen, abwechslungsreicher Ausdruck, intentionsspezifische Wortwahl usw.

Thema:	Textüberarbeitung: Passende Redeeinleitungen einsetzen
Standards:	Beziehung zwischen Absicht – sprachlichen Merkmalen – Wirkungen untersuchen; Rollen von Sprecher/Schreiber – Hörer/Leser untersuchen und nutzen
Klassenstufe:	ab 4
Lernform:	Einzel- oder Partnerarbeit
Anforderungsbereich:	III
Quelle:	Deutsch 2005a, S. 220

Naturgemäß lassen sich solche produktiven Wortschatzkompetenzen am ehesten beim pragmatischen oder kreativen Schreiben evaluieren, zu den kompetenzentwickelnden Aufgaben lassen sich jedoch auch solche zur Textüberarbeitung heranziehen: So sollen die Schülerinnen und Schüler in der folgenden anekdotischen Geschichte von W. C. VANDERWERTH, „Indian Oratory", die ausgesparten Redeeinleitungen ergänzen; eine Auswahl ist als Hilfestellung im Kasten (S. 174) angegeben. Im Gegensatz zu einer traditionellen Wortfeldarbeit (Zusammenstellung des isolierten Wortfelds „sagen") müssen die Schülerinnen und Schüler hier die Beziehung zwischen den Protagonisten (Erzähler, Tourist, Bahnbeamter, Indianer) sowie ihre Sprachhandlungen reflektieren und konstruieren, um die passenden Redeeinleitungen einsetzen zu können:

Lies folgende Geschichte und setze die passenden Redeeinleitungen aus dem Kasten ein.

Der Autor eines bekannten Indianerbuchs _____ folgende Geschichte:
                                              1
Irgendwo auf einer einsamen Bahnstation, wo der Zug etwas Aufenthalt hatte, ereignete sich Folgendes:

Ein Tourist, der sich die Beine vertreten wollte, erblickte auf dem Bahnsteig einen uralten Indianer. Der Bahnbeamte _____ : „Dieser alte Indianer hat ein
                                                         2
phänomenales Gedächtnis!"

Daraufhin _____ der Tourist _____ : „Den werde ich
              3   3
testen." Er stellte sich daraufhin vor den alten Mann und _____ :
                                                                 4
„Was haben Sie am Morgen des 6. August 1863 zum Frühstück gegessen?"

Der Alte _____ prompt: „Eier ..."
             5

„Ha", _____ ihn der Tourist, „das ist wohl keine Kunst, alle Leute in
         6
diesem Land essen Eier zum Frühstück. Damit haben Sie mir über die Qualität des Gedächtnisses überhaupt nichts verraten."

Fünf Jahre später ergab es sich, dass der Tourist auf der gleichen Bahnstation ausstieg, aber sie war inzwischen ein gigantischer Bahnhof in einer Großstadt geworden mit hundertvierunddreißig durchgehenden Zügen täglich. Er erblickte den alten Indianer, der meditierend auf einer Bank saß, ging auf ihn zu, hob die Hand und _____ : „How!"
         7
Der alte Indianer schaute auf und _____ : „... , gerührt mit Speck und
                                          8
Ahorn-Sirup."

(Indian Oratory von W.C. Vanderwerth)

| behauptete | unterbrach | grüßte | nahm sich vor |
| fragte | erwiderte | fuhr fort | erzählt |

Der Schwierigkeitsgrad der Aufgabe lässt sich durch das Weglassen der Wörter aus dem Kasten erhöhen.

7.4.2.3 Rezeptive Grammatikarbeit

Die rezeptive Grammatikarbeit steht im Dienste des Textverstehens. Schüler lernen Texte besser und genauer zu verstehen, wenn sie Textbezüge herstellen (z. B. Vor- und Rückwärtsverweise bestimmen, pronominale Verkettungen differenzieren) oder wenn sie Beschreibungen oder Charakterisierungen von Personen über grammatisch-syntaktische Mittel herausarbeiten (z. B. über die Bestimmung und Auflösung von Adjektivattributen, Präpositionalattributen, Relativsätzen, Wortbildungen usw.).

Thema:	Textverstehen: Satzbezüge herstellen (Verknüpfungswörter)
Standards:	Beziehung zwischen Absicht – sprachlichen Merkmalen – Wirkungen untersuchen; Textproduktion und Textverständnis durch die Anwendung von sprachlichen Operationen unterstützen; Texte genau lesen
Klassenstufe:	ab 4
Lernform:	Einzel- oder Partnerarbeit
Anforderungsbereich:	III
Quelle:	Deutsch 2005b, S. 134 ff.

Die Rekonstruktion von Textbezügen sichert das Textverstehen, denn der Text stellt ein enges und oft kompliziertes Geflecht von textuellen Beziehungen und Verweisketten dar. Zu den Kohäsionsmitteln, durch die solche Textbezüge hergestellt werden, zählen u. a. Artikelwörter, Pronomen oder Adverbien.

Diese Verweismittel können als Rück- oder Vorverweise eingesetzt werden. In der folgenden Aufgabe zur rezeptiven Grammatikarbeit müssen die Schülerinnen und Schüler am Vorwort des Buches „Das Findelkind vom Watt" von DIEUWKE WINSEMIUS solche Verweise und Verweisketten untersuchen. Dieses Vorwort ist sprachlich komplex, wobei eine besondere Verstehensschwierigkeit darin besteht, die Textbezüge (Vor- und Rückverweise) zu erkennen und zu rekonstruieren. In seiner Argumentation bezieht sich der Verfasser des Vorwortes immer wieder auf vorher erläuterte Sachverhalte (z. B. Zeile 3: *Auf den Sandbänken im Watt bringen die Seehunde, **von denen** dieses Buch handelt, ihre Jungen zur Welt und **hier** ruhen sie sich nach dem Fischfang aus.*) oder auf nachfolgende Erklärungen (z. B. Zeile 26: *Der WWF, die größte Naturschutzorganisation der Welt, kämpft deshalb in Deutschland, Holland und Dänemark mit vereinten Kräften **darum**, das Wattenmeer als wichtigen Lebensraum für Tiere, Pflanzen und Menschen zu schützen und zu erhalten.*). Die Schülerinnen und Schüler müssen diese Textbezüge über Adverbien (z. B. *hier*), Pronomen (z. B. *ihren*) oder Pronominaladverbien (z. B. *darum*) bestimmen; die Rekonstruktion der Textbezüge erfolgt dabei nicht analytisch, sondern steht im Dienste des Leseverstehens (vgl. Frage 7–13). Dabei muss herausgestellt werden, dass die rezeptive Grammatikarbeit lediglich einen Teil des Leseverstehens ausmacht (aus diesem Grunde sind im Folgenden auch die übrigen Aufgaben zum Leseverstehen, Frage 1 bis 6, abgedruckt):

Vorwort

Warst du in den Ferien schon einmal an der Nordsee? Dann kennst du sicher auch das Watt, die riesigen Schlick- und Schlammflächen zwischen der Küste und den Inseln, die Tag für Tag bei Ebbe aus dem Meer auftauchen und bei Flut wieder überspült werden. Auf den Sandbänken im Watt bringen die Seehunde, von denen dieses Buch handelt, ihre Jungen zur Welt und
5 hier ruhen sie sich nach dem Fischfang aus. Hunderttausende von Seevögeln suchen bei Ebbe ihre Nahrung, von der es im Boden des Wattenmeeres nur so wimmelt. Wenn du einmal eine Wattwanderung mitgemacht hast, wirst du sicher die vielen kleinen Sandhäufchen der Pierwürmer gesehen und das Kribbeln und Krabbeln der zahllosen winzigen Lebewesen im feuchten Schlick unter deinen Füßen gespürt haben. Auch mehr als hundert Fischarten –
10 Schollen, Flundern, Aale, Dorsche, Heringe – und dazu die Krabben und Muscheln, die alle für die Ernährung der Menschen sehr wichtig sind, wachsen im Wattenmeer heran.
Von Holland über die ganze deutsche Nordseeküste bis hinauf nach Dänemark bedeckt das Wattenmeer eine Fläche von über 7500 Quadratkilometern. Damit ist das Wattenmeer neben den Alpen die größte zusammenhängende Naturlandschaft in Mitteleuropa.
15 Leider wird aber die Heimat der Seehunde von vielen Gefahren bedroht, an denen wir Menschen schuld sind: Aus Elbe, Weser, Ems und Rhein fließen die Abwässer der Großstädte und Fabriken ins Meer, giftige Säuren und Ölrückstände werden von den Schiffen in der Nordsee abgelassen, die Industrieanlagen an der Küste verpesten die Luft, durch den Bau von Häfen und neuen Deichen gehen immer größere Wattgebiete verloren, militärische Übungen be-
20 unruhigen die brütenden Seevögel und auch die vielen hunderttausend Nordsee-Urlauber tragen – oft ohne es zu wissen – mit ihren Segel- und Motorbooten, Surfbrettern, Watt- und Dünenwanderungen und den Ausflugsfahrten zu den Seehundbänken dazu bei, dass die Natur am Wattenmeer gestört und geschädigt wird. Kein Wunder, dass die Zahl der Seehunde immer mehr zurückgeht, wenn sich die Lebensbedingungen für die Tier- und
25 Pflanzenwelt im Watt ständig weiter verschlechtern.
Der WWF, die größte Naturschutzorganisation der Welt, kämpft deshalb in Deutschland, Holland und Dänemark mit vereinten Kräften darum, das Wattenmeer als wichtigen Lebensraum für Tiere, Pflanzen und Menschen zu schützen und zu erhalten. WWF ist die Abkürzung für „Worldwide Fund For Nature", was man im Deutschen am besten mit „Welt-
30 Naturhilfe" übersetzen kann.

Dr. Arnd Wünschmann
Umweltstiftung WWF Deutschland

1. Wer ist Arnd Wünschmann?
   Arnd Wünschmann ist der Autor a) ☐ des Buches.
   b) ☐ des Vorwortes.
   c) ☐ des Inhaltsverzeichnisses.
   d) ☐ des Rückentextes.

2. Was ist der WWF?

   _____

   _____

3. Warum beschäftigt sich der WWF mit dem Thema Seehunde?

   Der WWF beschäftigt sich mit dem Thema Seehunde, weil _____

   _____

   _____ .

4. Warum brauchen die Seehunde das Watt?

   Die Seehunde brauchen das Watt, weil _____

   _____

   _____ .

5. Die Heimat der Seehunde ist gefährdet. Diese Gefahren werden im Text (Blatt 11, Zeile 15–25) genannt. Lies den Abschnitt genau durch und ergänze die Tabelle in vollständigen Sätzen.

Ursache	Gefahren für die Natur
die Großstädte und Fabriken	
die Schiffe	

Ursache	Gefahren für die Natur
die Industrieanlagen an der Küste	
der Bau von Häfen und Deichen	
das Militär	
die Urlauber	Sie stören die Tiere und schädigen die Natur.

6. Welche Absicht verfolgt der Verfasser des Vorwortes?
   a) ☐ Er ermuntert die Leser, Badeferien an der Nordsee zu machen.
   b) ☐ Er macht die Leser auf Umweltprobleme aufmerksam.
   c) ☐ Er fordert die Leser auf, Bücher über Seehunde zu lesen.
   d) ☐ Er fordert die Leser auf, Mitglied im WWF zu werden.

Um folgende Aufgaben zu lösen, musst du bestimmte Stellen im Text noch einmal genau lesen.

7. Das Wort **die** bezieht sich auf: (Zeile 2)
   a) ☐ Ferien an der Küste
   b) ☐ Küste und Inseln
   c) ☐ Nordsee
   d) ☐ Schlick- und Schlammflächen

8. Die Wörter **von denen** beziehen sich auf: (Zeile 4)
   a) ☐ Sandbänke
   b) ☐ Jungen
   c) ☐ Seehunde
   d) ☐ Schlick- und Schlammfläche

9. Das Wort **hier** bezieht sich auf: (Zeile 5)
   a) ☐ Sandbänke im Watt
   b) ☐ Welt
   c) ☐ Meer
   d) ☐ Nordsee

10. Die Wörter **an denen** beziehen sich auf: (Zeile 15)
    a) ☐ Menschen
    b) ☐ Seehunde
    c) ☐ Gefahren
    d) ☐ Abwässer

11. Mit dem Wort **ihren** sind gemeint: (Zeile 21)
    a) ☐ Häfen und Deiche
    b) ☐ Nordsee-Urlauber
    c) ☐ Ausflugsfahrten
    d) ☐ Seehunde

12. Mit dem Wort **dazu** ist gemeint: (Zeile 22)
    a) ☐ Störung und Schädigung der Natur am Wattenmeer
    b) ☐ Rückgang der Zahl der Seehunde
    c) ☐ Dünen- und Wattwanderungen
    d) ☐ bessere Lebensbedingungen für Tier- und Pflanzenwelt

13. Das Wort **darum** bezieht sich auf: (Zeile 27)
    a) ☐ die Bedrohung des Wattenmeers
    b) ☐ die Wünsche der Urlauber
    c) ☐ den Schutz des Lebensraumes von Tieren, Menschen und Pflanzen
    d) ☐ die Größe des Wattenmeeres

Die Schülerinnen und Schüler lesen zunächst das Vorwort und bearbeiten die Aufgaben zum Leseverstehen (Fragen 1–6), anschließend rekonstruieren sie in Einzel- oder Partnerarbeit die Textbezüge (Fragen 7–13).

7.4.2.4 Produktive Grammatikarbeit

Die produktive Grammatikarbeit ist mit dem Sprechen und Schreiben vernetzt. Hier geht es darum, diejenigen grammatisch-syntaktischen Mittel auszuwählen, die unter dem Aspekt einer operationalen Grammatik zur Realisierung bestimmter sprachlicher Handlungen geeignet und angemessen sind: z. B. grammatische Mittel für Begründungen (*wenn, dann, deshalb, wegen* usw.), Bedingungen (*wenn ..., dann; falls* usw.), Vermutungen (*vermutlich, wahrscheinlich, meinen* usw.) oder für zeitliche Strukturierungen (*zunächst, anschließend, dann, zum Schluss* usw.).

Thema: Textüberarbeitung: Verknüpfungswörter einsetzen
Standards: Beziehung zwischen Absicht – sprachlichen Merkmalen – Wirkungen untersuchen; Texte genau lesen; verständlich, strukturiert, adressaten- und funktionsgerecht schreiben
Klassenstufe: 4
Lernform: Einzel- oder Partnerarbeit
Anforderungsbereich: III
Quelle: Deutsch 2005a, S. 184

Ähnlich wie die produktiven Wortschatzkompetenzen lassen sich auch diejenigen zur produktiven Grammatik am ehesten beim pragmatischen oder kreativen Schreiben vermitteln bzw. evaluieren. Dennoch sind auch hier kompetenzentwickelnde Aufgaben und Formate denkbar. Die folgende Aufgabe ergänzt ein Leseverstehen über die Arbeit von Archäologen. Es handelt sich um einen Text, in dem es um die Benutzung archäologischer Werkzeuge geht. Die Schüler müssen unterschiedliche grammatische Mittel zum Ausdruck von Gründen (Infinitivsatz: *um ... zu*, Präposition: *wegen*), Zwecken (Konjunktion: *damit*, Präposition: *zu*), Bedingungen (Konjunktion: *wenn*), Mittel (Präposition: *mit*) usw. einsetzen, um die Benutzung der dargestellten und beschriebenen Gegenstände zu versprachlichen:

    Es wäre sinnvoll, im Vorfeld das Thema zu entlasten und beispielsweise einen Sachtext über die Arbeit der Archäologen einzubinden. Die Schülerinnen und Schüler schauen sich die abgebildeten Werkzeuge an und vermuten, wozu Archäologen diese Werkzeuge nutzen könnten. In Einzel- oder Partnerarbeit suchen die Schülerinnen und Schüler dann die passenden Wörter aus dem Kasten und ergänzen die Sätze. Der Schwierigkeitsgrad der Aufgabe lässt sich durch das Weglassen der Wörter aus dem Kasten erhöhen. Die Aufgabe wird leichter, wenn die Lehrerinnen und Lehrer a) die falschen Konjunktionen bzw. Präpositionen aus dem Kasten tilgen *(dass, wegen, ohne ... dass, ohne ... zu, obwohl)* oder b) für die einzelnen Lücken Alternativen auswählen.

Integrative Aufgaben – Vernetzung der Kompetenzbereiche 181

Im folgenden Text wird erklärt, warum die Archäologen diese Gegenstände benutzen:

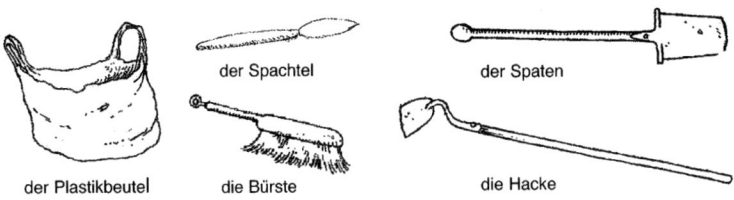

der Plastikbeutel   die Bürste   die Hacke

Ergänze die Sätze. Suche passende Wörter aus dem Kasten.

Wenn die Archäologen Ausgrabungen machen, benutzen sie zunächst eine Hacke, _____ die Erde _____ bearbeiten. _____ dem
  1   1   2
Spaten können sie die Erde umgraben. Die Archäologen arbeiten dann mit einem Spachtel, _____ sie feinere Werkzeuge brauchen und vorsichtiger
           3
vorgehen müssen. _____ Reinigung der Funde gebrauchen sie eine
                    4
Bürste. _____ die Funde geschützt transportiert werden können,
        5
verpacken die Archäologen die Gegenstände in Plastikbeutel. _____
                                                              6
Archivieren wird jeder Fund mit einer Nummer versehen. Die archäologischen Funde werden im Museum ausgestellt, _____ sie von allen Leuten
                                                  7
bewundert werden können.

Mit	um … zu	Damit	obwohl	wenn	ohne … dass
damit	dass	Zum	wegen	ohne … zu	Zur

Gerade die Arbeit an Sätzen und Texten, wie sie in der sogenannten Grammatik-Werkstatt favorisiert wird, lässt sich im Sinne einer produktiven Grammatikarbeit nutzen.

Thema:	Textverknüpfung: Nomen durch Pronomen ersetzen
Standards:	Textproduktion: Sprachliche Operationen nutzen: ersetzen
Klassenstufe:	4
Lernform:	Einzel- oder Partnerarbeit
Anforderungsbereich:	III
Quelle:	HONNEF-BECKER/KÜHN/SAHR 2006, S. 115

Die Schülerinnen und Schüler müssen in der folgenden Aufgabe einen Fabeltext überarbeiten, indem sie Nomen durch Pronomen ersetzen. Bei dieser Ersatzprobe haben sie zu entscheiden, an welchen Stellen Nomen durch Pronomen ersetzt werden können, ohne dass der Fabeltext unverständlich wird. Die Pronomen müssen auch in ihrer korrekten Deklinationsform eingefügt werden (Variante 1). Die Aufgabe wird leichter, wenn die Lehrerinnen und Lehrer einen Lückentext vorlegen, da die Schüler dann erkennen, welche Nomen durch Pronomen ersetzt werden können (Variante 2).

Variante 1

Der Fuchs und die Maus

Der Fuchs sah an einem Weinstock reife Trauben und hätte die Trauben gern verzehrt. Obwohl die Trauben dem Fuchs vor den Augen hingen, konnte der Fuchs die Trauben nicht erreichen. Eine Maus hatte dem Fuchs zugesehen und wollte den Fuchs ärgern: „Davon bekommst du nichts!", sagte die Maus.
Der Fuchs wollte sich aber vor der Maus nicht klein zeigen und erwiderte der Maus: „Die Trauben sind mir noch zu sauer."

Variante 2

Der Fuchs und die Maus

Der Fuchs sah an einem Weinstock reife Trauben und hätte _____ gern verzehrt.

Obwohl _____ vor den Augen hingen, konnte _____ die Trauben nicht erreichen.

Eine Maus hatte _____ zugesehen und wollte _____ ärgern:
„Davon bekommst du nichts!", sagte _____.

_____ wollte sich aber vor der Maus nicht klein zeigen und erwiderte _____:
„Die Trauben sind mir noch zu sauer."

Literatur

BREMERICH-VOS, A./BÖHME, K. (2009): Aspekte der Diagnostik im Bereich „Sprache und Sprachgebrauch untersuchen". In: Granzer, D./Köller, O./Bremerich-Vos, A./Reiss, K./ Walther, G./van den Heuvel-Panhuizen, M.: Bildungsstandards Deutsch und Mathematik. Leistungsmessung in der Grundschule.Weinheim:Beltz.

EHLICH, K. (2005): Sprachaneignung und deren Feststellung bei Kindern mit und ohne Migrationshintergrund: Was man weiß, was man braucht, was man erwarten kann. In: Ehlich, K. u. a.: Anforderungen an Verfahren der regelmäßigen Sprachstandsfeststellung als Grundlage für die frühe und individuelle Förderung von Kindern mit und ohne Migrationshintergrund. Hrsg. v. Bundesministerium für Bildung und Forschung. Bonn, Berlin: BMBF. S. 11–75.

GNUTZMANN, C. (1997): Language Awareness. Geschichte, Grundlage, Anwendungen. In: Praxis des neusprachlichen Unterrichts 41. 1997, S. 228–236.

GORNIK, H. (2003): Methoden des Grammatikunterrichts. In: Bredel, U./Günther, H./ Klotz, P./Ossner, J./Siebert-Ott, G. (Hrsg.): Didaktik der deutschen Sprache. Ein Handbuch. 2. Teilband. Paderborn: Schöningh, S. 814–829.

GORNIK, H./GRANZOW-EMDEN, M. (2008): Sprachthematisierung und grammatische Begriffe. In: Böhnisch, M. (Hrsg.): Didaktik Deutsch. Sonderheft 2008. Baltmannsweiler: Schneider, S. 127–138.

HONNEF-BECKER, I./KÜHN, P./MELAN, F./REDING, P. (2005a): Deutsch. Die standardisierten Prüfungen zum Abschluss der Primarschule. 2. Auflage. Luxembourg: Éducation nationale.

HONNEF-BECKER, I./KÜHN, P./MELAN, F./REDING, P. (2005b): Deutsch. Sprachkompetenztests zum Abschluss des 2., 4., 6. und 9. Schuljahres. Luxembourg: Éducation nationale.

HONNEF-BECKER, I./KÜHN, P./SAHR, R. (2006): Sprachbuch für das 4. Schuljahr. Luxembourg: Éducation nationale.

KÜHN, P. (2007): Rezeptive und produktive Wortschatzkompetenzen. In: Willenberg, H. (Hrsg.): Kompetenzhandbuch für den Deutschunterricht. Baltmannsweiler: Schneider, S. 159–167.

KÜHN, P. (2008): „Gute Aufgaben" zur Lernstandsbestimmung im Kompetenzbereich „Sprache und Sprachgebrauch untersuchen". In: Bremerich-Vos, A./Granzer, D./Köller, O. (Hrsg.): Lernstandsbestimmung im Fach Deutsch. Gute Aufgaben für den Unterricht. Weinheim, Basel: Beltz, S. 196–212.

OOMEN-WELKE, I. (2002): Geschlechterdifferenzen bei entstehender Sprachbewusstheit? In: Cheauré, E./Gutjahr, O./Schmidt, C. (Hrsg.): Geschlechterkonstruktionen in Sprache, Literatur und Gesellschaft. Freiburg: Rombach Wissenschaften, Cultura 21. S. 181–205.

OOMEN-WELKE, I. (2003): Entwicklung sprachlichen Wissens und Bewusstseins im mehrsprachigen Kontext. In: Bredel, U./Günther, H./Klotz, P./Ossner, J./Siebert-Ott, G. (Hrsg.): Didaktik der deutschen Sprache. Ein Handbuch. 1. Teilband. Paderborn: Schöningh, S. 452–463.

OOMEN-WELKE, I. (2003/2004): L'univers des langues: Ce que pensent les enfants et les adolescents en Europe./The world of languages: what children and adolescents in Europe think. In: Candelier, M./Andrade, A. I./Bernaus, M./Kervran, M./Martins, F./Murkowska, A./Noguerol, A./Oomen-Welke, I./Perregaux, C./Saudan, V./Zielinska, J.: Janua Linguarum. La porte des langues. L'introduction de l'éveil aux langues dans le curriculum. 2003. / Janua Linguarum – The gateway to languages. The introduction of language awareness into the curriculum: Awakening to languages. 2004. Graz: ECML/ CELV. S. 183–195/175–187.

OOMEN-WELKE, I. (2006 ff.): Der Sprachenfächer. Thematische Arbeitshefte. Freiburg: Freiburger Verlag & Fillibach. Internetseite: www.sprachenfaecher.de

OOMEN-WELKE, I. (2008): Was Kinder über Sprachen denken: Sprachvorstellungen von DaZ-Sprechenden. In: Ahrenholz, B. (Hrsg.): Deutsch-als-Zweitsprache-Erwerb und Sprachförderung. Beiträge aus dem 3. „Workshop Kinder mit Migrationshintergrund". Freiburg i. Br.: Fillibach.

PREUSSLER, O. (1962): Neues vom Räuber Hotzenpotz. © 1969 by Thienemann Verlag (Thienemann Verlag GmbH), Stuttgart – Wien.

Sekretariat der Ständigen Konferenz der Kultusminister der Länder in der Bundesrepublik Deutschland (Hrsg.) (2005): Bildungsstandards im Fach Deutsch für den Primarbereich – Beschluss vom 15.10.2004. München.

Textauszug aus: Erich Kästner: Emil und die Detektive. © Atrium Verlag, Zürich.

Vorwort von WÜNSCHMANN, A. (1987): Dieuwke, Winsemius: Das Findelkind vom Watt. © Ellermann Verlag GmbH, Imprint Klopp.

8 Rechtschreiben

Carl Ludwig Naumann/Swantje Weinhold

8.1 Zur Bedeutung des Rechtschreibens für die Schülerinnen und Schüler der Primarstufe

Die Rechtschreibung ist in den Bildungsstandards der KMK kein eigener Kompetenzbereich, sondern sie erscheint als einer von fünf Unterpunkten zum Kompetenzbereich *Schreiben*, als „richtig schreiben" (KMK 2005, S. 9). Aber in der Auflistung der Standards sind ihr vergleichsweise viele Unterpunkte gewidmet (KMK 2005, S. 13 f.).

Das Schwanken in der Gewichtung ist bezeichnend: Einerseits meinen Fachleute, man dürfe Rechtschreibung nicht zu hoch hängen; andererseits gibt es wohl kein sprachliches Thema, das von der Öffentlichkeit heißer diskutiert wird als die Rechtschreibung, etwa wenn die Ausbildungsinstitutionen „mangelhafte Sprachkenntnisse" von Berufseinsteigern an der Rechtschreibung festmachen oder wenn es um Reform geht. Lehrkräfte, auch schon in der Grundschule, stehen daher unter gewaltiger Spannung: Sie sehen, dass die Zielidee, am Ende der Grundschulzeit richtig zu schreiben, vollständig nur erreicht werden könnte, wenn andere Kompetenzen vernachlässigt würden.

Kinder, wenn sie nicht aus ganz bildungsfernen Familien kommen, wollen schreiben lernen, und mindestens ihre außerschulische Umwelt erwartet auch, dass sie richtig schreiben. In der Rechtschreibung erfahren sie ihre ersten sichtbaren Erfolge – oder eben Misserfolge. Misserfolge gerade hier können zur Demotivation führen, sie können zur Entmutigung gegenüber dem ganzen Fach und u. U. dem Lernen und der Schule überhaupt anwachsen. Bei der Sonderschulüberweisung sind sie häufig ein zentrales Argument und für Analphabetismus ein Anfangspunkt.

Die meisten Grundschüler sind während ihrer Grundschulzeit weiter mit dieser hohen Erwartung konfrontiert. Letztlich folgt der Druck aus dem kommunikativen Zweck der Rechtschreibung: Die graphematische Forschung ist sich einig darüber, dass die strengen Regeln, nach denen wir schreiben, weitestgehend der schnellen Lesbarkeit dienen (EISENBERG 2005). Es gibt keinen Gegenstand im Deutschunterricht, der ähnlich strengen Regeln folgt und daher vergleichbar geeignet erscheint, fair benotet zu werden. Hier gibt es also fast immer eindeutig richtige und eindeutig falsche Lösungen, und insofern fällt eine Bewertung in diesem Bereich auch am ehesten objektiv aus. Dabei orientiert man sich notgedrungen nur am Ergebnis, an der Zahl der richtig bzw. falsch geschriebenen Wörter. Den individuellen Lernwegen der Kinder wird man so aber nicht immer gerecht.

Vereinzelt sieht man Lehrkräfte, die die Kinder gegen den Druck des Richtig-schreiben-Müssens zu schützen versuchen. Das ist zwar vertretbar, solange es sich um den Schreibanfang handelt. Aber wann hört der Anfang auf?

8.2 Grundsätzliches zum Rechtschreiben

Die Standards beschreiben die am Ende der 4. Klasse erwartete Kompetenz zunächst mit den zwei Unterpunkten:
- „geübte, rechtschreibwichtige Wörter normgerecht schreiben";
- „Rechtschreibstrategien verwenden: Mitsprechen, Ableiten, Einprägen" (KMK 2005, S. 14).

Es wird offengelassen, welche rechtschreibwichtigen Wörter gemeint sind und ob überhaupt eine Anzahl oder eine Liste festgelegt werden soll. Dabei geht es nicht allein um die Einprägung von Wörtern als ganzen, sondern zugleich um die Beherrschung ihrer bedeutungstragenden und grammatischen Morpheme. Morpheme werden in der Liste „Grundlegende sprachliche Strukturen und Begriffe" (KMK 2005, S.17) kindgemäß als „Wortstämme" und „Wortbausteine" angeführt. Aus diesen Bestandteilen sind alle Wörter, auch die längsten, zusammengesetzt, was das Schreibenlernen unterstützt.

Gerade weil der Schreibwortschatz am Ende der 4. Klasse nicht vollständig sein kann, sind morphologische und andere Rechtschreibstrategien eine entscheidende Hilfe, wenn es darum geht, unbekannte oder nicht sicher gewusste Schreibungen zu erschließen. – Den Rechtschreibstrategien liegt die Ordnung in der Schrift zugrunde. Wie wird diese Ordnung sichtbar und worin besteht sie?

A) *Fehler und Ressourcen*
Im Weiteren wird hier von Fehlern gesprochen mit Blick auf einzelne Stellen in einem Wort, ungeachtet der Frage, ob das Wort ansonsten richtig oder an weiteren Stellen falsch geschrieben ist. *<Hont> statt <Hund> enthält also zwei Fehler[1].

Fehler können als „Fenster in die Kinderköpfe" betrachtet werden, als Gelegenheit, zu verstehen, was der Lernende schon kann und was ihm als nächs–

---

[1] Mit dem Stern sind Fehlschreibungen gekennzeichnet. Laute und Phoneme werden in [ ] eingeschlossen, Buchstaben bzw. Grapheme in < >, jeweils soweit der Zusammenhang die Unterscheidung erfordert. Zur hier meist nicht erheblichen Unterscheidung von „Lauten und Phonemen, Buchstaben und Graphemen" vgl. EISENBERG 2005.

ter Schritt anzubieten ist. Damit kehrt sich der Fehler gewissermaßen um, es wird sichtbar, dass nicht nur „etwas fehlt", sondern vor allem, dass schon etwas da ist. Der Fehler erweist sich sozusagen als die Rückseite des Könnens.

Dies kann man sich weiter verdeutlichen, wenn man ein zu schreibendes Wort als komplexes Problem auffasst. Z. B. hört der Schüler in einem Diktat *[haltn̩]. Um über die richtige Schreibung entscheiden zu können, muss er also zunächst das silbische [n̩] als normale Sprechvariante von <en> erkennen, wenn man gerade nicht besonders deutlich spricht. Ob er dabei auf die Silbenstruktur zurückgreift oder ob er <en> als häufiges grammatisches Morphem kennt, ist unerheblich. Danach müssen zwei Hypothesen über den morphologischen Aufbau des Wortes geprüft werden: Entweder geht es um „halten" im Sinne von „festhalten", wobei z. B. der Infinitiv gemeint ist. Oder es handelt sich um den Stamm von „hallen", dazu <ten> als Endbaustein für die 1./3. Person Plural Präteritum. Mithilfe des Kontextes muss der Schüler dann entscheiden, welche Hypothese überzeugender ist, ob er also <halten> oder <hallten> schreiben muss: <Die Sänger halten den Ton>; <Die Stimmen hallten durch den Saal>.

Ähnlich bei [buntʃuː]. Dass die Grapheme <b, u, n, sch, u> zu verwenden sind, und zwar in dieser Reihenfolge, dürfte z. B. für einen Drittklässler keine Frage sein, vermutlich ebenso wenig, dass das Wort aus zwei Wortbausteinen besteht. Aber <bund> oder <bunt>? <schu> oder <schuh>? Am Anfang <b> oder <B>? Wenn das Schriftbild des Wortes nicht bekannt ist, muss geklärt werden:
1. Wie klingt eine Verlängerung des ersten Wortbausteins?
2. Hört man am Ende, das jetzt zum Anfang der zweiten Silbe wird, ein [d] oder ein [t]?
3. Geht es also um etwas „Bun-tes" oder etwas „Gebun-denes"?
4. Wird der zweite Wortbaustein mit oder ohne <h> geschrieben? <h> wäre der Regelfall.
5. Ist der zweite Wortbaustein ein Nomen, dann ist das ganze Wort ein Nomen, und der erste Buchstabe wird großgeschrieben.

B) *Ausnahmen und Minderheiten, Mehrheiten und strenge Regeln*
Von Ordnung zu reden, heißt über Regeln zu sprechen und über die angeblich in der Rechtschreibung zahllosen Ausnahmen. Beim Reden von Ausnahmen lohnt sich aber das genaue Hinschauen, denn es gibt zum einen seltene Ausnahmen, z. B. <dt> in <Stadt, verwandt>.

Daneben stehen größere Gruppen, deren Bezeichnung als „Ausnahmen" nicht sinnvoll wäre, weil sie deutlich mehr Wörter im Deutschen betreffen und daher langsamer als etwa die <dt>-Wörter gelernt werden. Es handelt sich um drei größere Gruppen:

- ca. 20 Morpheme mit <v> statt <f>;
- ca. 40 Morpheme mit <i>, <ih> oder <ieh> anstelle eines <ie>, z. B. <Tiger, ihm, Vieh>
- ca. 60 Morpheme mit dem sogenannten Dehnungs-<h> wie <Stahl, wohnen>.

Solche „umfangreichen Ausnahmen" werden „Minderheiten" genannt. Ihre Gegenstücke heißen „Mehrheiten": Lange Vokale werden meistens ohne besondere Kennzeichnung geschrieben; das lange [iː] meistens als <ie>; [f] überwiegend als <f>. Strenge Regeln ohne Einschränkung sind z. B.: Am Morphemanfang schreibe <sp> statt <schp>; in der Flexion ist die <ä>-Ableitung zuverlässig.

Es ist also bei einer Regel immer mitzudenken, welcher Grad an Strenge gemeint ist. Denn je strenger eine Regel ist, desto zuverlässiger ist sie. An diesen Regeln – strengen, mehrheitlichen und minderheitlichen – knüpfen Strategien an.

C) *Wörter oder Regeln?*

Schülerinnen und Schüler schreiben in der Grundschule aufs Ganze gesehen immer mehr richtig und immer weniger falsch. Das ist das Einzige, was wirklich zu beobachten ist. Den Lernprozess, den man dahinter verstehen möchte, muss man erschließen, um ihn unterstützen zu können. Die lange Zeit herrschende Auffassung, dass Wörter *immer* als ganze gelernt würden (vgl. SCHEERER-NEUMANN 1986), stellte den Blick in bestimmter Weise auf Fehler ein. In der Praxis bewirkte das z. B., nie einen Fehler an der Tafel stehenzulassen, weil er sich einpräge. In der Theorie galten Fehler als „Beweis" gegen den Versuch, Rechtschreibung über Regeln zu lernen, auch wenn sie nicht selten als unvollständige, überzogen oder falsch angewendete Regeln zu erkennen sind. Dass aber beim Befolgen von Regeln auch richtige Schreibungen entstehen könnten, wurde offenbar nicht gesehen. Damit war die Ganzwort-Auffassung in einem Zirkelschluss stabilisiert.

An Fehlern können aber mindestens Forschende und Lehrende lernen. Lehrkräfte sehen z. B. das Schwanken beim Schreiben des gleichen Wortes, was nach der Ganzwort-Auffassung eigentlich nicht sein dürfte. Wenn man Fehlerstellen einzeln anschaut, werden Fehler als Verstöße gegen Rechtschreibregeln deutlich. Das könnte nun einer neuen, umgekehrt einseitigen Auffassung den Weg bereiten, nämlich Fehler *allein* als unangemessene Regelanwendung zu deuten und Richtigschreibungen nur als richtige Regelanwendung. Dabei bliebe die Möglichkeit unbeachtet, dass richtig geschriebene Wörter „als Ganze" gekonnt werden. Die Standards nennen als dritte Strategie nach dem „Ableiten" das „Einprägen". Offensichtlich gibt es ein Einprägen als Ganzes, ein Schreiben „in einem Zug":

- Es ist unerlässlich, sich die Ausnahme-Schreibungen einzuprägen, wie <dt> in „Stadt", „verwandt". Entsprechendes gilt für die Minderheiten, wie die Abweichungen vom <ie> in Wörtern wie <Tiger, ihm, Vieh>. Aus Grundschülerperspektive gehören auch fremdwörtliche Schreibungen hierhin. (Die umständliche Rede von „fremden Schreibungen" soll der Tatsache Rechnung tragen, dass viele Wörter fremder Herkunft nur an einzelnen Stellen tatsächlich fremd geschrieben werden.)
- Lerner schreiben gleich schwere Wörter eher richtig, wenn sie häufig sind.
- Möglicherweise lassen sich Lernertypen unterscheiden: „Generalisierer", die eher über Regeln lernen, und „Lexikalisten", die sich eher Wörter einprägen (vgl. THOMÉ 1999).
- Das „Hinschreiben als Ganzes" geht schneller und erleichtert dadurch die Aufmerksamkeit auf den Hauptzweck, das Texteverfassen.

„Lexikalisches" und regelorientiertes Lernen wirken allerdings zusammen:
- Gesprochen bekannte Wörter werden als ganze schriftlich eingeprägt (vgl. THOMÉ 1999);
- aus gesprochen bekannten Wörtern werden Laute ausgegliedert und der Reihe nach in Buchstaben übertragen;
- Regeln werden an gesprochen und geschrieben bekannten Wörtern entwickelt;
- Regeln dienen zur stabileren Einprägung schriftlicher Wörter;
- Regeln werden – auch vom „fertigen" Schreiber – bei unsicheren Stellen genutzt.

D) *Rechtschreibstrategie „Mitsprechen": die Aussprache, die Silbe.*
Drei Eigenschaften der Aussprache von Kindern können das Erlernen der Rechtschreibung beeinträchtigen:
- Bei Aussprachefehlern (Dyslalien, am bekanntesten das Lispeln) ist sonderpädagogische Hilfe erforderlich.
- Umgangssprachlich normale Verschleifungen wie in *<einklich> oder *<Makplatz> und
- dialektale/regionalsprachliche Eigenheiten wie in *<Sose>, *<Kechze> oder *<Frichkäse>

zeigen sich typischerweise bei Schreibanfängern, solange sie einfach hinschreiben, was sie selbst sprechen.

Man sollte fragen: Kann dieses Kind schon zwischen lockerem und genauem Sprechen umschalten? Welche Lautunterscheidung beherrscht es – regional erwartbar – noch nicht? In jedem Fall lohnt der Versuch, „lautbezogen" vorzugehen. Die Alternative dazu wäre noch mehr lexikalisches Lernen, was unökonomischer ist. Am Ende muss es darum gehen, nicht schlicht zu schreiben, wie man spricht, sondern so zu schreiben, dass ein Leser richtig und schnell lesen kann.

Wenn Kinder in die Schule kommen, beherrschen viele neben anderen Sprechformen eine silbisch-skandierende Aussprachevariante, etwa beim Singen, Abzählen oder sorgfältigen Sprechen. Silbische Aspekte können darüber hinaus einige „klassisch" schwierige Bereiche der Schrift gut erklären, besonders die Regeln zur Konsonantendoppelschreibung und zu Vorkommensbedingungen des minderheitlichen stummen <h> (vgl. EISENBERG 2005, S. 71–78). Daraus ist die Vorstellung entwickelt worden, ein pointiert silbischer Ansatz sei einem einzellautlichen didaktisch überlegen (RÖBER-SIEKMEYER 1993). Das ist aber nicht bewiesen worden (vgl. HINNEY u. a. 2008, bes. S. 118–121). Daher sollte man beim Mitsprechen auf Laute *und* Silben setzen.

E) *Zugänge zur Großschreibung*
Die Großschreibung von Wörtern im Satzinnern ist in der Grundschule für viele Lerner eine immense Hürde. Auch unter Lehrkräften verbreitet sind die Zugänge mit „Anfasswörtern" sowie mit der Artikelprobe, und beides führt zu charakteristischen Fehlern: *<Wir müssen leiser Sprechen> oder *<Die Große wut>. Theoretisch überlegen ist dem zwar die Gründung auf die Rolle der großzuschreibenden Wörter in der Satzstruktur: Sie sind die Kerne von Nominalphrasen. Aber die Überlegenheit in der Praxis ist noch nicht hinreichend geklärt. (GÜNTHER 2007, bes. S. 171; NAUMANN 2006)

F) *Können und Wissen*
Der Zweck der Arbeit an der Rechtschreibung ist das richtige Schreiben. Die Kinder „erproben und vergleichen Schreibweisen und denken über sie nach. Sie gelangen durch Vergleichen, Nachschlagen im Wörterbuch und Anwenden von Regeln zur richtigen Schreibweise." (KMK 2005, S. 10) Und bei den Standards wird unter „Texte überarbeiten" als Zielsetzung genannt: „Texte in Bezug auf die äußere und sprachliche Gestaltung und auf die sprachliche Richtigkeit hin optimieren" (Ebd, S.14). Sprachliche schließt orthografische Richtigkeit ein.

Das entspricht einer weiteren Besonderheit der Rechtschreibung, die sie mit dem elementaren Lesen teilt und die sie von den meisten Stoffen des Deutschunterrichts unterscheidet: Letztlich geht es hier um das Können, also das möglichst schnelle richtige Schreiben, nicht um das Wissen über die Rechtschreibung und ihre Regeln.

Damit tritt das Wissen in den Hintergrund, es wird aber keineswegs funktionslos: Regeln können Strategien für die Kinder begründen. Und Lehrkräfte können Kindern leichter helfen, wenn sie an deren Fehlern ablesen, dass Regeln unvollständig oder falsch befolgt werden.

Grundsätzliches zum Rechtschreiben 191

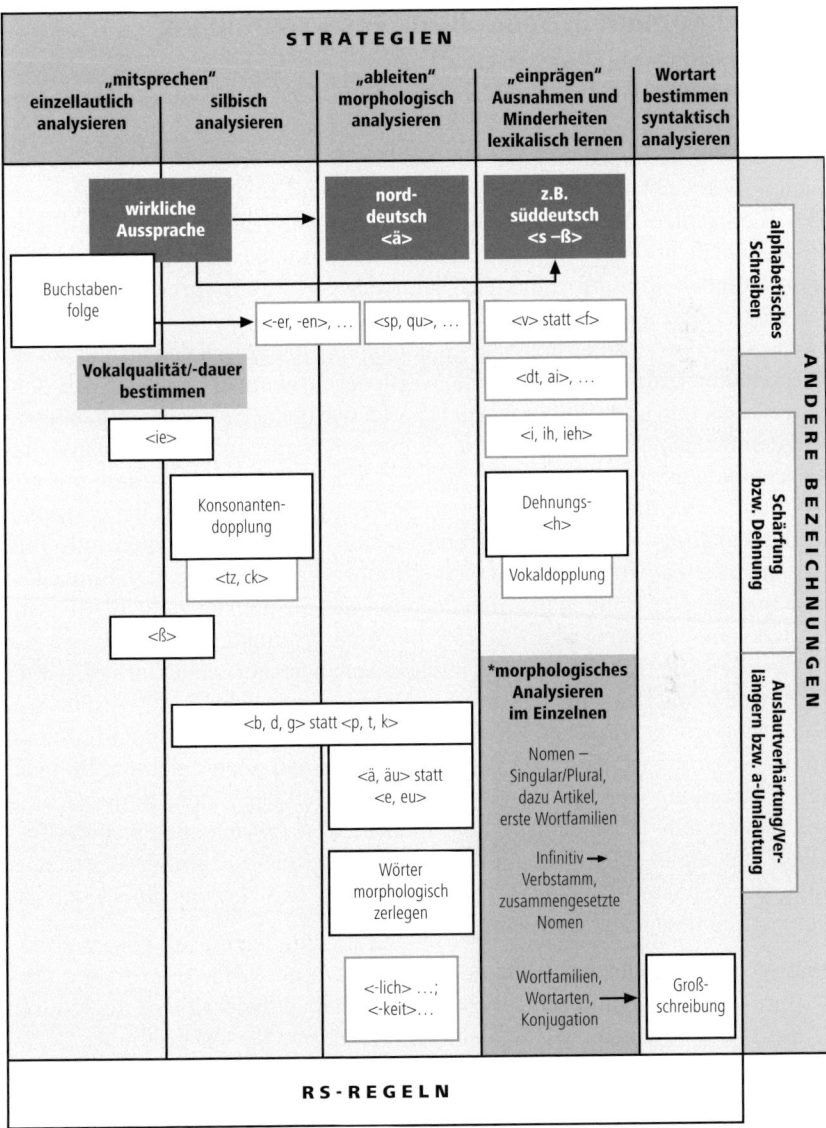

* Weitere Teilstrategien zu „ableiten"

Abb. 1: Strategien, Teilstrategien und Regeln, erste Bearbeitung im Wesentlichen in Klasse 1 und 2

8.3 Ein Kompetenzmodell zur Rechtschreibung

A) *Was soll wann begonnen und was am Ende der Grundschule gekonnt werden?*

Viele Kinder können schon vor der Schule einige Wörter schreiben, und sie bauen diese nach und nach lesend und erfragend zu einem Sichtwortschatz aus. Hier ist nicht der Platz für eine breite Erörterung des Einstiegs der Kinder in die Schriftsprache. Grundsätzlich ist es bei sprachlich nicht wesentlich beeinträchtigten Kindern didaktisch sinnvoll, von ihrem sprechsprachlichen Vermögen auszugehen.

Die Abb. 1 ordnet die verschiedenen Regeln systematisch den Strategien zu. Die zeitliche Ordnung kann nur teilweise veranschaulicht werden: Mit dem einzellautlichen und silbischen Analysieren wird in der 1. Klasse angefangen, mit den Strategien „Ableiten" und „Einprägen" kann auf der Grundlage dieses „alphabetischen Schreibens" in der 2. Klasse begonnen werden; nur das Dehnungs-<h> und die Vokaldoppelschreibung sollten erst in der 3. Klasse gezielt behandelt werden. Alle Strategien sind bis zum Ende der Grundschulzeit mehrfach aufzugreifen und weiterzuführen. Über die Spalten hinweg ist also mit gleicher Höhe in der Tabelle keine Gleichzeitigkeit gemeint; aber innerhalb einer Spalte wird die Abfolge der Anfangspunkte abgebildet.

Über den Stand am Ende der Grundschulzeit herrscht keine Klarheit; jedenfalls streuen die Leistungen sehr. Das „alphabetische Schreiben" wird im Wesentlichen von den meisten Kindern in der 2. Klasse beherrscht und bis zum Ende der Grundschulzeit von fast allen weitgehend abgeschlossen. Die weiteren Strategien werden von einem kleineren Teil der Kinder in der Grundschule weitgehend beherrscht, aber mehrheitlich danach noch weiterentwickelt. Jedenfalls sollten am Ende der Grundschule ein großer Wortschatz und alle Aspekte aus Abb. 1 für Einprägung, Absicherung und Kontrolle von Schreibungen zur Verfügung stehen.

Was nicht abgebildet werden kann:
- Der – mündliche und schriftliche – Wortschatz entwickelt sich auch durch das Lesen weiter.
- „Vokalqualität/-dauer": Auf welche Eigenschaften man die Kinder vor allem hinweisen soll, wenn es um die meistens so genannten langen bzw. kurzen Vokale geht, ist nicht geklärt: Lange Vokale werden zugleich mit etwas mehr Spannung im Mund gesprochen, kurze etwas lockerer; beides beeinflusst die Klangfarbe; außerdem spielt der Übergang zur nächsten Silbe eine Rolle.
- Einige Besonderheiten werden erklärt, wenn ein Kind fragt, müssen aber in der Grundschule nicht abgeschlossen werden, z. B. <x, chs>.

B) „Rechtschreibhilfen verwenden" (KMK 2005, S. 14)
Als ersten Unterpunkt nennen die Standards hierzu: „Wörterbuch nutzen". Wörterbucharbeit ist in der Grundschule genau da sinnvoll, wo die Kinder wissen, dass sie einen Bereich nur lexikalisch lernen können, also etwa, ob in einem Wort ein stummes <h> zu setzen sein könnte. Wenn man diese Beschränkung nicht berücksichtigt, überfordert man einen Teil der Kinder, weil gerade die Schwächeren versucht sind, wahllos nachzuschlagen. Die zusätzliche Frage nach der Schreibung von Fremdwörtern stellt sich erst für den weiter vorangeschrittenen Schreiblerner.

Ähnlich ist der zweite Unterpunkt „Rechtschreibhilfen" zu sehen: Eine „kritische Nutzung" des Computers, wenn sie denn nicht pauschales Misstrauen meinen soll, muss auf Strukturwissen gegründet sein. – Beide Hilfen bahnt die Grundschule an.

8.4 Unterricht zur Kompetenzentwicklung

8.4.1 Merkmale von kompetenzförderndem Unterricht im Rechtschreiben

Der Blick auf Ressourcen macht es möglich, Kinder als lernende Subjekte zu unterstützen. Im Rechtschreibunterricht bietet eine Lernstandsdiagnostik, die Fehler als Denkversuche deutet, die Möglichkeit zur ermutigenden Korrektur. Die Lehrkraft muss die Ermutigung nicht sozusagen aus sich selbst und solidarisch gegen den als undurchschaubar erscheinenden Lehrstoff aufbringen, sondern kann dessen Regelhaftigkeit nutzen, um nächste Einsichten anzubieten. Das unterstützt ihre eigene Motivation und die der Kinder.

Eine Zuversicht, die Rechtschreibung zu lernen, wird nicht nur begünstigt, wenn der Stoff als geordnet verstanden wird. Auch die Übungsformen können dem zuarbeiten, wenn man die Zahl der Aufgabenformate begrenzt. Denn so steht ein „Handwerkskasten" mit bekanntem Werkzeug zur Verfügung, und das lenkt die Konzentration eher auf den jeweils zu übenden Bereich.

Übungstypen sind nicht beliebig auf alle Themen anwendbar, sondern Aufgaben müssen abgestimmt werden auf die Neigungen der Kinder – was für die spielerischen Übungsformen spricht –, auf den Stand der Kompetenzentwicklung und auf den jeweils bereits erarbeiteten Teilkatalog der Übungen.

Übungen zum Korrigieren dienen der Entwicklung von „Fehlersensibilität und Rechtschreibgespür" (KMK 2005, S. 14). In der Grundschule kann die Fähigkeit, „Texte auf orthografische Richtigkeit [zu] überprüfen und [zu] korrigieren" (ebd.), an fremden Texten angebahnt werden, damit sie später auch auf eigene übertragen wird.

In besonderer Weise bündelt ein Rechtschreibunterricht die Entwicklungsmöglichkeiten für die Kinder, wenn er eine Gegenstandserarbeitung oder -wiederholung im Klassengespräch mit Elementen eines offenen Unterrichts verbindet, d. h. mit Arbeitsangeboten aus Arbeitsblättern und spielerischen Übungen in Paaren und kleinen Gruppen. Diese Form der Arbeitsangebote erlaubt der Lehrkraft eine ökonomische informelle Lernstandsdiagnostik, weil sie einzelnen Kindern beim Erarbeiten der Lösungen zuschauen und helfen, sich um besondere Lernprobleme kümmern und nachprüfen kann, wie in den Arbeitsgruppen schriftliche Aufgaben gelöst und korrigiert wurden.

8.4.2 Kompetenzfördernde Aufgaben

Anke Sawischlewski

Die Übungen aus dem „Handwerkskasten" lassen sich sinnvoll einsetzen, wenn geprüft wird,
- ob eine Rechtschreibstrategie neu einzuführen ist oder ob die Kinder schon über ein latentes Vorwissen zu einer Rechtschreibstrategie verfügen;
- ob die Rechtschreibstrategie durch Vorübungen angebahnt werden muss oder nicht.

Mit „Vorwissen" ist hier gemeint, dass zweierlei jeweils angenommen werden kann: Einige Wörter, die gemäß einer zu erarbeitenden Regel geschrieben werden, sind bereits bekannt und es gibt ein latentes Wissen über die entsprechende Regel.

Vorwissen?	ohne Vorübung	mit Vorübung	
ohne Vorwissen	<sp, st> <au, ei> <qu, c, y, x, v>	Singular – Plural	<ä, äu>
↕		Vokalqualität/-dauer Vokalqualität/-dauer/ Silbengrenze	<ie> Konsonantendoppelschreibung
mit Vorwissen	<-er> am Wortende Auslautverhärtung Großschreibung Dehnungs-<h>	Wortfamilien Vokalqualität/-dauer	Verbformen <ß>

Abbildung 2: Übungstypen und Rechschreibstrategien

Entsprechend diesen Fragen kann darüber entschieden werden, welche Aufgabentypen zur Erarbeitung und Festigung einzusetzen sind. Den Kindern wird durch die Verwendung gezielter Aufgaben der Zusammenhang der

Rechtschreibregeln bewusst, da latentes Vorwissen gezielt genutzt und in eine Regel überführt wird und da die Aufgaben nicht isoliert nebeneinanderstehen. Abbildung 2 auf der vorigen Seite skizziert diese Systematik für einige relevante Themen.

Die nächsten Abschnitte illustrieren das Zusammenwirken von Übungstypen und Rechtschreibstrategien durch ausgewählte Beispiele.

A) *Latentes Vorwissen ohne Vorübung: Auslautverhärtung*
Im Bereich der Auslautverhärtung verfügen die Kinder im Verlauf des ersten Schuljahres häufig bereits über Wörter, die sie entsprechend der Regel schreiben können, ohne dass eine Rechtschreibstrategie mit den Kindern erarbeitet worden ist. Dieses Vorwissen kann für die Erarbeitung genutzt werden. Anhand von Fehlerwörtern, z. B. auf einer Folie, haben die Kinder Gelegenheit, auf Fehler aufmerksam zu werden und Hypothesen für die Regel zu formulieren. Im Anschluss an die Erarbeitung der Rechtschreibstrategie folgt dann das Üben dieser morphologischen Operation. Hierzu wird der Übungsschwerpunkt auf die korrekte Bildung von Singular und Plural gelegt. (Dieser – eher noch semantische – Zugang ist für Kinder der einfachste. Später muss klar werden, dass eine zur Wortfamilie passende Verlängerung mit einem Vokal stattfinden soll.) Zunächst wird lediglich die Problemstelle im Wort betrachtet. Ebenso werden zum Einstieg auch die Konsonantenpaare isoliert voneinander angeboten, sodass nur Wörter mit <d – t>, <g – k> oder <b – p> am Wortende geübt werden. Abb. 3. zeigt einen entsprechenden Ausschnitt.

2, 3, 4, ... (Plural)	1 (Singular)
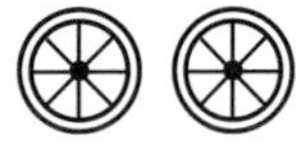 die Rä___er	 das Ra___
 die Mon___e	 der Mon___
 die Zel___e	 das Zel___

Abb. 3: Ausschnitt aus einem Arbeitsblatt für <d – t>

Als Übungsformen eignen sich auch verschiedene Spiele; siehe den nächsten Abschnitt.

Wird die Rechtschreib(teil)strategie sicher genug beherrscht, können die Konsonantenpaare im nächsten Schritt gemischt angeboten werden, sodass Wörter mit <d – t>, <g – k> **und** <b – p> am Wortende geübt werden können. Im letzten Schritt wird das Wort als Ganzes in den Blick genommen und nicht nur die Problemstelle betrachtet. Vgl. Abb. 4.

Abb. 4: Ausschnitt aus einem Arbeitsblatt für gemischte Auslautverhärtungsproben im ganzen Wort

B) *Spiele und ihre Passung*
Es bieten sich Spieltypen an, bei denen die Schüler immer wieder überlegen müssen, ob es sich um einen stimmhaften oder stimmlosen Konsonanten am Wortende handelt. Gleichzeitig muss mit den Spielformen die Singular- und Pluralbildung geübt werden, damit die Kinder diese morphologische Teilstrategie sicherer auszuführen lernen. Es bietet sich beispielsweise ein Dosen-Basketball an. Die Kinder erhalten Wortkarten, auf denen jeweils der Endbuchstabe im Wort fehlt.

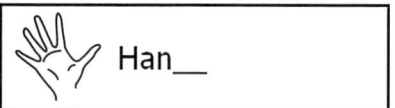

Abb. 5: Wortkarte zum isolierten Üben der Auslautverhärtung <d – t>; ausführliches Arbeitsblatt „Dosenbasketball: d oder t" auf der CD

Sie entscheiden, ob es sich um den stimmhaften oder den stimmlosen Auslaut handelt, und werfen die Karte in die entsprechende Dose. Ohne die morphologische Operation auszuführen, kann die Aufgabe nicht gelöst werden. Ferner eignet sich ein Blitzspiel: Die Schülerinnen und Schüler erhalten ähnlich gestaltete Wortkarten wie für das Dosen-Basketball-Spiel. Innerhalb von einer Minute müssen sie für möglichst viele Wortkarten entscheiden, ob es sich um Wörter mit einem <d> oder einem <t> am Ende handelt. Die Zeit wird mit einer Sanduhr gemessen. Die Wortkarten werden entsprechend der Entscheidung für einen stimmlosen oder stimmhaften Auslaut auf einen entsprechenden Ablagestapel gelegt. Die Schüler können bei dieser Spielform den individuellen Lernzuwachs selbst messen, da sie, je öfter sie das Blitzspiel spielen, immer mehr Karten innerhalb der gegebenen Zeit richtig zuordnen können. Sie werden zur Wiederholung der Aufgabe motiviert, weil sie merken, dass sie sich verbessern und die Rechtschreibregel zunehmend sicherer beherrschen.

Für die Auslautverhärtung ungeeignet sind Spielformen, bei denen nicht die morphologische Operation gefestigt wird. Hierzu zählen beispielsweise Memory- und Domino-Spiele. Da bei diesen Spielformen die Singular- und Pluralformen der Wörter bereits gegeben sind, müssen die Schüler sich nicht auf die morphologische Operation beziehen. Die Strategie, mit der sie lernen sollen, Wörter aus dem Problembereich der Auslautverhärtung richtig zu schreiben, wird nicht geübt.

C) *Ohne Vorwissen und mit Vorübung: <ie>*
Auch zum <ie> verfügen die Schüler im Verlauf des zweiten Schuljahres schon über Wörter, die sie normgerecht schreiben, zu denen sie aber keine Regel formulieren können. Anders als bei der Auslautverhärtung im Abschnitt A) muss die Grundlage der Regel im Vorfeld erarbeitet werden. Während die Singular- und Pluralbildung gleichzeitig mit der Rechtschreibregel zur Auslautverhärtung eingeführt werden kann, muss die Bestimmung von langen und kurzen Vokalen getrennt behandelt werden, mit Abstand vor der Einführung des <ie>. Die Kinder müssen ein Bewusstsein für die Vokaldauer entwickeln. Hierzu eignen sich Übungstypen, die den Vokal besonders hervorheben. Es werden nur Wörter verwendet, in denen der „lange" Vokal grafisch nicht besonders markiert ist, also nicht <Bahn, Meer>, sondern <Tal, Besen> usw. Der gesuchte Vokal wird zuerst in einen leeren Kreis eingefügt; er wird hierdurch optisch hervorgehoben. In einem zweiten Schritt müssen die Kinder durch die Bildung von „Gegenwörtern" entscheiden, ob es sich um einen „langen" oder „kurzen" Vokal handelt[2]. Die Bestimmung der Vokaldauer kann z. B. durch ein Gummiband unterstützt werden, das für „lange" Vokale gedehnt und

---

[2] Für die „Gegenwörter" werden in der 2. Klasse nicht Minimalpaare verwendet, wie sie sich aus sprachwissenschaftlicher Sicht anböten, also „Rate – Ratte" oder „Mole – Molle". Das Lesen, gerade der schwächeren Kinder, ist noch so unsicher, dass sie durch die komplexen Operationen überfordert werden könnten. Daher sollen sie lediglich prüfen, welche Aussprache eines Wortes die richtige ist, siehe Abb. 7, S. 198 und den Text dazu.

für „kurze" ohne Spannung mit zwei Fingern gehalten wird. Entsprechend der Entscheidung wird der Vokal anschließend geschrieben und z. B. mit einem untergesetzten Strich oder Punkt als „lang" oder „kurz" markiert (vgl. Abb. 6, rechte Seite).

Abb. 6: Ausschnitte aus einem Arbeitsblatt zur Vokaldauerbestimmung, leer und ausgefüllt

Die Rechtschreibregel für <ie> kann erst im Anschluss an diese Unterrichtssequenz eingeführt werden. Es wird erarbeitet, dass das „lange" [i:] als <ie>, das „kurze" [i] als <i> geschrieben wird. Die Minderheitenwörter mit <ih> und <ieh> werden zunächst vernachlässigt. Wie in der Sequenz zur Bestimmung von „Lang-" und „Kurzvokal" werden die Wörter als Lückenwörter angeboten, in denen lediglich der Vokal fehlt. Durch das Bilden von Gegenwörtern entscheiden die Kinder, ob <ie> oder <i> in die Lücke eingesetzt werden muss. Sie prüfen also: Heißt es [stift] oder [sti:ft]? „Lang-" bzw. „Kurzvokal" wird wie oben mit Strich bzw. Punkt gekennzeichnet; vgl. Abb. 7.

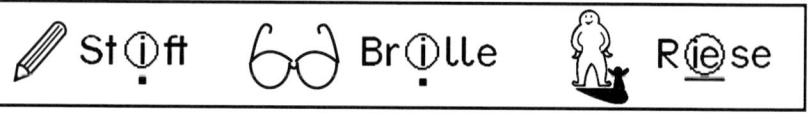

Abb. 7: Ausschnitt aus einem ausgefüllten Arbeitsblatt zur Vokaldauerbestimmung bei <ie – i>

Wie oben für die Auslautverhärtung dargestellt, eignen sich auch zur Übung der <ie>-Regel verschiedene spielerische Übungsformen. Geeignet sind allerdings auch hier nur solche Spielformen, mit denen die Entscheidung für den „Lang- bzw. Kurzvokal" gezielt geübt wird. Die Spielformen, die für die Auslautverhärtung dargestellt wurden (Dosen-Basketball-Spiel, Blitzspiel), sind auf die Wörter aus dem Übungsbereich <ie> übertragbar.

Weil <ie> den Mehrheitsfall darstellt, ist das Risiko von Fehlschreibungen wie *<Tieger; siet> vorläufig in Kauf zu nehmen. Mit den weiteren Schreibungen wird später begonnen. Die kleine <ih>-Gruppe ist in der Grundschule zu sichern, für <i> und <ieh> ist mehr Zeit erforderlich.

D) „Übungsformen selbstständig nutzen"; „Fehlersensibilität und Rechtschreibgespür entwickeln"; „Differenzierung" (vgl. KMK 2005, S. 8 und 11).
Wenn die jeweilige Rechtschreibregel mit den Kindern erarbeitet und verstanden wurde, können die verschiedenen Regeln mit ähnlichen Aufgabentypen gefestigt werden. Wiederkehrende Übungsformen ermöglichen es den Kindern, sich auf die gelernten Inhalte zu konzentrieren und sich intensiv mit der Anwendung bestimmter Regeln auseinanderzusetzen. Es bieten sich Aufgaben an, in denen die Kinder Fehler in gegebenen Wörtern finden sollen. Der Schwierigkeitsgrad der Aufgaben lässt sich differenzieren.

(a) Schwache Schüler, die noch Schwierigkeiten in der Regelanwendung haben, bekommen als Hilfestellung die Anzahl der zu findenden Fehler in jeder Zeile genannt;
(b) stärkere Rechtschreiber haben die Aufgabe, die Fehler ohne Angabe der Fehlerzahl zu finden (vgl. Abb. 8).

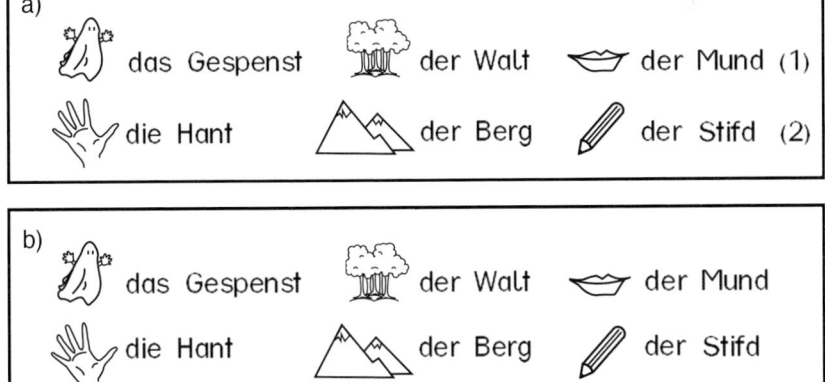

Abb. 8: Übungen zur Festigung der Regelanwendung – Auslautverhärtung
(a) für schwächere, (b) für stärkere Schüler

Wenn die Schüler die jeweilige Regel ausreichend beherrschen, kann sie mit den anderen bereits gelernten Rechtschreibregeln verknüpft werden. Hierzu bieten sich Fehlertexte an, in denen die Schüler Fehlerwörter mithilfe aller ihnen bekannten Regeln verbessern müssen. Unter Angabe der Regel, gegen die verstoßen wird, haben sie nun die Aufgabe, einen Text mit allen ihnen zur Verfügung stehenden Regeln zu überarbeiten. (Die Regeln haben bei der Erarbeitung eine Nummer erhalten.) In diesem Aufgabentyp werden sowohl Rechtschreibstrategien angewendet als auch Rechtschreibgespür entwickelt. Die Aufgabenstellung kann differenziert werden, indem die Regeln, auf die sich die Fehlertexte beziehen, nach Bedarf variiert werden. Auf der CD finden sich dazu Aufgabenbeispiele mit dem Titel „Oberlehrer Superschlau".

E) *Kumulation der Rechtschreibstrategien*
Anhand von Abb. 1. (siehe S. 191) wurde in 8.4.1 das Gefüge der Strategien bereits skizziert. Die damit verschränkte Entwicklung des „Handwerkskastens" aus passenden Übungsformen wurde im vorigen Abschnitt an Beispielen gezeigt.

In der Abb. 1 sind die Teilstrategien zum „morphologischen Analysieren" an Beispielen ausgeführt, denn diese Strategie sollte langsam aufgebaut werden. Ergänzt werden könnten etwa zu <ä, äu> noch die Adjektiv-Steigerung und beim Ausbau der Konjugation die Vergangenheitsformen. Zunehmend führt die morphologische Strategie zu noch mehr Aspekten der Grammatik und arbeitet so auch der Groß-/Kleinschreibung zu.

F) *Ausblick*
Die Verflochtenheit der Rechtschreibung mit praktisch allen anderen Kompetenzen stellt der Lehrkraft eine Aufgabe eigener Art: Sie muss einen angemessenen Weg suchen zwischen der Einforderung von Richtigkeit einerseits und einer Förderung, die dem jeweiligen Stand der Entwicklung entspricht, andererseits. Dafür ist didaktisches Fingerspitzengefühl gefragt, das von der Lernstandsdiagnose maßgeblich getragen wird.

Literatur

AUGST, G./DEHN, M. (2007): Rechtschreibung und Rechtschreibunterricht: Können - Lehren – Lernen; eine Einführung für Studierende und Lehrende aller Schulformen. 3., überarb. und aktualisierte Aufl. Stuttgart [u.a.]: Klett.

EISENBERG, P. (2005): „Der Laut und die Lautstruktur des Wortes", „Der Buchstabe und die Schriftstruktur des Wortes". In: Drosdowski, G. u. a: Duden-Grammatik. Mannheim: Duden. 7. Aufl., S. 19–94.

HINNEY, G./HUNEKE, H.-W./MÜLLER, A./WEINHOLD, S. (2008): Definition und Messung von Rechtschreibkompetenz. In: Didaktik Deutsch. Sonderheft. Beiträge zum 16. Symposion Deutschdidaktik, S. 107–126.

Kultusministerkonferenz (2005) (Hrsg.): Bildungsstandards im Fach Deutsch für den Primarbereich (Jahrgangsstufe 4). Bonn.

NAUMANN, C.-L. (2008): Zur Rechtschreibkompetenz und ihrer Entwicklung. In: Bremerich-Vos, A./Granzer, D./Köller, O. (Hrsg.): Lernstandsbestimmung im Fach Deutsch. Gute Aufgaben für den Unterricht. Weinheim & Basel: Beltz 2008, S. 134–159. Internetseite: www.beltz.de/catalog/autor.asp?AutorID=6907034

RÖBER-SIEKMEYER, C. (1993): Die Schriftsprache entdecken. Weinheim und Basel: Beltz.

SCHEERER-NEUMANN, G. (1986): Wortspezifisch: ja – Wortbild: nein. Ein letztes Lebewohl an die Wortbildtheorie. Teil 1: Rechtschreiben. In: Brügelmann, H. (Hrsg.): ABC und Schriftsprache: Rätsel für Kinder, Lehrer und Forscher. Konstanz: Faude, S. 171–185. (= libelle: wissenschaft lesen und schreiben, 1).

SCHEERER-NEUMANN, G. (1989/2003): Rechtschreibschwäche im Kontext der Entwicklung. In: Naegele, I. M./Valtin, R. (Hrsg.): LRS – Legasthenie in den Klassen 1-10. Handbuch der Lese-Rechtschreib-Schwierigkeiten. Band 1: Grundlagen und Grundsätze der Lese-Rechtschreib-Förderung. 6., vollständig überarbeitete Auflage. Weinheim, Basel: Beltz. S. 58–77.

THOMÉ, G. (1999): Orthographieerwerb. Qualitative Fehleranalysen zum Aufbau der orthographischen Kompetenz: Frankfurt/M. (u. a.): Peter Lang.

9 Bildungsstandards Deutsch – Lernen mit Medien

Gerd Cichlinski/Dietlinde Granzer

9.1 Vorbemerkung

Nimmt man den Bildungsauftrag der Grundschule ernst, der in der Balance von gesellschaftlichen und individuellen Ansprüchen, von zukünftigen und gegenwärtigen Aufgaben gesehen werden muss, sind der Computer, die visuellen, auditiven sowie audiovisuellen Medien und ihre Beherrschung Bestandteile einer grundlegenden Bildung. Dies nicht nur, weil sich mit dem Computer und dem Internet eine neue Technologie des Schreibens, Recherchierens und Präsentierens etabliert hat, sondern auch weil Kinder in einer von Medien geprägten Gesellschaft leben und mit ihnen selbstverständlich umgehen.

Dass vom Foto bis zum Computer Medien als Werkzeug für das Lernen eingesetzt werden können, ist unbestritten. Manche sprechen daher auch im Hinblick auf den Umgang mit Medien von einer Kulturtechnik, die es zu erlernen gilt. Dafür spricht, dass unter Nutzungs- und Anwendungsaspekten die Beherrschung dieser Medien so weit erworben werden muss, dass sich ihr Potential für das Lernen entfalten lässt. Mittlerweile ist der Computer multimedial ausgestattet, was weitreichende Konsequenzen für seine Nutzung hat: Arbeiten mit der WebCam, Videobearbeitung, Fernsehen, Textverarbeitung, Internetnutzung, Internetradio hören und Audioerzeugung sind möglich. Der Umgang mit dem Computer erfordert daher medienbezogene Kompetenzen.

Im Deutschunterricht ist der multimediale PC ganz unterschiedlich einsetzbar. Woran man sofort denken wird, ist der Bereich des Lesens und der Erwerb der Lesekompetenz. Heute geht man beim Lesen von Texten von einem Textbegriff aus, der auch Hypertexte einschließt, bei denen navigierendes Lesen gefordert ist und die durch ihre besondere Verknüpfung durch Hyperlinks in nicht linearen Lesewegen zu potenziell unbegrenzten Makrotexten werden. Nicht kontinuierliche Texte sind anders organisiert und verlangen eine andere Herangehensweise. In IGLU 2006 gezeigt, dass für den Erwerb der Lesekompetenz Bücher, Lesematerialien, Computer und Internetzugänge im Klassenraum und in der Schule bedeutsam sind. Es geht also nicht darum, ein Medium gegen ein anderes auszuspielen, sondern darum, alle Medien – seien es elektronische oder traditionelle – für die Entwicklung der Lesekompetenz nutzbar zu machen.

9.2 Die Rolle der Medien und des Computers in den Bildungsstandards im Fach Deutsch

An drei unterschiedlichen Stellen finden sich in den Bildungsstandards im Fach Deutsch Hinweise zu den Medien:
1. im Vorwort „*Der Beitrag des Faches Deutsch zur Bildung*",
2. in den Standards, die im Umgang mit Medien jenseits des Buchs zu erreichen sind, und
3. in den Aufgabenbeispielen zu den Bildungsstandards.

Dabei rücken bei der Mediennutzung zwei Aspekte in den Vordergrund:

a) Kompetenzaufbau *für* eine Mediennutzung
Die Bildungsstandards betonen, dass der Erwerb der Schriftsprache im Deutschunterricht eine notwendige Voraussetzung dafür ist, dass Kinder Medien sinnvoll und selbstbestimmt nutzen können. Zwar werden in Lernprogrammen häufig Bildsymbole verwendet, um z. B. den Umgang mit der Software für leseschwache Kinder zu erleichtern, aber bei der Nutzung des Internets müssen die Kinder in der Lage sein, Texten die relevante Information zu entnehmen, um in der Hypertextstruktur navigieren zu können. Die Lesekompetenz muss in diesem Fall also so weit entwickelt sein, dass informationsentnehmendes Lesen möglich ist. Selektives, interpretierendes und kritisches, aber auch genießendes Lesen bilden eine tragfähige Grundlage für selbstbestimmtes Lesen, bei dem bewusst geeignete Medien ausgewählt werden.

b) Kompetenzaufbau *durch* Mediennutzung
Die Bildungsstandards beziehen sich dabei konkret auf den Bereich des Schreibens (Teilbereiche „Schreiben" und „Rechtschreiben") und des Lesens: Rechtschreibprogramme bieten mittlerweile gute Möglichkeiten, um Rechtschreibkompetenz auch bei rechtschreibschwachen Kindern aufzubauen. Bei der Produktion von Texten ist die ästhetische Darstellung und Gestaltung der Texte wichtig. Dabei kann und soll entsprechend dem Schreibanlass auf unterschiedliche Medien zurückgegriffen werden. Dass hier der Computer ein enormes Potential hat, das Schülerinnen und Schüler für die Entwicklung der Schreibkompetenz nutzen können, liegt auf der Hand. Im Bereich „Lesen" bieten elektronische Medien und Massenmedien die Möglichkeit, die Lesekompetenz zu erweitern, indem mit unterschiedlichen Textsorten gearbeitet wird und diese für das Lernen genutzt werden. Das schließt diskontinuierliche Texte wie auch Hypertexte mit ein. Schließlich verweisen die Bildungsstandards noch auf die Möglichkeit der Ausbildung von Metakognitionen (Lernen lernen) durch die Einbindung von Medien.

In welchen Standards wird konkret Bezug auf die Medien genommen?

Kompetenzbereich: Schreiben
Kompetenz: Richtig schreiben
   Standard: Rechtschreibhilfen verwenden / Wörterbuch nutzen / Rechtschreibhilfen des Computers kritisch nutzen

Kompetenzbereich: Lesen – mit Texten und Medien umgehen
Kompetenz: Über Leseerfahrungen verfügen
   Standard: Informationen in Druck- und – wenn vorhanden – elektronischen Medien suchen

Kompetenz: Texte präsentieren
   Standard: Verschiedene Medien für Präsentationen nutzen

Medien können, wie in den Aufgabenbeispielen zur Illustration der Bildungsstandards (vgl. KMK 2005) aufgezeigt wird, auch für andere Bereiche nutzbar gemacht werden. Es sei hier noch einmal ausdrücklich darauf hingewiesen, dass durch die Einbindung von Medien in den Bereichen *Schreiben*, *Lesen*, *Sprechen und Zuhören* sowie *Sprache und Sprachbetrachtung* nicht nur Kompetenzen in diesen Bereichen aufgebaut und entwickelt werden, sondern auch Medienkompetenzen.

Vor der selbstbestimmten Nutzung der Medien steht der Erwerb spezifischer Kompetenzen, die es Kindern erlauben, diese Medien zu nutzen. Schülerinnen und Schüler erwerben z. B. grundlegende Kenntnisse im Umgang mit Textverarbeitungsprogrammen (Großschreibung am Computer, Absatzgestaltung, Formatierung, Abspeichern der Texte in einem Ordner usw.) oder mit der digitalen Videokamera und der Software, die zum Bearbeiten von Audio- und Filmdateien notwendig ist.

9.3 Multimedial gestütztes Lernen

Medienkompetenzen
Die aufzubauende Medienkompetenz beinhaltet kognitive (Medienanalyse, Medienkritik) sowie affektive Aspekte (ästhetischer Genuss, Unterhaltung) und zielt auf die Verhaltensdimension (Nutzung und Gestaltung) (vgl. METZGER 2001). Aus medienpädagogischer Sicht sind Rezipieren und Produzieren als grundlegende Formen der Aufnahme und Verarbeitung von Informationen zentrale Dimensionen von Medienkompetenz (vgl. VACH 2005). Darüber hinaus sind Ziele der ästhetischen Bildung und Identitätsförderung eingeschlossen. Es geht um eine Schulung des auditiven, visuellen und audiovisuellen Wahrnehmens und Verstehens, um eine Art Alphabetisierung. Dabei ermög-

licht der multimedial ausgestattete Computer als Integrationsmedium sowohl Rezeptions- als auch Produktionsprozesse.

Technisch angemessene Ausstattung
Ein Fernsehgerät und ein DVD-Player bzw. Videorekorder für die Rezeption von Filmen gehören zum regulären Bestand jeder Schule. Foto- und Videokamera sowie Audioaufnahmegeräte sind zunehmend vorhanden. Die heutigen digitalen Geräte haben den Vorteil, dass Texte, Töne und Bilder mit der entsprechenden Software unkompliziert digital auch von Kindern bearbeitet werden können. Der Einsatz des „alten" analogen Kassettenrekorders ist aber auch weiterhin möglich, um zur grundlegenden auditiven Medienkompetenz beizutragen. Wichtig sind außerdem ein Stativ für die Arbeit mit der Videokamera (manchmal auch für die Fotokamera) und ein externes Mikrofon für Audio- und Videoaufnahmen. Ein Headset und ein Drucker sind für die Arbeit mit dem Computer notwendig. Für den Computer gilt, dass die beabsichtigten Anwendungen stabil laufen und dass im Hinblick auf Speicherkapazität und Geschwindigkeit nicht nur die Minimalerfordernisse erfüllt sind. Man sollte auch für eine schnelle Internet-Verbindung sorgen.

Zur besseren Veranschaulichung von visuellen Beispielen (Fotos, Filme) kann ein Beamer eingesetzt werden. Interaktive Whiteboards sind weiße Tafeln, auf die ein Beamer den Bildschirm eines angeschlossenen Computers projiziert. Auf diese Fläche kann nun auf digitale Weise geschrieben (auch handschriftlich) oder gemalt und es können beliebige Objekte (Bilder, Filme, Flashdateien) eingefügt werden. Texte oder Screenshots von  Internetseiten o. Ä. können ins Tafelbild integriert werden. Sämtliche Objekte können verschoben, gedreht oder auf andere Weise modifiziert werden.

Qualitativ gute Programme und Anwendungen
Die Qualitätsansprüche beziehen sich in erster Linie auf fachdidaktische Qualitätskriterien (z. B.: Welche Übungseffekte haben die Aufgaben? Welche Problemstellungen können von Lernenden selbstständig gelöst werden? Welche sprachlichen und kreativen Prozesse können gefördert werden? Welche literarischen Kenntnisse werden erworben?).

Gleichzeitig müssen die Geräte und Anwendungen (besonders im Bereich Audio- und Videoschnitt, Bildbearbeitung) kindgerecht in der Bedienung sein, denn nur so kann bei Kindern Medienkompetenz aufgebaut werden.

Fachlich und fachdidaktisch qualifizierte Lehrpersonen
Benutzerfreundliche Technik ermöglicht der Lehrkraft, sich mehr auf die Funktion als Organisator von Lernprozessen zu konzentrieren. Eine Fortbildung zur technischen Handhabung der Geräte und zu didaktischen und methodischen Aspekten ihres Einsatzes im Unterricht ist sinnvoll, um das Potenzial der Medien auszuschöpfen.

Was Medien können und was nicht:
- Medien sind keine Zauberstäbe, mit deren Hilfe sich pädagogische Alltagsprobleme des Lehrens und Lernens von allein lösen. Ihr Einsatz bedarf immer sehr sorgfältiger didaktischer und methodischer Überlegungen und Entscheidungen.
- Medien sind keine Motivations- und Lernautomaten – auch wenn viele Schülerinnen und Schüler in ihrer Freizeit viel Zeit am Fernseher, mit Computerspielen, beim Hören von Kassetten und CDs verbringen. Sie garantieren auch nicht, dass das Lernen einfacher, effektiver und nachhaltiger oder schneller erfolgen wird.
- Medien sind kein Ersatz für kompetente Lehrerinnen und Lehrer. Manche Lernprozesse lassen sich z. B. besser veranschaulichen oder fördern kreatives Potenzial, aber die Möglichkeiten und Grenzen sollten abgewogen werden.

Der Einsatz von Medien kann die Lernenden in ihren Lernprozessen vielfältig unterstützen.
- Medien können Ergänzungs-/Unterstützungsmedien sein. Der Computer bietet diverse Möglichkeiten für differenziertes und individualisiertes Lernen, um einerseits zu fördern und andererseits zu fordern. Vielseitige Softwareangebote und unterschiedliche Arbeitsformen tragen zu individuellen Lernfortschritten bei. Durch den Einsatz von Video und Audio können konkrete Hilfen für das artikulierte Sprechen angeboten werden, die nicht mittels Belehrung, sondern durch kritische Selbstreflexion erfahrbar werden. Film und Fernsehen erfüllen informierende und unterhaltende Funktionen.
- Mithilfe audiovisueller Medien kann man dokumentieren, z. B. einmalige Prozesse festhalten, um sie später im Unterricht lernwirksam aufzuarbeiten und zu reflektieren.
- Medien unterstützen die Interpretation von Texten. Durch den spezifischen Einsatz audiovisueller Medien können werkimmanente, aber auch kreative Deutungen von Texten vorgenommen werden.
- Medien ermöglichen kreative Ausdrucksmöglichkeiten in Bild und Ton zu literarischen und eigenen Texten.

- Medien unterstützen die Präsentation spezifischer Inhalte.
- Medien fördern Lesekompetenz. Der weit gefasste Literaturbegriff schließt Lese-, Hör- und Bildtexte ein. Kompetente Leserinnen und Leser sind deshalb diejenigen in der Informationsgesellschaft, die kritisch mit dem klassischen und neuen Medienangebot umgehen.
- Durch produktive Medienarbeit erwerben die Lernenden neben den inhaltlichen Kompetenzen des ausgewählten Lerngegenstandes technische, gestalterische, soziale, kommunikative und methodische Kompetenzen, die sie in Lernzusammenhängen als ganzheitlichen Prozess am konkreten Inhalt erfahren.
- Die Arbeit mit dem Internet hebt die Kulturtechniken Lesen und Schreiben hervor und ermöglicht das Trainieren in alltäglichen und lebensrelevanten Zusammenhängen.

Text-, Bild- und Musikrechte

Für die Medienproduktion und deren Veröffentlichung müssen Text-, Bild- und Musikrechte beachtet werden. Problemlos sind ausdrücklich ausgewiesene rechtefreie Inhalte, z. B. kostenlose Hörbücher unter www.vorleser.net/. Um der Problematik bei Bild- und Musikrechten zu entgehen, erscheint es sinnvoll, mehr auf selbst erstellte Medien zurückzugreifen. Für die Veröffentlichung von Produktionen im Internet müssen die Bildrechte der Kinder von den Erziehungsberechtigten eingeholt werden.

9.4 Möglichkeiten der Unterstützung bei der Kompetenzförderung

Kompetenzbereich *Sprechen und Zuhören*

Das Lernen des bewussten Hörens kann eine Hilfe sein, eine „Autonomie gegenüber der akustischen Reizflut" (KAHLERT 2000, S. 11) zu entwickeln.

Hörmedien bringen andere Anforderungen als das Zuhören in der Face-to-Face-Kommunikation mit sich, denn Mimik und Gestik fehlen ebenso wie Ergänzungs- und Nachfragemöglichkeiten. Einerseits können sie dazu dienen, den Hörsinn zu schulen und den Spracherwerb von Kindern zu fördern, andererseits lassen sich Hörtexte nutzen, um die mediale Form und Struktur zu erschließen.

Von Vorteil ist die Möglichkeit des erneuten Hörens, denn dadurch werden die ästhetische Wahrnehmung und die Empathie ebenso gefördert wie Hörbereitschaft, Aufmerksamkeit und Konzentrationsfähigkeit. Da Hörkassetten/CDs und Radio in der Regel nebenbei gehört werden, ist die Schulung der auditiven Wahrnehmung ein wichtiger Bestandteil des Kompetenzerwerbs.

Bei der Rezeption und Analyse von Hörtexten geht es einerseits um fiktionale (Hörspiel, Lesung, Erzählung, Märchen) und dokumentarische Formen (Reportage, Interviews, Radiosendung) sowie um das Feature als Zwischenform (Basis sind journalistische Fakten, die kreativ und dramatisch aufgearbeitet zu einem Hörtext montiert werden.). Andererseits geht es um die Gestaltungsmittel: Stimmen, Geräusche, Musik, Montage von Szenen, Gestaltung von Raum und Zeit. Moderne Hörbücher eignen sich in der Grundschule als Einstiegsmedium für Leseanfänger und für die Differenzierung.

Das artikulierte Sprechen und die Wirkungsweise von Tönen zu erfahren, gehört zum grundlegenden Kompetenzerwerb. Angebote zur Ausbildung grundlegender Kompetenzen (besonders für die Jahrgangsstufe 1) finden sich auf der Internet-Plattform COMEDISON des Bildungsservers Rheinland-Pfalz.

Materialien und Unterrichtsbeispiele
Besonders zwei Projekte im Bereich des Hörens und Zuhörens sollen erwähnt werden (beide Projekte bieten jeweils über ihre Webseite viele Materialien und Hintergrundinformationen an):

Das Zuhörprojekt **„Ohrenspitzer"** arbeitet u. a. in der Grundschule. Kernstück ist der „Ohrenspitzerkoffer".

Er enthält eine umfangreiche Zusammenstellung von beliebten Hörspielen und Geräusche-CDs sowie ein Heft mit didaktisch-methodischem Begleitmaterial für die Lehrkräfte.

Die **Stiftung Zuhören** bietet als Basisprojekt die sog. Hörclubs in Kindergärten und Schulen an. Im Rahmen einer Förderstunde oder eines Betreuungsangebots wird dabei zum Hinhören eingeladen. Außerdem gibt es unterschiedliche Radioprojekte und -wettbewerbe, Erzählprojekte u. a.

Abbildung 1: Audacity ist ein Gratis-Tonstudio zum Aufnehmen, Bearbeiten und Abspielen von Audio-Dateien. (MP3, WAV, u. a.).

Produktion von Minihörspielen
Das Minihörspiel ist eine kurze dramatisierte Inszenierung mit verteilten Sprecherrollen und einer passenden Geräuschkulisse, die den Ort und/oder die Zeit verdeutlicht.

Die Intention ist das dialogische Sprechen in Verbindung mit einem Erzähler bzw. einer Erzählerin. Die Textteile werden vorgelesen oder frei vorgetragen. Unterlegt wird der Text mit fertigen Geräuschen, die aus einem Ordner auf dem Computer ausgewählt und eingefügt werden.

Beispiel: Fabel

Beispiel: *Fabel „Der aufgeblasene Frosch"*
Die Fabel „Der aufgeblasene Frosch" der Brüder Grimm gehört zu den Klassikern der unterrichtlichen Behandlung.

Kompetenzbereich *Schreiben*

Computerbasierte Schreibprozesse sind im Offline- und im Online-Modus möglich. Textverarbeitungsprogramme erleichtern die Textproduktion, die Textgestaltung und das Überarbeiten des Textes. Besonders Kinder mit Schwierigkeiten bei der Textproduktion (Handschrift, Rechtschreibung, Satzbau usw.) werden so eher zum Schreiben motiviert. Kreative und produktive Formen der Textgestaltung sind zudem im Rahmen dieser Textarbeit möglich.

Die Online-Nutzung kann internetspezifische Formen (Chat, Homepage-Gestaltung usw.) aufgreifen und deutschdidaktisch nutzen. Gerade über die E-Mail dient der Computer als schriftsprachliches Kommunikationsmedium, sei es innerhalb der Klasse, sei es im Umgang mit der weiten Welt.

Die Kinder erwerben am Computer Basiskenntnisse in der Textverarbeitung (hier Word) am konkreten Inhalt. Zentrale Kompetenzen sind: Text eingeben, Text korrigieren, Rechtschreibprüfung, Text markieren, Zeichen formatieren, Objekte einfügen/formatieren und Absätze formatieren.

Beispiel: Elfchen

Beispiel: *Textproduktion eines Eulen-Elfchens mit eingefügtem Bild*
Auf der Basis des kreativen Schreibens entstehen Elfchen (vgl. Aufgaben Bildungsstandards, S. 109). Die klare Struktur dieser Form ermöglicht die praktische Anwendung der o. g. Kompetenzen. Parallel dazu wird die ästhetische Darstellung des eigenen lyrischen Textes in Schrift und Bild erprobt, indem die Schülerinnen und Schüler mit unterschiedlichen Schrifttypen, -farben und -größen gestalten. Die Aufgaben können individualisiert gestellt werden. Durch das Einfügen eines eigenen Bildes aus einem vorgegebenen Ordner wird der Text einerseits illustriert, andererseits wird eine zusätzliche Kompetenz erworben.

Kompetenzbereich *Lesen – mit Texten und Medien umgehen*
Lese- und Medienerziehung beziehen sich aufeinander, unterstützen sich gegenseitig und weisen auf einen integrativen sowie handlungs- und produktionsorientierten Literaturunterricht hin.

Bilder haben in der Mediengesellschaft eine eminente Bedeutung, denn die Bilderflut beeinflusst unsere Lebensweisen, Sozialbeziehungen und das Verständnis von Welt (vgl. BERGER 1992, S. 53). Bilder haben erinnernde, unterhaltende, informierende, ästhetische und symbolische Funktion.

In der Kombination mit Schrift müssen heranwachsende Kinder rezeptive und produktive Kompetenzen erwerben, um in Printmedien, in Film und Fernsehen, in Computerprogrammen und im Internet Informationen entnehmen zu können. In einer eigenen Medienproduktion werden rezeptive und produzierende Kompetenzen angewandt.

Zwei Beispiele anhand lyrischer Texte
Gedichte sind meistens formal in Strophen und Zeilen – und manchmal mit Reimen – sehr übersichtlich gegliedert. Diese Struktur hilft bei der Erarbeitung und Umsetzung in Planungsschritte sowohl bei der Erstellung einer PowerPoint-Präsentation als auch bei einer Verfilmung oder der Erarbeitung einer Folienpräsentation zu einem Gedicht.

Beispiel 1: *„Fips" von Christian Morgenstern*

Ist der Text inhaltlich erschlossen, werden im Unterricht fünf Schritte bis zur Präsentation absolviert:
- Zuerst gestalten die Kinder zu den einzelnen Strophen Bilder. Danach scannen sie diese ein oder fotografieren sie ab.
- Die Bilder werden mit einem Titel versehen und in einem Ordner auf dem Computer abgespeichert.
- Diese Tonproduktion erfolgt mit dem Freeware-Programm Audacity (MP3-Datei). Auch die Audiodateien werden in einem Ordner abgespeichert.
- Im nächsten Schritt erfolgt die Einführung in das Programm PowerPoint.
- Nachdem alle Bilder und Töne in die Folien eingefügt sind, wird mithilfe des Präsentationsmodus oder durch Drücken der „F5"-Taste überprüft, ob die Präsentation funktioniert, ob alle Bild-Ton-Zuordnungen stimmen und wie die Präsentation wirkt.

Grundlagen für eine Videoproduktion

Digitale Videokameras sind sehr einfach zu bedienen und den Kindern oft von zu Hause bekannt.

Im Lehrgangsverfahren lernen die Schülerinnen und Schüler die Bedienung der Videokamera, die systematische Aufarbeitung der Einstellungsgrößen und Perspektiven.

Lyrikverfilmung

Beispiel 2: *„fünfter sein" von Ernst Jandl*

Der Text „fünfter sein" von Ernst Jandl bietet im Lernbereich „Lyrik – konkrete Poesie" eine Basis für grundlegende Videoarbeit.

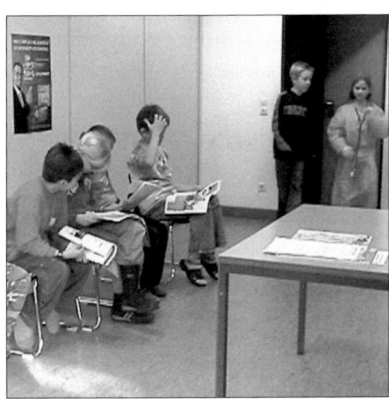

> **fünfter sein**
> türe auf, einer raus, einer rein,
> vierter sein
> türe auf, einer raus, einer rein,
> dritter sein
> türe auf, einer raus, einer rein,
> zweiter sein
> türe auf, einer raus,einer rein,
> nächster sein
> türe auf, einer raus,
> selber rein
> tagherrdoktor
>
> ERNST JANDL

Eine inhaltliche Erschließung bereitet den Schülerinnen und Schülern keine Probleme, denn Ort und Handlung sind bekannt. Der Text ist sehr übersichtlich. Die Erstellung eines Drehbuches leitet sich direkt aus dem Gedicht ab, die Anordnung der Einzelbilder ergibt sich stringent aus dem Handlungsablauf des Textes und des Spiels. Die Einstellungslänge der Filmsequenzen wird durch das Spiel vorgegeben.

Interviews führen (Audio- oder Videoprojekt)

Tagtäglich wird im Fernsehen und Radio über viele Themen des Lebens berichtet. Die Intention der Berichterstatter ist dabei immer, anderen die Möglichkeit zu geben, an dem teilzuhaben, was sie selbst oder über andere erfahren haben. Durch Interviews erhalten die Schülerinnen und Schüler Informationen und Wissen „aus erster Hand".

Die grundlegenden Zielsetzungen sind, dass die Kinder
- ein Interview durchführen (Fragen notieren und einen Interviewpartner angemessen befragen),
- Texte (Sätze) artikuliert sprechen.

Bei einer Videoproduktion werden Interviewer und Interviewter von den Kameraleuten oder vom Regisseur bzw. der Regisseurin im Bild richtig platziert. Die Kameraleute wählen verschiedene Bildausschnitte, damit das Bild abwechslungsreich bleibt.
Bei der Video- und Audioproduktion muss auf Hintergrundgeräusche geachtet werden.

Leseförderung durch ein Fotoprojekt
Zwei zentrale Formen sind Fotografien und Bildgeschichten. Ihr Unterrichtseinsatz beinhaltet vielfältige Sprech- und Schreibanlässe und ermöglicht literarisches Lernen.

Onlineangebote
Von den vielen Softwareangeboten zur interaktiven Leseförderung soll hier eines vorgestellt werden, das im Bereich der nicht kommerziellen Angebote auf hohe Akzeptanz trifft. Antolin ist eine webbasierte Plattform für die Leseförderung von Schülerinnen und Schülern von der ersten bis zur zehnten Klasse. Das Buchportal bietet eine ständig erweiterte Auswahl aus den Bereichen Belletristik, Lesebuchtexte und Nachschlagewerke für Kinder und Jugendliche. Zu jedem aus dem Sortiment ausgewählten Buchtitel ist ein Fragenkatalog (Quiz) hinterlegt, den die Schülerinnen und Schüler nach dem Lesen zu den Textinhalten beantworten. Jeder Schüler hat einen eigenen Zugang zu Antolin. Anhand der Schülerantworten ermittelt das Programm Daten zur Leseleistung, die die Lehrperson im Unterricht zur gezielten individuellen Leseförderung nutzen kann. Die selbstbestimmte Entwicklung der eigenen Leseidentität zu fördern, wird auch von den interaktiven Online-Leseangeboten **lepion** und **Leselilli** als konkrete Zielsetzung genannt. Beide Angebote sind kostenlos und bieten ein breites Spektrum an Fördermöglichkeiten und individuellen Einstellungen an. Der PC fungiert bei diesen Leseplattformen als Schnittstelle von alten und neuen Medien, die das Lernen in der Schule mit dem Lesen am Nachmittag verknüpft.

Möglichkeiten der Unterstützung bei der Kompetenzförderung 213

Beispiel: Bildreihe „Die Lesende"

Das Lesen von Bildern kann die inhaltliche Texterschließung unterstützen. Die Lernenden schulen dabei ihre ästhetische Wahrnehmung und ihre sprachliche Ausdrucksfähigkeit, indem sie die Bilder beschreiben und selbst nachspielen oder -stellen. Dabei können sich die Schülerinnen und Schüler gegenseitig fotografieren und wiederum über diese Fotos ins Gespräch kommen.

Film und Fernsehen

Was Kinder sehen, hängt ab von Alter, Geschlecht und der sozialen und kulturellen Herkunft. Diese Faktoren beeinflussen die Fernsehvorlieben, die Erwartungen und Interessen, die an das Fernsehen herangetragen werden, und die Fähigkeiten und Möglichkeiten, mit Fernsehwelten umzugehen.

Kinder suchen im Fernsehen Spaß, Action, Spannung und Informationen. Sie wollen Konfliktlösungsstrategien erfahren und suchen nach Vorbildern.

Die Thematisierung des Fernsehens im Deutschunterricht der Grundschule führt zu interessengeleitetem Rezipieren, zum Sichhineinversetzen in die zentralen Figuren, zum Nachvollziehen von Perspektiven und Konflikten der Figuren, zum Erfassen von Handlungen und Erzählmustern, zum Verständnis dramaturgischer Mittel, zur Unterscheidung von Realität und Fiktion und zur Beurteilung anhand ästhetischer Kriterien.

Die Fähigkeit zur Rezeption audiovisueller Texte ist mittels bestimmter Verfahren erlernbar wie z. B. durch Filmscrabble, Filmwürfel, Fragetopfmethode, Fragebogen zum Film, Filmstreifen, Filmquiz, Filmkritik usw. Beispiele für einen kreativen sprachlichen und gestalterischen Umgang mit audiovisuellen Textmaterialien sind im Begleitmaterial aufgeführt.

Kompetenzbereich *Sprache und Sprachgebrauch untersuchen*

Technische Medien unterstützen Kinder, die Mittel und Wirkung des Mediums Sprache zu lernen und zu reflektieren. Neben dem Umgang mit Übungsprogrammen am Computer können besonders die Audio- und Videoarbeit diesen Reflexionsprozess fördern.

Wortfeldarbeit umgesetzt als Filmprojekt

Beispiel: „Die Zauberkiste"

Die Bedeutungen von Wörtern, die zum Wortfeld „gehen" gehören, können durch eine pantomimische Darstellung veranschaulicht und damit geklärt werden. Mithilfe des Videofilms werden pantomimische Darstellungen des Gehens, Schlenderns, Laufens usw. bildlich festgehalten. Der Film dient der Reflexion über die genaue Umsetzung der Darstellung. Durch den Einsatz des Stopptricks werden gleichzeitig die wesentlichen Phasen einer Filmproduktion realisiert und transparent gemacht. Der Aufwand ist gering, als Requisite braucht man nur eine große Kiste, in welche die Kinder nach ihrer Pantomime einsteigen und verschwinden (s. Film auf der CD-ROM).

Rechtschreiben

Die Vorteile guter Lern- und Übungssoftware für den Sprachunterricht sind, dass die erledigten Aufgaben direkt bewertet und Fehler angezeigt und manchmal auch erläutert werden. Schüler und Lehrer können Lernfortschritte dokumentieren lassen und diese Dokumentationen für weitere Lernprozesse nutzen. Sprachlernsoftware kann für gemeinsamen und individuellen Unterricht schon ab der 1. Klasse eingesetzt werden.

Ein paar wesentliche Kriterien für die Auswahl der Lernsoftware sind:
- Angebot einer Übersicht und Auswahlmöglichkeit zu Übungsschwerpunkten;
- Ergänzung eigener Wortlisten und Übungstexte;
- Unterstützung der Selbsttätigkeit der Schüler durch die Übungsformen;
- kindgerechte Rückmeldung der Fehler;
- Nachvollzug der Lernfortschritte eines Kindes durch die Lehrkraft (Fehlerhäufung, Fehlerprofil);
- Form der Dokumentation der Arbeitsergebnisse;
- Hilfefunktionen, Bedienerfreundlichkeit, Arbeitsanweisungen;
- motivierende Funktion der grafischen Animationen.

Vier Programme sollen hier erwähnt sein, die diese Anforderungen erfüllen: Syllabo, KLEX (Legastenie-Software), Lernwerkstatt, GUT 1 und L.

Wichtig sind Lernprogramme, die speziell für Schüler mit Lese-Rechtschreibschwäche und Legasthenie entwickelt wurden. Seinen Schwerpunkt legt z. B. das Programm **Gut 1.0** auf das Grundwortschatz- und Transfertraining, das der Grundschüler individuell und lernökonomisch durchläuft. Das heißt, das Programm fördert das sichere Rechtschreiben der zunächst häufigsten Wörter und darauf aufbauend von Wörtern, die zu denselben Wortfamilien gehören. Falsche Schreibungen werden erkannt und es muss neu geschrieben werden, bis eine richtige Schreibung erfolgt. Dazu simuliert das Programm eine Lernkartei, die einen ausgewählten zu lernenden Wortschatz enthält. Das Übungswort ist als Lücke in einen Satz eingebettet und wird dem Schüler vorgelesen. Welcher Wortschatz vom Schüler bearbeitet werden soll, wird vorher von den Eltern oder vom Lehrer je nach Alter und Leistungsstand durch eine Voreinstellung bestimmt.

Das Programm sieht vor, dass zur langfristigen Speicherung nach längeren Zeitabständen Wiederholung und Kontrolle erfolgen. Für jeden Schüler kann der Lernfortschritt im Programm nachvollzogen werden.

Im Lernprogramm „Lernwerkstatt" ermöglicht der Aufbau aller Übungen durch eine klare und stringente Benutzerführung ein schnelles Navigieren innerhalb des Programms. Während des Lernens und Übens der Kinder gibt das Programm zahlreiche Hilfestellungen, mit denen die Kinder ihre Lösungen überprüfen können. Die meisten Übungen werden in bis zu vier Schwierigkeitsgraden angeboten, sodass eine bestmögliche Differenzierung gewährleistet ist. Es besteht zudem die Möglichkeit, die angebotenen Übungen zu verändern und darüber hinaus individuelle Übungsdateien zu erstellen und somit an den eigenen Unterricht bedarfsgerecht anzupassen.

Das Programm legt von jedem einzelnen Kind ein Lernstandsprotokoll an, sodass die Lehrerin und die Kinder stets Einblick in das Geleistete haben.

Automatische Rechtschreibprüfung
In den Textverarbeitungsprogrammen sind Korrektoren in der Regel mit enthalten. Wenn Schülerinnen und Schüler lernen, mit diesem Werkzeug umzugehen, können sie ihre Fehler selbst überprüfen und verbessern. Solche Strategien zu vermitteln, kann durchaus sinnvoll sein, allerdings müssen Schülerinnen und Schüler dafür sensibilisiert werden, dass die automatische Rechtschreibprüfung fehlerbehaftet sein kann.

Literatur

Barth, S.: Medien im Deutschunterricht. In: Praxis Deutsch 26, Heft 153, S. 11–19.

Berger, J. (1992): Sehen. Das Bild der Welt in der Bilderwelt. Reinbek bei Hamburg.

Bertschi-Kaufmann, A. (2000): Lesen und Schreiben in einer Medienumgebung. Die literalen Aktivitäten von Primarschulkindern. Aarau.

Bund-Länder-Kommission für Bildungsplanung und Forschungsförderung (1995): Medienerziehung in der Schule. Orientierungsrahmen. Materialien zur Bildungsplanung und Forschungsförderung. H. 44. Bonn.

Doelker, C. (1997): Ein Bild ist mehr als ein Bild. Visuelle Kompetenz in der Multimediagesellschaft. Stuttgart.

Frederking, V./Krommer, A./Maiwald, K. (2008): Mediendidaktik Deutsch – Eine Einführung. Berlin.

GAST, W. (1993): Grundbuch. Einführung in Begriffe und Methoden der Filmanalyse. Frankfurt/M.

GAST, W.: Filmanalyse. In Praxis Deutsch, H. 140, S. 14–25.

GROEBEN, N./HURRELMANN, B. (Hrsg.), (2002): Medienkompetenz. Voraussetzungen, Dimensionen, Funktionen. Weinheim, München.

HEJLIK, B./GIERA, J. (1991): 101 Ideen zum Kinderfilm (Themenheft). Praxis Grundschule. 14, H. 4, 1991.

HURRELMANN, B./BECKER, S. (Hrsg.) (2003): Kindermedien nutzen. Medienkompetenz als Herausforderung für Erziehung und Unterricht. München, Weinheim.

JANDL, E.: Poetische Werke (hrsg. von Klaus Siblewski. © 1997 by Luchterhand Literaturverlag München in der Verlagsgruppe Random House GmbH).

KAHLERT, J. (2000): Der gute Ton in der Schule. In: Huber, L/Odersky, E. (Hrsg.): Zuhören – Lernen – Verstehen, Braunschweig.

MAIER, R./MIKAT, C./ZEITTER, E. (Hrsg.) (1997): Medienerziehung in Kindergarten und Grundschule. 490 Anregungen für die praktische Arbeit. München.

METZGER, K. (2001): Handlungsorientierter Umgang mit Medien im Deutschunterricht. Didaktische Voraussetzungen, Modelle und Projekte. Berlin.

MITZLAFF, H./SPECK-HAMDAN, A. (Hrsg.) (1998): Grundschule und neue Medien. Beiträge zur Reform der Grundschule. Bd. 103. Frankfurt/M.

NEUSS, N. (Hrsg.) (1999): Ästhetik der Kinder. Interdisziplinäre Beiträge zur ästhetischen Erfahrung von Kindern. Beiträge zur Medienpädagogik. Bd. 5 Frankfurt/M.

RÖLL, F.-J. (1998): Mythen und Symbole in populären Medien. Der wahrnehmungsorientierte Ansatz in der Medienpädagogik. Beiträge zur Medienpädagogik, Bd. 4. Frankfurt/M.

SCHILL, W./BAACKE, D. (Hrsg.) (1996): Kinder und Radio. Zur medienpädagogischen Theorie und Praxis der auditiven Medien. Beiträge zur Medienpädagogik, Bd. 2. Frankfurt/M.

SCHILL, W. (2008): Integrative Medienerziehung in der Grundschule – Konzeption am Beispiel medienpädagogischen Handelns mit auditiven Medien. München.

SCHNOOR, D./DAUM, W./LANGENBUCH, G./MATTERN, K. (1993): Medienprojekte für die Grundschule. Wie Kinder technische Bilder „erzeugen" und „lesen" lernen. Braunschweig.

Symposium Deutschdidaktik (Hrsg.) (2002): Deutschunterricht und medialer Wandel. Tagungsband, 14. Symposium Deutschdidaktik. Jena.

VACH, K. (2005): Medienzentrierter Deutschunterricht in der Grundschule. Konzeptualisierung, unterrichtliche Erprobung und Evaluation. Berlin.

WERMKE, J. (1997): Integrierte Medienerziehung im Fachunterricht. Schwerpunkt Deutsch. München.

WERMKE, J. (Hrsg.) (2001): Hören und Sehen. Beiträge zu Medien- und Ästhetischer Erziehung. Ästhetik – Medien – Bildung. Bd. 4. München.

10 Bildungsmonitoring im Fach Deutsch in der Grundschule auf der Basis der Bildungsstandards

Olaf Köller/Dietlinde Granzer

In den vorherigen Kapiteln wurden die Bildungsstandards anhand von kompetenzorientierten Aufgaben illustriert und Hinweise und Anregungen gegeben, wie auf der Basis der Bildungsstandards ein handlungsorientierter, kognitiv-aktivierender Unterricht realisiert werden kann.

In diesem Kapitel wird aufgezeigt, in welcher Beziehung Testaufgaben zu den Standards stehen und wie Schulleistungsmessungen im Kontext der Strategie der Kultusministerkonferenz zu sehen sind.

10.1 Die Rolle von Testaufgaben im Kontext der Qualitätssicherung im Bildungswesen

Testaufgaben im Rahmen von Schulleistungsmessungen
Testaufgaben werden eingesetzt, um Daten auf Systemebene zu erhalten. Sie sind Teil des Bildungsmonitorings, das als ein wichtiges Instrument zur Qualitätssicherung und -entwicklung im Bildungswesen betrachtet werden kann und Informationen zur Steuerung des Bildungswesens liefert. Wie solche Aufgaben aussehen können, soll im Folgenden gezeigt werden:

Die erste Aufgabe wird in der 3. Jahrgangsstufe eingesetzt. Mit ihr werden Kompetenzen aus dem Bereich *Sprache und Sprachgebrauch untersuchen* erhoben.

Zu einem Wort ist jeweils ein Reimwort selbstständig zu ergänzen. Diese Aufgabe wird von 80 % der Kinder gelöst, wobei es auf die Erfassung der Wortbedeutung im gegebenen sprachlichen Kontext ankommt. Leichter wird diese Aufgabe dadurch, dass die Reime lediglich in einem vorgegebenen Text identifiziert werden müssen.

Aufgabe 1: Finde ein Wort, das mit dem unterstrichenen Wort ein Reimpaar bildet!

Schildkröten interessieren uns *sehr*,

sie leben an Land, in Sumpfgebieten oder im _____.

Zu dem Lesetext *Harzausflug* gibt es zwei Teilaufgaben. Der Aufgabenstamm besteht aus zwei diskontinuierlichen Texten, einer Karte mit Angaben zum Winterwetter und einem Auszug aus einem Fahrplan in tabellarischer Form. Die Schüler sollen ein Ausflugsziel auswählen, das zum Rodeln geeignet und gut erreichbar ist, sodass möglichst viel Zeit für das Rodeln bleibt. Goslar kommt als Ausflugsziel beispielsweise nicht infrage: Die Fahrt ist zwar am kürzesten, aber es gibt keinen Schnee zum Rodeln. Bei dieser Teilaufgabe müssen also der Tabelle und der Wetterkarte mehrere Informationen entnommen und zueinander in Beziehung gesetzt werden. Ein Multiple-Choice-Format kann hier hilfreich sein, denn Schülerinnen und Schüler können durchaus nach dem Ausschlussverfahren vorgehen. Diese Vorgehensweise ist bei der zweiten Teilaufgabe, bei der die Wahl des Ausflugziels begründet werden muss, allerdings nicht mehr möglich, denn es muss belegt werden, warum gerade dieser Ort zum Rodeln gewählt wurde und welche Kriterien dafür zugrunde gelegt wurden.

Beide Aufgaben sind anspruchsvoll und relativ schwierig. Die Lösungshäufigkeit lag bei der Multiple-Choice-Aufgabe bei 29 %. Die Schreibaufgabe, bei der eine Begründung für die vorgenommene Wahl des Ortes vorgelegt werden sollte, wurde von etwas weniger als einem Viertel der Schüler (23 %) gelöst.

Aufgabe 2: Harzausflug
Am nächsten Wochenende will deine Klasse einen Ausflug in den Harz machen. Dort in den Bergen kann man toll Schlitten fahren. Natürlich soll die Fahrt schnell gehen, damit ihr so viel Zeit wie möglich zum Rodeln habt. Allerdings gibt es nur noch in fünf Orten Unterkunft für alle, nämlich in Goslar, Torfhaus, Osterode, Braunlage und Friedrichsbrunn.
Eure Zugverbindungen:

Ziel	Abfahrt	Ankunft	Dauer	Notizen
Braunlage	8.36 Uhr	11.55 Uhr	3 h 19 min	
Friedrichsbrunn	8.38 Uhr	13.02 Uhr	4h 24 min	
Goslar	8.39 Uhr	10.56 Uhr	2h 17 min	
Osterode	8.40 Uhr	13.45 Uhr	5h 05 min	
Torfhaus	8.42 Uhr	11.43 Uhr	3h 01 min	

Die Schneevorhersage:

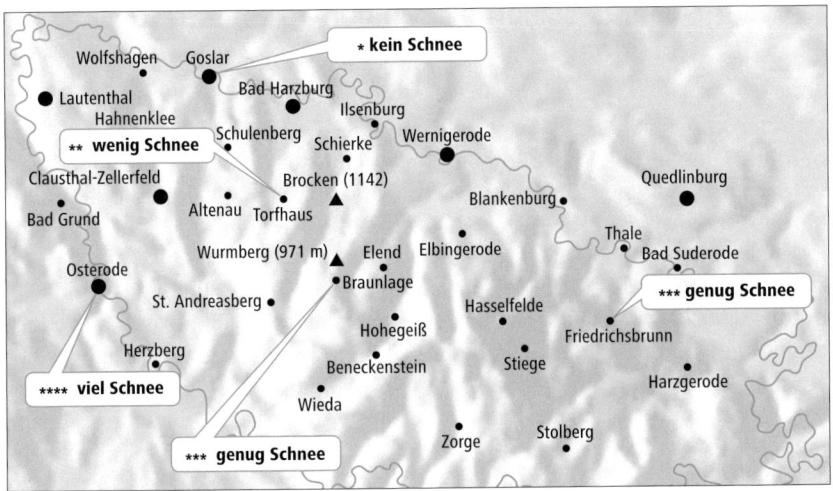

Überlege, welches Reiseziel du deiner Klasse empfehlen würdest. Du kannst dir hinter den Zugverbindungen Notizen zu den einzelnen Orten machen.

a) Für welchen Ort würdest du dich entscheiden?
  ☐ Braunlage
  ☐ Goslar
  ☐ Torfhaus
  ☐ Osterode
  ☐ Friedrichsbrunn

b) Begründe deine Entscheidung.

Die Testaufgaben veranschaulichen, welche Formate bei Testungen im Fach Deutsch eingesetzt werden. Sie reichen von Formaten, bei denen lediglich eine Antwortoption anzukreuzen ist, bis hin zu Schreibaufgaben, wie sie die Kinder aus Leistungskontrollen kennen. Dass Multiple-Choice-Formate zum Einsatz kommen, hat vor allem ökonomische Gründe, weil diese automatisch ausgelesen werden können. Das ist bei Schreibaufgaben nicht möglich, weshalb diese geschulten Kodierern vorgelegt werden. Die prüfen dann anhand von Kodieranweisungen, ob die von den Kindern gegebene Antwort der zu erwartenden Lösung entspricht. Dieses Verfahren ist zeitaufwändig und entsprechend teurer. Für internationale Studien oder flächendeckende Evaluationen ist die Zahl dieser eingesetzten Aufgaben ist daher limitiert.

10.2 Bildungsstandards als Grundlage der Qualitätssicherung in einer Gesamtstrategie der 16 Länder

Die oben vorgestellten Testaufgaben für die Jahrgangsstufe 3 sind einem Testheft entnommen, das im Rahmen eines Feldtests im Jahr 2006 eingesetzt wurde. Mit Aufgaben dieses Typs kann die Erreichung der Bildungsstandards, aber auch der „Könnensstand" der Kinder in den verschiedenen Kompetenzbereichen erhoben werden.

Dies ist deshalb möglich, weil die länderübergreifenden Bildungsstandards für das Fach Deutsch in der Grundschule konkret beschreiben, welche Erwartungen an die gezeigten Leistungen der Schülerinnen und Schüler gestellt werden. Auf dieser Grundlage können große Aufgabenpools generiert werden, welche die Überprüfung der Erreichung der Standards erlauben, m. a. W.: Die Standards bzw. die in ihnen formulierten Kompetenzen (Leistungsziele) werden messbar.

Die Messbarkeit und damit verbunden die Überprüfbarkeit stand bei der Einführung der Standards in den Jahren 2003 und 2004 im Vordergrund (vgl. hierzu auch Kapitel 3), um mittelfristig ein System der Qualitätssicherung im allgemein bildenden Schulsystem zu etablieren. Dabei ist allerdings die genaue operationale Definition, bei welchem konkreten Leistungsstand man davon sprechen kann, dass die Vorgaben in den Standards erreicht wurden, noch offen.

Die prinzipielle Messbarkeit der Erreichung der Standards hat die KMK im Juni 2006 zum Anlass genommen, eine Gesamtstrategie der Qualitätssicherung zu verabschieden, die auf den verschiedenen Ebenen in der folgenden Tabelle dargestellt sind.

	FACH	
	Mathematik	**Deutsch**
Internationaler Vergleich	Beteiligung an der „Trends in Mathematics and Science Study" (TIMSS) in der *4. Jahrgangsstufe*; erstmalig 2007, dann alle vier Jahre; national repräsentative Stichproben: ca. 4 500 Schülerinnen und Schüler	Beteiligung an der Internationalen Grundschul-Lese-Untersuchung (IGLU/PIRLS) in der *4. Jahrgangsstufe*; seit 2001, zukünftig alle fünf Jahre; national repräsentative Stichproben: ca. 4 500 Schülerinnen und Schüler

Bildungsstandards als Grundlage der Qualitätssicherung ...

	Fächer Mathematik und Deutsch
Nationaler Vergleich	Ländervergleich auf der Basis der Bildungsstandards in der *3. Jahrgangsstufe*; zukünftig alle 5 Jahre, gekoppelt an IGLU/PIRLS, erstmalig 2011; länderrepräsentative Stichproben; ca. 20.000 Schülerinnen und Schüler
Regionaler/ lokaler Vergleich	Flächendeckende Vergleichsarbeiten (VERA) in allen Ländern (in der Regel) in der *3. Jahrgangstufe*; jährlich; Vollerhebungen in den 16 Ländern

Zukünftige Qualitätssicherung in der Grundschule auf internationaler, nationaler und regionaler/lokaler Ebene (vgl. KMK 2006)

Die erste Säule:
Beteiligung an internationalen Studien
Die Beteiligung Deutschlands an den internationalen Studien IGLU/PIRLS und TIMSS findet zukünftig auf der Basis national repräsentativer Stichproben gegen Ende der 4. Jahrgangsstufe statt. Deutschland erhält so die Möglichkeit, sich in der Grundschule in den Bereichen Lesen, Mathematik und Naturwissenschaften international zu verorten, allerdings immer mit der Beschränkung, dass die verwendeten Leistungstests explizit nicht mit den Zielen der deutschen Grundschulen abgestimmt sind.

Die zweite Säule:
Ländervergleiche auf der Basis der Bildungsstandards
Zukünftige Ländervergleiche in der Grundschule werden auf der Basis der Bildungsstandards am Ende der 3. Jahrgangsstufe durchgeführt. Auf der empirischen Grundlage von landesweit repräsentativen Stichproben soll in allen 16 Ländern festgestellt werden, welche Leistungsstände die Schülerinnen und Schüler mit Bezug zu den Standards erreichen. Der Rhythmus dieser Vergleiche wird für Deutsch und Mathematik an IGLU/PIRLS angepasst, sodass sie lediglich alle fünf Jahre stattfinden. Damit wird eine Strategie realisiert, welche das nationale Bildungsmonitoring explizit an die vorgegebenen Lernziele koppelt und Schulpolitik, Schuladministration, Lehrkräfte und Eltern regelmäßig über die Erträge in den verschiedenen Ländern der Bundesrepublik Deutschland informiert.

Die dritte Säule:
Flächendeckende Vergleichsarbeiten angelehnt an die Standards
Schließlich haben alle 16 Länder vereinbart, flächendeckende Vergleichsarbeiten am Ende der 3. Jahrgangsstufe zu schreiben, deren Aufgaben an die Bildungsstandards angelehnt sind. Die Einzelschule kann damit Erkenntnisse

sammeln, ob und wie weit die Schülerinnen und Schüler von der Erreichung der Standards am Ende der 4. Jahrgangsstufe entfernt sind, und auf dieser Basis passgenau individuelle Förderpläne für Schüler der kommenden vierten Klasse erstellen.

10.3 Konsequenzen der Qualitätssicherung für die Einzelschulen und die Möglichkeiten für Qualitätsentwicklung

Die vorausgegangenen Abschnitte haben deutlich gemacht, dass Testaufgaben einen wichtigen Beitrag zur Qualitätssicherung und -entwicklung des Bildungswesens und damit zur Weiterentwicklung des Unterrichts liefern können. Standards und Lernstandsbestimmung – sei es auf Länder- oder Klassenebene – bilden die beiden Seiten einer Medaille. Die Umsetzung der Standards im Unterricht und deren Erhebung während des Unterrichts oder in großangelegten Studien gehören also zusammen.

Künftig sollen Schulen regelmäßig an Schulleistungsmessungen teilnehmen, weshalb wir abschließend die Chancen und Herausforderungen aufzeigen werden, die sich für die Schule und die einzelnen Lehrkräfte aus einer Teilnahme ergeben.

Herausforderungen infolge der internationalen Studien
Im Rahmen von IGLU/PIRLS werden alle fünf Jahre in 4. Klassen aus ca. 200 deutschen Grundschulen bundesweit die Leseleistungen getestet. In TIMSS werden die Leistungen in Mathematik und den Naturwissenschaften alle vier Jahre überprüft. Für die Schulen bedeutet dies, dass Kinder der 4. Jahrgangsstufe an der Testung teilnehmen und Lehrkräfte und Schulleitungen Fragebögen zu schulrelevanten Themen ausfüllen. Die Schulen erhalten auf Anfrage eine Rückmeldung darüber, wie sie im Vergleich zu Schulen mit einem ähnlichen Umfeld abgeschnitten haben. Die im Rahmen dieser Studien gewonnenen Ergebnisse bilden die Basis für neue Impulssetzungen im Primarbereich.

Herausforderungen infolge der Ländervergleiche
Ländervergleiche werden nur alle 5 Jahre auf der Basis von länderrepräsentativen Stichproben stattfinden. Pro Land betrifft dies zwischen 25 und 40 Schulen, in denen eine dritte Klasse getestet wird. Da diese Untersuchungen wie bei TIMSS und IGLU mithilfe von Testleitern realisiert werden, gelten dieselben Herausforderungen für die Einzelschule, wie oben für die internationalen Vergleiche beschrieben wurde.

Herausforderungen infolge der flächendeckenden Vergleichsarbeiten
Flächendeckende Vergleichsarbeiten, die zukünftig im Rahmen des VERA-3-Programms (vgl. KMK) in 3. Jahrgangsstufen durchgeführt werden, sind deutlich stärker auf die Kooperation mit der Schule und den Lehrkräften angewiesen. Zu festen Zeitpunkten im Jahr werden in jeder 3. Klasse Vergleichsarbeiten in den Fächern Deutsch und Mathematik geschrieben, die von den Lehrkräften administriert und ausgewertet werden sollen. Mit der VERA-Erhebung in 2009 wird es voraussichtlich zum ersten Mal möglich sein, die Rückmeldungen an die Schulen in Anbindung an die Bildungsstandards zu geben. Schülerleistungen können dann auf dem mit den Bildungsstandards verbundenen Kompetenzmodell abgebildet werden. Somit erhalten Schulen eine Rückmeldung über die Verteilung der Schülerinnen und Schüler auf die verschiedenen Kompetenzstufen und über den Anteil derer, die die mit den Standards verbundenen Leistungen bereits erreichen.

Chancen für die interne Evaluation
In Ergänzung zu den flächendeckenden Vergleichsarbeiten ist es sinnvoll, Instrumente für Schulen bereitzustellen, mit denen vor Ort festgestellt werden kann, auf welchem Leistungsniveau die Schülerinnen und Schüler bezogen auf den durch die Standards vorgegebenen Referenzrahmen stehen. Geplant ist hier, im Internet Testinstrumente bereitzustellen, die von Lehrkräften zur Feststellung der Schülerkompetenzen verwendet werden können. Dies bedeutet, dass eine Lehrkraft selbst entscheiden kann, welchen Zeitpunkt im Schuljahr sie für geeignet hält, um die Lernstände ihrer Schülerinnen und Schüler zu bestimmen. Solche Internet-Tools werden aktuell im IQB entwickelt und sollen ab 2009 im Zuge der Veröffentlichung der nationalen Skalen bereitgestellt werden. Der Nutzen für die Schule und die Lehrkräfte ist hier offensichtlich, weil es in der Hand der Schule liegt, mit diesen Instrumenten eine von der Schule gesteuerte Qualitätssicherung und -entwicklung zu betreiben.

Die Chancen, die sich aus der Umsetzung und Erhebung der Bildungsstandards für die Agierenden vor Ort ergeben, sind erheblich, andererseits muss aber auch bedacht werden, dass die Bereitstellung von Testinstrumenten und Rückmeldeformaten durch zusätzliche Maßnahmen der Lehrerprofessionalisierung flankiert werden muss.

Literatur

BREMERICH-VOS, A./GRANZER, D./KÖLLER, O. (Hrsg.) (2008): Lernstandsbestimmung im Fach Deutsch. Gute Aufgaben für den Unterricht. Weinheim: Beltz.

Sekretariat der Ständigen Konferenz der Kultusminister der Länder in der Bundesrepublik Deutschland (Hrsg.) (2006): Gesamtstrategie der Kultusministerkonferenz zum Bildungsmonitoring. München: Wolters Kluwer.

11 Zur Entstehung der Aufgaben zu diesem Buch

Dietlinde Granzer

Alle in diesem Buch veröffentlichten Aufgaben sind das Ergebnis eines Entwicklungsprozesses, in den Aufgabenentwicklerinnen und Aufgabenentwickler aus allen Bundesländern eingebunden waren. Um gemeinsame Diskussionen über Aufgaben zu ermöglichen, wurden die Aufgabenentwickler in vier Regionalgruppen eingeteilt. Bei ihrer Arbeit erhielten sie fachdidaktische Unterstützung durch wissenschaftliche Beraterinnen und Berater. Die Aufgaben wurden während des Entstehungsprozesses erprobt und anschließend einer Bewertergruppe vorgelegt, die sich aus Vertretern der Fachdidaktik, der Bildungsforschung und der Schulpraxis zusammensetzt; die Aufgaben wurden begutachtet und ggf. überarbeitet. Die auf diese Weise mehrfach revidierten und weiterentwickelten Aufgaben wurden den Autorinnen und Autoren dieses Buches zur Verfügung gestellt, die sie durch eigene Aufgaben ergänzt haben.

Der gesamte Prozess der Aufgabenentwicklung wurde gemeinsam von der Kultusministerkonferenz (KMK), dem wissenschaftlichen Leiter der Fachdidaktik (Prof. Dr. ALBERT BREMERICH-VOS) und dem Institut zur Qualitätsentwicklung im Bildungswesen an der Humboldt-Universität zu Berlin (IQB) gesteuert. Die Architektur der Aufgabengenerierung lässt sich aus der folgenden Grafik entnehmen:

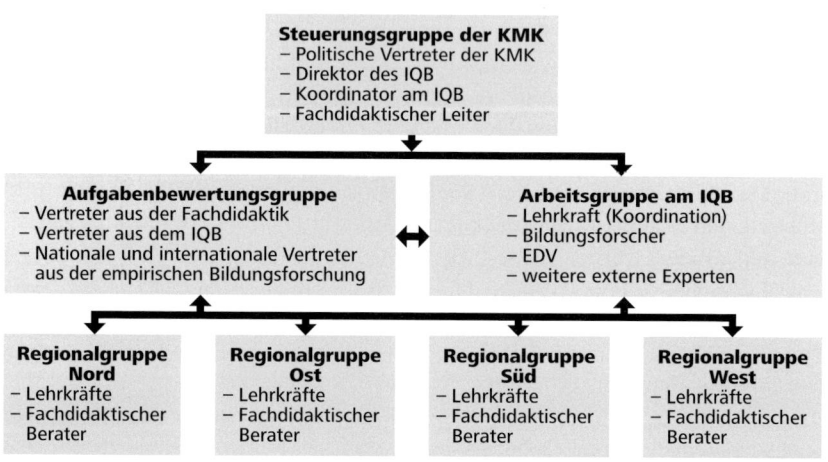

Abb. 1: Die Architektur der Aufgabengenerierung

Zur Entstehung der Aufgaben zu diesem Buch

Beteiligte Regionalgruppenmitglieder
Petra Bittins, Sonnenblumen-Grundschule und LISUM, Berlin
Waltraud Credé, Heiligenbergschule Gensungen
Sabine Dörnhaus, IQSH Kiel
Christine Förster, Heiligenbergschule Gensungen
Waltraud Frölich, Grundschule Innenstadt Tübingen
Christiane Hermes, Studienleiterin im PRI Rostock Grundschulbereich
Brigitte Heßler, Grundschule Strehla
Petra Klein, Landesinstitut für Pädagogik und Medien, Saarbrücken
Karin Möcklinghoff, Grundschule Carl-Bosch-Schule, Limburger Hof
Ulrike Potthoff, Studienseminar Düsseldorf
Catrin Puschmann, Grundschule Kastanienschule, Visselhövede
Ilse Stork, Neuburg
Elvira Throm, Heilbronn
Elke Uthe, Grundschule Holzdorf
Sylke Wiegand, Ilmenau
Frauke Wietzke, IQSH Kiel
Uta Zimmermann, Hamburg

Federführende Regionalgruppenmitglieder
Sibylle Buchholz, Grundschule Herrensohr
Marion Gutzmann, LISUM Brandenburg
Gabi Langel-Carossa, LIS Bremen
Barbara Pflaum, Pettstadt

Wissenschaftliche Beraterin und Berater der Regionalgruppen
Prof. Dr. Jürgen Baurmann, Bergische Universität Wuppertal
Prof. Dr. Heinz-Wilhelm Giese, Technische Universität Braunschweig
Prof. Dr. Juliane Köster, Friedrich-Schiller-Universität Jena
Prof. Dr. Carl Ludwig Naumann, Universität Hannover

Mitglieder der Bewertungsgruppe
Prof. Dr. Albert Bremerich-Vos, Universität Duisburg-Essen
Prof. Dr. Peter Conrady, Universität Dortmund
Prof. Dr. Thomas Lindauer, PH Aargau Nordwestschweiz
Prof. Dr. Ingelore Oomen-Welke, Pädagogische Hochschule Freiburg i. Brsg.
Dr. Rainer Peek, Landesinstitut für Schule (LfS), Köln
Prof. Dr. phil. Uwe Sandfuchs, Technische Universität Dresden
Prof. Dr. Angelika Speck-Hamdan, Ludwig-Maximilians-Universität München
Prof. Dr. Annegret v. Wedel-Wolff, Pädagog. Hochschule Schwäbisch Gmünd
Jun. Prof. Dr. Ingmar Hosenfeld, Universität Koblenz-Landau
Prof. Dr. Eva-Maria Lankes, Universität Lüneburg

12 Entwicklung und Pilotierung der Testaufgaben

Olaf Köller; Dietlinde Granzer

Ländervergleiche setzen eine Vielzahl von Testaufgaben voraus, die nach den Regeln der Kunst konstruiert wurden. Als Folge der Festlegung von fünf Kompetenzbereichen (einschließlich Rechtschreiben) sowie drei Anforderungsbereichen ergab sich für die Überprüfung der Erreichung der Bildungsstandards, dass eine zweidimensionale Matrix mit 15 Zellen mit Testaufgaben gefüllt werden musste. Selbst wenn man nur jede Zelle mit 20 Aufgaben füllt, wird erkennbar, dass es sich hierbei um einen erheblichen Arbeitsaufwand handelt, der allein unter der Voraussetzung effizienter Arbeitsstrukturen in relativ kurzer Zeit bewältigt werden kann. Vor diesem Hintergrund wurden für die Entwicklung der Testaufgaben im Fach Deutsch in der Grundschule Strukturen aufgebaut, wie sie in der Abbildung auf S. 224 zu sehen sind. Diese Organisation des Aufgabenentwicklungsprozesses am IQB wird im Übrigen für alle Fächer realisiert.

In Deutsch wurden rund 1 200 Teilaufgaben erstellt, die jeweils den Kompetenzen sowie den Anforderungsniveaus zugeordnet wurden. Die Aufgaben wurden im Frühjahr 2006 im Rahmen der Internationalen Grundschul-Lese-Untersuchung (IGLU) in einer national-repräsentativen Stichprobe in 3. und 4. Klassen erprobt. Das Ziel dieser Pilotstudie bestand darin, solche Teilaufgaben zu identifizieren, die für die Testung geeignet sind, und ungeeignete auszuscheiden. Ungeeignet heißt hier:
- Die Aufgabe ist zu leicht (fast alle Schülerinnen und Schüler lösen sie).
- Die Aufgabe ist zu schwer (kaum ein Schüler bzw. eine Schülerin löst sie).
- Die Aufgabe ist nicht trennscharf (gute Schülerinnen und Schüler lösen sie nicht häufiger als schwache Schüler).
- Die Aufgabe erfasst nicht die Kompetenz, die sie erfassen sollte.
- Die Aufgabe benachteiligt spezifische Schülergruppen (z. B. die Mädchen).

Insgesamt bearbeiteten rund 12 000 Schülerinnen und Schüler aus allen 16 Ländern mehr als 1 000 Teilaufgaben. Die Schülerinnen und Schüler kamen aus den 3. und 4. Jahrgangsstufen. Dabei wurde ein Untersuchungsplan umgesetzt, bei dem jeder Schülerin und jedem Schüler nur eine Teilmenge der Aufgaben vorgelegt wurde. Die Testung dauerte 2-mal 40 Minuten (zwei Schulstunden). Nach den oben genannten Kriterien wurden rund 350 Teilaufgaben ausgeschlossen. Die übrigen Aufgaben, d. h. 650 Items, kamen in die Normierung. Die Normierungsstudie mit rund 9 000 Schülern wurde im Jahr 2007 durchgeführt mit der Zielsetzung, nationale Skalen, wie sie seit IGLU oder PISA bekannt sind, bereitzustellen. Eine Skala liegt für den Kompetenzbereich Lesen seit Ende 2008 vor, die anderen werden anschließend sukzessive veröffentlicht.

13 Übersicht über die Aufgaben

Katharina Prestel, Maria Engelbert

Lfd. Nr.	Name der Aufgabe	Buch-seite	CD-ROM	Klasse				Kompetenz			
				1	2	3	4	Sprechen und Zuhören	Schreiben	Lesen – mit Texten und Medien umgehen	Sprache und Sprachge-
4 Sprechen und Zuhören											
1	Hörverstehenstest	64	×					×	×	×	
2	Schlechtes Zuhören	65	×					×	×	×	
3	Schlechtes Sprechen	68	×					×	×	×	
4	Instruktion „Bauen"	69	×	×	×			×			
5	Morgenkreis	71	×	×	×			×			
6	Robinson	72	×					×	×		
7	Aktives Zuhören		×	×	×	×	×	×			
8	Fliegender Händler		×		×	×		×			
9	Fundbüro		×	×	×			×			
10	Gedicht vortragen		×		×	×	×	×			
11	Gezielt nachfragen		×	×	×			×			
12	Instruktion „Stadtplan"		×			×	×	×			
13	Kooperieren		×			×	×	×			
14	Kurzvortrag		×				×	×			
15	Lauschen lernen		×	×	×	×		×			
16	Lieblingsausdrücke		×			×		×			
17	Radioreportage		×			×	×	×			
18	Ratespiel: Beschreiben		×	×				×			
19	Rollenspiel		×					×	×		

Übersicht über die Aufgaben

Anforderungsbereiche			Klassifizierung im ESDeG*-Dezimalsystem
Wiedergeben	Zusammenhänge herstellen	Reflektieren und beurteilen	
AB I	AB II	AB III	
		×	D-1.3.a, D-1.5.a
×		×	D-1.3.a, D-1.3.b, D-1.3.c, D-1.5.a
×		×	D-1.2.b
×		×	D-1.3.a, D-1.3.b
×			D-1.2.c
	×	×	D-1.1.a, D-1.1.b, D-1.1.c
	×		D-1.3.a
×			D-1.2.a
×			D-1.3.a
×		×	D-1.2.a, D-1.2.b, D-1.2.c, D-1.2.d, D-1.4.c
	×		D-1.3.b
×		×	D-1.2.c, D-1.3.a
	×	×	D-1.1.a, D-1.1.c
	×	×	D-1.2.a, D-1.2.b, D-1.2.c, D-1.2.d, D-1.3.b
×			D-1.3.a, D-1.3.b, D-1.3.c
		×	D-1.3.a
×	×		D-1.2.a, D-1.2.c, D-1.2.d
×	×		D-1.2.d, D-1.3.a
	×	×	D-1.1.a, D-1.1.c

Übersicht über die Aufgaben

Lfd. Nr.	Name der Aufgabe	Buch-seite	CD-ROM	Klasse				Kompetenz			
				1	2	3	4	Sprechen und Zuhören (1)	Schreiben (2)	Lesen – mit Texten und Medien umgehen (3)	Sprache und Sprachge...
4	**Sprechen und Zuhören**										
20	Stimmbildung		×	×	×	×	×	×			
21	Tierstimmen		×		×	×		×			
22	Zungenbrecher		×		×	×	×				
5	**Schreiben – Texte verfassen**										
23	Berichten: Wie konnte es dazu kommen?	99	×			×	×	×			
24	Beschreiben von Häusern: Häuser-Raten und Häuser-Memory		×		×	×	×	×	×		
25	Erzählen einer Geschichte zu einem Bild		×		×	×			×	×	
26	Einen Text überarbeiten		×			×		×	×		
6	**Lesen – mit Texten und Medien umgehen**										
27	Anleitungen 1		×		×	×			×		
28	Anleitungen 2		×		×	×			×		
29	Anleitungen 3		×		×	×			×		
30	Anleitungen 4		×		×	×			×		
31	Anleitungen 5		×		×	×			×		
32	Elefant 1		×		×	×			×		
33	Elefant 2		×		×	×			×		
34	Elefant 3		×		×	×			×		
35	Elefant 4		×		×	×			×		
36	Elefant 5		×		×	×			×		
37	Elefant 6		×		×	×			×		
38	Lassmich 1		×		×	×	×		×		
39	Lassmich 2		×		×	×	×		×		

Übersicht über die Aufgaben

Anforderungsbereiche			Klassifizierung im ESDeG*-Dezimalsystem
Wiedergeben	Zusammenhänge herstellen	Reflektieren und beurteilen	
AB I	AB II	AB III	
×			D-1.3.a, D-1.3.b, D-1.3.c
×			D-1.4.b
×		×	D-1.2.a
×	×	×	D-2.3.a, D-1.2.c, D-1.2.d, D-2.3.b, D-2.1.a, D-2.1.b, D-2.4.a, D-2.4.c
	×	×	D-1.2.c, D-2.3.b, D-4.2.b, D-2.3.a, D-2.4.c, D-2.1.a, D-2.5.a, D-2.4.a, D-3.3.b, D-3.3.c, D-3.3.g, D-3.3.f, D-3.3.j
×		×	D-2.1.a, D-2.4.a, D-2.4.c, D-1.2.a, D-1.2.c, D-3.2.b, D-3.3.b, D-3.3.c, D-3.3.f, D-2.3.a
×		×	D-2.5.a, D-3.3.a, D-3.3.b, D-3.3.c, D-3.3.g, D-4.1.c, D-2.5.b, D-4.2.c, D-4.2.d, D-2.4.a, D-2.5.c, D-5.1.a, D-5.1.b, D-5.1.e, D-5.1.f
×	×	×	D-3.3.f, D-3.3.h, D-3.3.j
×	×		D-3.3.k, D-3.3.j, D-3.3.f
×			D-3.3.f
×	×		D-3.2.a, D-3.2.b
×	×		D-3.3.c, D-3.3.j, D-3.1.a, D-3.2.a, D-3.2.b
×			D-3.3.b
×	×	×	D-3.3.f
×	×		D-3.3.j
×	×		D-3.3.h
×	×	×	D-3.3.f
×			D-3.3.i
×	×		D-1.3.a, D-1.3.b, D-1.3.c, D-1.4.b, D-3.1.b, D-3.3.c, D-3.3.i, D-3.3.k, D-3.4.a
×	×		D-1.3.a, D-1.3.b, D-1.3.c, D-1.4.b, D-3.1.b, D-3.3.c, D-3.3.i, D-3.3.k, D-3.4.a

Lfd. Nr.	Name der Aufgabe	Buch-seite	CD-ROM	Klasse				Kompetenz		
								Sprechen und Zuhören	Schreiben	Lesen – mit Texten und Medien umgehen
				1	2	3	4	1	2	3
6 Lesen – mit Texten und Medien umgehen										
40	Lassmich 3		×		×	×	×		×	
7 Sprache und Sprachgebrauch untersuchen										
41	Kasper und Zauberer	160	×		×	×				
42	Wortkombination Zahlwörter	162	×		×	×				
43	Internationale Wörter vergleichen	164	×		×	×				
44	Häufigkeit von Wörtern, Wortarten und Wortformen	167	×			×				
45	Abendlied „Weißt du, wie viel Sternlein stehen …?"		×		×	×			×	
46	Limonade		×		×	×			×	
47	Textüberarbeitung: Verknüpfungswörter einsetzen 1	180	×			×			×	
48	Textüberarbeitung: Sprachliche Operationen nutzen	182	×			×				
49	Textüberarbeitung: Verknüpfungswörter einsetzen 2	175	×			×			×	×
50	Textverstehen: Wortbedeutungen entschlüsseln	171	×			×			×	
51	Textüberarbeitung: passende Redeeinleitungen einsetzen	173	×			×				
52	Mit Adjektiven vergleichen und herausstellen		×				×			
53	Mit Artikeln neue und bekannte Informationen ausdrücken			×			×			

Übersicht über die Aufgaben

	Anforderungs-bereiche			Klassifizierung im ESDeG*-Dezimalsystem
	Wiedergeben	Zusammenhänge herstellen	Reflektieren und beurteilen	
	AB I	AB II	AB III	
	×	×		D-1.3.a, D-1.3.b, D-1.3.c, D-1.4.b, D-3.1.b, D-3.3.c, D-3.3.i, D-3.3.k, D-3.4.a
	×	×	×	D-4.1.a, D-4.1.c, D-4.1.d
	×	×	×	D-4.1.d, D-4.2.a, D-4.2.e, D-4.3.a
	×	×	×	D-4.2.a, D-4.2.b, D-4.2.e, D-4.3.a, D-4.3.b
	×	×	×	D-4.2.a, D-4.2.b, D-5.1.a, D-5.1.e
	×	×	×	D-3.2.b, D-3.3.g, D-3.3.h, D-4.2.d, D-4.2.e
	×	×	×	D-3.2.a, D-3.2.b, D-3.2.c, D-3.2.d, D-3.2.e, D-3.2.f, D-3.2.g, D-3.2.h, D-3.3.a, D-3.3.b, D-3.3.c, D-3.3.d, D-3.3.e, D-3.3.f, D-3.3.g, D-3.3.h, D-3.3.i, D-3.3.j, D-3.3.k, D-4.2.a, D-4.2.b, D-4.2.c, D-4.2.e
			×	D-4.1.a, D-2.4.a
		×	×	D-4.2.c, D-4.2.d
			×	D-4.2.d, D-3.3.c, D-4.1.a
			×	D-3.3.c, D-4.1.a
			×	D-4.1.a, D-4.1.c
		×		D-4.1.a, D-5.2.a
			×	D-4.1.a, D-4.1.c, D-5.2.a

Lfd. Nr.	Name der Aufgabe	Buch-seite	CD-ROM	Klasse				Kompetenz			
				1	2	3	4	Sprechen und Zuhören (1)	Schreiben (2)	Lesen – mit Texten und Medien umgehen (3)	Spache und Sprachgebrauch (4)
7 Sprache und Sprachgebrauch untersuchen											
54	Mit Adjektiven beschreiben		×						×		×
55	Textüberarbeitung: Satzglieder bestimmen und umstellen		×						×		×
56	Wörter sammeln und ordnen		×						×		×
8 Rechtschreiben											
57	d oder t?	195	×		×	×	×				×
58	Mit d oder t? Mit g oder k?	196	×		×	×	×				×
59	Dosenbasketball: d oder t?	196	×		×	×	×				×
60	Lang oder kurz?	198	×		×	×	×				×
61	Langes oder kurzes i?	198	×		×	×	×				×
62	Fehlerfinder a) d oder t, g oder k?	199	×		×	×	×				×
63	Fehlerfinder b) d oder t, g oder k?	199	×		×	×	×				×
64	Oberlehrer Superschlau a)		×		×	×	×				×
65	Oberlehrer Superschlau b)		×		×	×	×				×
66	Oberlehrer Superschlau c)		×		×	×	×				×
67	Silbentrennstriche		×		×	×	×				×
68	Silbenbögen		×		×	×	×				×
69	Gegenwörter klatschen		×		×	×	×				×
70	Silbenrätsel		×		×	×	×				×
9 Lernen mit Medien											
71	Minihörspiel	208	×		×	×	×	×		×	
72	Eulen-Elfchen	209	×		×	×	×	×	×	×	
73	Folienpräsentation	210	×		×	×	×	×	×	×	×

Übersicht über die Aufgaben

	Anforderungs-bereiche			Klassifizierung im ESDeG*-Dezimalsystem
	Wiedergeben	Zusammenhänge herstellen	Reflektieren und beurteilen	
	AB I	AB II	AB III	
			×	D-4.1.a, D-5.2.a
			×	D-4.1.a, D-4.2.b, D-4.2.d
		×	×	D-4.2.a, D-4.2.b
×	×	×		D-5.1.a, D-5.1.b
×	×	×		D-5.1.a, D-5.1.b
×	×	×		D-5.1.a, D-5.1.b
×	×	×		D-5.1.a, D-5.1.b, D-5.2.a
×	×	×		D-5.1.a, D-5.1.b, D-5.2.a
×	×	×		D-5.1.a, D-5.1.b, D-5.1.d
×	×	×		D-5.1.a, D-5.1.b, D-5.1.d
×	×	×		D-5.1.a, D-5.1.b, D-5.1.f
×	×	×		D-5.1.a, D-5.1.b, D-5.1.d, D-5.1.f
×	×	×		D-5.1.a, D-5.1.b, D-5.1.d, D-5.1.f
×	×	×		D-5.2.a
×	×	×		D-5.2.a
×	×	×		D-5.2.a
×	×	×		D-5.2.a
	×	×	×	D-1.2.a, D-1.4.b, D-1.5.b, D-1.5.c, D-1.5.d, D-1.5.e, D-3.1.a, D-3.1.b, D-3.3.c, D-3.3.d, D-3.3.e, D-3.3.f, D-3.3.g, D-3.3.h, D-3.3.i, D-3.3.j, D-3.3.k, D-3.4.b, D-3.4.d
×		×		D-1.5.d, D-1.5.e, D-2.1.c, D-2.2.a, D-2.2.b, D-2.2.e , D-2.3.b , D-2.4.a, D-2.4.b , D-2.5.a, D-2.5.c, D-2.5.d, D-3.4.b
	×	×	×	D-1.2.a, D-1.4.b, D-1.5.b, D-1.5.c, D-1.5.d, D-1.5.e, D-3.1.a, D-3.1.b, D-3.3.c, D-3.3.d, D-3.3.e, D-3.3.f, D-3.3.g, D-3.3.h, D-3.3.i, D-3.3.j, D-3.3.k, D-3.4.b, D-3.4.d

Lfd. Nr.	Name der Aufgabe	Buch-seite	CD-ROM	Klasse				Kompetenzb...			
								Sprechen und Zuhören	Schreiben	Lesen – mit Texten und Medien umgehen	Sprache und Sprachge-
				1	2	3	4	1	2	3	
9	**Lernen mit Medien**										
74	Film drehen	211	×			×	×	×		×	
75	Drehbuchvorlage	211	×			×	×			×	
76	Interview	211	×		×	×	×	×	×	×	
77	Die Lesende	213	×		×	×	×	×		×	
78	Film Scrabble 1	213	×		×	×	×		×		
79	Film Scrabble 2	213	×		×	×	×		×		
80	Filmschnipsel	213	×			×	×			×	
81	Fragebogen	213	×				×		×	×	
82	Fragebogen Stadtmusikanten	213	×				×				
83	Zauberkiste 1	214	×		×	×	×	×		×	×
84	Zauberkiste 2	214	×		×	×	×			×	×
10	**Bildungsmonitoring**										
85	Harzausflug	218	×			×	×			×	

* ESDeG = Evaluation der Standards Deutsch Grundschule;
Auflösung der Dezimalklassifikation s. CD-ROM

Übersicht über die Aufgaben

Anforderungsbereiche			Klassifizierung im ESDeG*-Dezimalsystem
Wiedergeben	Zusammenhänge herstellen	Reflektieren und beurteilen	
AB I	AB II	AB III	
×	×	×	D-1.4.b, D-1.4.c, D-1.5.b, D-3.1.a, D-3.1.b, D-3.3.c, D-3.3.f, D-3.3.h, D-3.3.i, D-3.3.k, D-3.4.d
×	×	×	D-1.4.b, D-1.4.c, D-1.5.b, D-3.1.a, D-3.1.b, D-3.3.c, D-3.3.f, D-3.3.h, D-3.3.i, D-3.3.k, D-3.4.d
	×	×	D-1.2.a, D-1.4.b, D-1.5.b, D-1.5.c, D-1.5.d, D-1.5.e, D-2.1.c, D-2.2.a, D-2.2.b, D-2.2.e, D-2.3.b, D-2.4.a, D-2.4.b, D-2.5.a, D-2.5.c, D-2.5.d, D-3.1.a, D-3.1.b, D-3.3.c, D-3.3.d, D-3.3.e, D-3.3.f, D-3.3.g, D-3.3.h, D-3.3.i, D-3.3.j, D-3.3.k, D-3.4.b, D-3.4.d
×	×	×	D-1.2.a, D-1.4.b, D-1.5.b, D-1.5.c, D-1.5.d, D-1.5.e, D-3.1.a, D-3.1.b, D-3.3.c, D-3.3.f, D-3.3.k, D-3.4.d
×	×	×	D-2.1.a, D-2.1.b, D-2.2.a, D-3.2.f, D-2.3.b, D-2.4.a, D-2.4.b, D-2.4.c, D-3.3.e, D-3.3.g, D-4.2.b
×	×	×	D-2.1.a, D-2.1.b, D-2.2.a, D-3.2.f, D-2.3.b, D-2.4.a, D-2.4.b, D-2.4.c, D-3.3.e, D-3.3.g, D-4.2.b
×	×	×	D-3.1.a, D-3.2.d, D-3.3.c, D-3.3.g
×	×	×	D-2.4.a, D-2.4.b, D-2.5.a
×	×	×	D-2.4.a, D-2.4.b, D-2.5.a
×	×	×	D-1.2.a, D-1.4.c, D-1.5.b, D-1.5.c, D-1.5.d, D-1.5.e, D-3.3.d, D-3.3.k, D-3.4.d, D-4.2.b, D-4.2.e, D-5.2.a
×	×	×	D-1.2.a, D-1.4.c, D-1.5.b, D-1.5.c, D-1.5.d, D-1.5.e, D-3.3.d, D-3.3.k, D-3.4.d, D-4.2.b, D-4.2.e, D-5.2.a
	×		D-3.3.b, D-3.3.g

Stichwortverzeichnis

ableiten 18, 36, 186, 188, 191 f.
ä-Umlautung 191
Antizipation 76, 96 ff., 132, 168
an Wörtern, Sätzen
und Texten arbeiten 145
Appellfunktion 76 f.
Assoziationsnetze 148
assoziative Texte 81, 84, 86
Aufgabenentwickler 224
Ausdrucksfunktion 76 f., 86
Auslautverhärtung 191, 194 ff.
Ausnahme 56, 187 ff., 191
Aussprache 54, 189, 191, 197

Berater
– wissenschaftliche 224
Bewerter 224
Bewertungsnetze 148
Bewusstheit
– phonologische 106
Bezugsnormen der Leistungsbeurteilung
– soziale 30
– individuelle 30
– sachliche 30
BICS 49
Bildungsmonitoring 14, 217, 221
Bildungsstandards
– Qualitätssicherung 220

CALP 49
Computer
– als Rechtschreibhilfe 18, 193, 204

Darstellungsfunktion 76 ff.
Dehnung 191
Dehnungs-<h> 188, 192, 194
Dialekt 20, 46, 139, 142, 151 ff., 156 f., 159, 189
Differenzierung 24, 32, 99, 199, 208
Diktat 187

einprägen 18, 36, 186, 188 f. 191 f.
Entwicklung 75, 81 ff.
Entwicklungsphase 81 ff.
ergänzen 20, 40, 149

Fachtermini 141
Fehler
– als Denkversuch 193
– Rechtschreibfehler 23, 186 ff., 214 f.
Fehlersensibilität 18, 193, 199
Fehlerstellen 188
Formate von Testaufgaben 23
Formen der Überarbeitung 96 ff.
formulieren 75, 78, 93, 96

Fragelawine 93
Frames 147
Fremdwörter 20, 146, 152, 155, 164, 166, 193

gegliederte Texte 82, 84, 86
Gemeinsamkeiten und Unterschiede von Sprachen entdecken 17, 20, 40, 143, 154 ff.
Gesamtstrategie der Länder
– internationale Studien 119
– Ländervergleiche 221
– Vergleichsarbeiten 24, 120, 221, 223
geschlechtsspezifische Unterschiede 90
Gespräche führen 16 f., 44, 53, 70, 144
Gesprächskompetenz 34, 47, 55, 57, 62, 73
Grammatik 58, 139 f., 142, 151, 171, 175 f., 180 f.
Grammatikarbeit
– produktive 151, 180 f.
– rezeptive 151, 175 f.
Grammatikunterricht
– sprachsystematischer 140
Grammatik-Werkstatt 181
graphematische Forschung 185
Graphem-Phonem-Korrespondenz 106
Großschreibung 190, 194, 204
Grundwortschatz 106, 214

Hausaufsätze 92
Hörverstehen 44, 52, 62 ff.

internationale Studien 119

Kleinschreibung 27, 200
Knowing how 141
Knowledge telling 81
Kohärenz
– globale 112, 118, 124 f., 130 f., 136
Kohärenzmittel 149
Kohäsion 149
Kohäsionsmittel 175
Kollokationsfelder 147
Kompetenzaufbau
– durch Mediennutzung 203
– für Mediennutzung 203
Kompetenzen
– metasprachliche 142 f.
Kompetenzmodell 29 ff., 54 ff., 94 ff., 115 ff., 154 ff., 192 ff.
Kompetenzniveau 48, 125, 154, 159
Konsonantendoppelschreibung 190
korrigieren 18, 193, 209
kumulatives Lernen 38

Stichwortverzeichnis

Ländervergleiche 221
Language-Awareness-Konzept 139, 153
Laut-Lesen
– Lautleseverfahren 110
Lautunterscheidung 189
Leistungsstand 220 f.
Lernaufgaben 22 ff., 47, 58, 110, 119, 121
Lernbewusstheit 153
Lernstandsbestimmung 222
Lernstandsdiagnostik 193 f.
Leseflüssigkeit 106 ff., 117, 130 f., 134
Lesehaltung 105, 112 f.
Leseinteresse 38, 110 f.
Lesekompetenz 23, 32, 37, 105, 113, 115, 121, 137, 202 f., 207
Lesemotivation 132
Lesen
– weiterführendes 106
Lesesozialisation 107, 114
Lesestrategie 37 f.
lexikalisches Lernen 189
Literaturunterricht
– handlungsorientierter 210
– produktionsorientierter 210

Medienausstattung 202, 205
Medieneinsatz nach Kompetenzbereichen
– Film und Fernsehen 213
– Interviews 211
– Lesen – mit Texten und Medien umgehen 210
– Lyrische Texte 210
– Schreiben 209
– Sprechen und Zuhören 207
Medienkompetenz 204
– Definition 205
– Erwerb 204
Mehrheit 187 f.
Minderheit 187 f.
Mitsprechen 18, 36, 186, 189 ff.
Morpheme 106, 186, 188
Multiple-Choice 64, 117 f., 172, 218 f.
Mündlichkeit 43, 46 ff., 60, 73 f.

Normierung 227
Nutzen 27 ff.

Objektivität 22 f.
Organon-Modell 77

Pilotierung 226 f.
planen 16 ff., 33 f., 37, 44, 75, 78, 93, 96, 131
Problemstelle 195 f.
Programme
– Qualitätskriterien 205
prozedurales Wissen 26, 88 f., 96

Qualitätssicherung
– Konsequenzen 222 ff.

reading engagement 108
Rechtschreiben 31, 34, 75, 185 ff., 214
Rechtschreibgespür 18, 193, 199 f.
Rechtschreibstrategien 18, 36, 186, 195, 200
Redeeinleitung 173
regionalsprachliche → regionale Sprache 189
Reliabilität 22 f.
Ressourcen 107, 141, 145, 186, 193

Sachfelder 106, 147
Satzanfang 86
Schärfung 128, 191
Schreibanlass 75, 77 f., 81, 84, 100, 140, 203, 212
Schreibaufgabe 18, 22, 85 ff., 113, 218 f.
Schreibbedingung 99 ff.
Schreibentwicklung 75, 81, 88
schreiber-differenzierter Unterricht 91
Schreibimpuls 85, 99
Schreibkonferenz 35 f., 87, 93
Schreibprozess
– Merkmale 78
Schreibstrategien 88 f.
Schreibvorhaben 81, 90
Schriftlichkeit 46, 79, 97, 106, 114
Schriftspracherwerb 46, 51, 85
Schulleistungsmessung 217, 222
Schwierigkeitsgrad 93, 97
Script
semantisieren 171, 173
Sichtwortschatz 106, 109, 192
Silbengrenze 194
Silbenstruktur 187
silbischer Ansatz 190
Spieltypen 196
Sprachähnlichkeit 143, 156
Sprachaufmerksamkeit 156, 158 f.
Sprachbewusstheit 139, 141, 158
Sprachendifferenzkompetenz 143
Sprachen lernen 159
Sprache und Sprachgebrauch untersuchen 17, 20 f., 32, 101, 139 ff., 213, 217
Sprachliche Normen 46
Sprachliche Verständigung untersuchen 17, 20, 40, 143 f., 154 f., 160
Sprachproben 89
Sprachreflexion 22, 46, 60, 70, 154
Standards
– für Lerngelegenheiten 15
– Inhalts- 14 f., 30
– Messbarkeit 220
– Performanz- 14

- Regel- 13, 29
- Überprüfung 10, 13, 220, 226
Standardsprache 17, 20, 44, 46, 141, 156
Steuerungsgruppe 224
Strategie
- alphabetische 106
- logographemische 106
- orthographische 106
strenge Regel 187 f.
Strukturierungstätigkeiten 146
szenisch spielen 16 f., 45, 53

Test
- Objektivität 22
- Reliabilität 22
- Validität 22
Testaufgaben
- Messbarkeit 220
- Multiple-Choice 219
- offene Formate 219
Textbezüge 151, 175 f., 179
Texte
- textsortenfunktionale 83 f., 87
Textfunktion 34, 75ff., 82 ff., 99 f.
Textlupe 87, 93
Textproduktionskompetenz 75
Textsorte 34, 48, 50, 68 f., 76 f., 81 f., 92, 100, 112, 121, 151, 173, 203
Textsortenwissen 96, 98, 104, 113, 118
Textsortenkenntnis 104, 108, 112
Textteile 37, 75, 82, 84, 86 ff., 112, 131, 133, 137, 149, 209
Textverarbeitung am PC 81, 202, 204, 209, 215
Textverweise 152

überarbeiten 16, 18, 34 f., 40, 75, 78, 88, 92 ff., 101, 182, 190, 200, 209
über Lernen sprechen 16 f., 45, 61
Übungsformen 18, 87, 193, 195, 198 ff., 214
Umgangssprache → umgangssprachlich 171, 189
umstellen und ersetzen 148

Validität 22 f.
Vergleichsarbeiten 24, 120, 221, 223
verkettende Texte 82, 84, 86
Vernetzung von Grammatik- und Wortschatzarbeit 139
verstehend Zuhören 16 f., 44, 151, 144
Vokaldauer 197 f.
Vokaldoppelschreibung 192
Vokalqualität 191f., 194
Vorübung 194 f., 197
Vorwissen 22, 37, 39, 76, 85, 90, 92, 111 f., 115, 118 f., 135, 194 ff.

weglassen 20, 89, 149, 173 f., 180
Weltwissen 85, 88, 117 f., 147
Wörterbuch 18, 36, 38, 93, 190, 193, 204
Wörterbüro 93
Wortfamilie 20, 146, 155, 191, 194 f., 215
Wortfelder 18, 147
Wortnetze 147
Wortschatz 139
Wortschatzarbeit
- produktive 151
- rezeptive 150

zu anderen sprechen 16 f., 44, 51, 144
Zuhörkompetenz 57